广东社会科学丛书

丛书主编

郭跃文　江中孝

治理现代化的法学思考

主　编　周联合

暨南大学出版社
JINAN UNIVERSITY PRESS
中国·广州

图书在版编目（CIP）数据

治理现代化的法学思考/周联合主编．—广州：暨南大学出版社，2022.12
（广东社会科学丛书/郭跃文，江中孝主编）
ISBN 978－7－5668－3600－7

Ⅰ.①治…　Ⅱ.①周…　Ⅲ.①城市管理—社会管理—研究—中国　Ⅳ.①D63

中国版本图书馆 CIP 数据核字（2022）第 245926 号

治理现代化的法学思考
ZHILI XIANDAIHUA DE FAXUE SIKAO
主　编：周联合

出 版 人：张晋升
策划编辑：冯　琳　梁月秋
责任编辑：林　琼　李　健
责任校对：孙劭贤
责任印制：周一丹　郑玉婷

出版发行：暨南大学出版社（511443）
电　　话：总编室（8620）37332601
营销部（8620）37332680　37332681　37332682　37332683
传　　真：（8620）37332660（办公室）　37332684（营销部）
网　　址：http：//www.jnupress.com
排　　版：广州尚文数码科技有限公司
印　　刷：广州市友盛彩印有限公司
开　　本：787mm×1092mm　1/16
印　　张：14.25
字　　数：312 千
版　　次：2022 年 12 月第 1 版
印　　次：2022 年 12 月第 1 次
定　　价：59.80 元

前 言

改革开放以来，广东在现代化建设中披荆斩棘、开拓前行，不但在经济建设方面取得了举世瞩目的成就，而且在制度建设方面敢闯敢试、勇于探索，成就斐然，实为我国现代化建设的探路先锋。自然，广东这一方改革开放的热土必会生长出繁荣的学术之树，法学研究也将枝繁叶茂起来。

实现国家治理体系和治理能力现代化是我们改革的总目标。许多年来，《广东社会科学》法学栏目围绕国家治理现代化的目标要求，针对一个个具体的问题，约请专家学者撰稿，精选稿件，努力推出法学研究中的精品力作。本书选自《广东社会科学》法学栏目所发表的文章，内容集中于宪法实施与法律制定、政府组织与权力制约、经济职责与宏观调控、市场交易与商事规则、民事权利与侵权责任等。学者们针对治理现代化中的具体问题，在各自的选题范围内，研精覃思，各抒己见，畅所欲言，从规范权力和保障权利出发，努力思考在法治的轨道上推进治理体系和治理能力现代化的路径与方法，持之有故，言之成理，足资借镜。

“法者，治之端也”，法治是治理现代化的必然要求和本质内容，对法律和法治问题的思考为我国实现治理现代化发挥了和发挥着十分重要的作用，并且还将发挥更大的作用。实践不止，创新不息，面对治理现代化进程中的新境界、新问题，法学必将迎来更大的繁荣，《广东社会科学》法学栏目也必定获得作者和读者朋友们更广泛的支持和帮助，越办越好，更加出新、出彩！

编 者

2022 年 8 月

目　录

CONTENTS

宪法价值的适用区间与宪法实施的可能性*

莫纪宏

一、问题缘起

2006 年 12 月 27 日《学习时报》刊登了俞可平的文章《民主是个好东西》(以下简称“俞文”)。其中俞可平先生对“民主”自身存在的缺陷作了非常清晰的交代，即“民主是个好东西，不是说民主什么都好。民主决不是十全十美的，它有许多内在的不足。民主确实会使公民走上街头，举行集会，从而可能引发政局的不稳定；民主使一些在非民主条件下很简单的事务变得相对复杂和烦琐，从而增大政治和行政的成本；民主往往需要反反复复的协商和讨论，常常会使一些本来应当及时做出的决定，变得悬而未决，从而降低行政效率；民主还会使一些夸夸其谈的政治骗子有可乘之机，成为其蒙蔽人民的工具，如此等等。但是，在人类迄今发明和推行的所有政治制度中，民主是弊端最少的一种。也就是说，相对而言，民主是人类迄今最好的政治制度”。虽然“俞文”没有采用价值分析的术语来表述民主的特性，但是上述关于民主存在的弊端的分析，实际上是肯定了民主价值存在一定的“适用区间”，即民主作为一种治国理政的善性价值，只能在某一个区间范围内发挥自身的最佳功能，超过了民主价值的功能区间，民主可能就无法给一个国家和社会带来正面的影响。

2012 年 6 月 14 日黑龙江省第十一届人大常委会第三十三次会议审议通过的《黑龙江省气候资源探测和保护条例》(以下简称《条例》)规定，“气候资源，是指能为人类活动所利用的风力风能、太阳能、降水和大气成分等构成气候环境的自然资源”，“气候资源为国家所有”。面对社会公众质疑，黑龙江省气象局应急与减灾处处长马旭清说，气候资源归国家所有，主要依据宪法中有关自然资源的规定。《宪法》第九条规定，自

---

* 本文原载于《广东社会科学》2013 年第 2 期。

然资源属于国家所有，即全民所有。根据《条例》对气候资源的定义，气候资源属于自然资源，所以气候资源属于国家所有，即全民所有。[①] 对此，学界有人明显提出反对意见，中国政法大学环境法教授王灿发认为，太阳能、风能与人们平常所指的自然资源应是有区别的，因为矿藏、水流、森林等资源是有限的，如果不进行规范，必定导致无序开发而枯竭。但风能和太阳能则取之不尽用之不竭，强行收归国有没有必要，它不会因为某个人使用而影响他人继续享用。[②]

上述两个问题都与“宪法实施”有关，需要从宪法解释学的角度给予明确的回答。但从目前我国宪法学的基础理论建构来看，要给予上述两个问题很好的解答，显然还是比较困难的，问题的关键是我国的宪法学在引进价值理论之后所构建起来的基本上属于价值绝对主义意义上的“宪法价值”，很难为宪法实施的具体实践活动给予有效的指导，本文仅从宪法价值所具有的功能的适用区间性来考察宪法实施的可能性，以期从一个逻辑量化的视角来重新评估宪法实施的状况。

二、宪法价值的存在形式

价值与事实的对立，从休谟时期就已经进入学术研究的视野。[③] 在法学领域中，宪法学所采用的概念大多属于价值概念，并没有单纯的社会事实与之相对应，与民法学、刑法学的概念体系和推理系统存在着很大的差异。例如，民法学研究的对象为民事法律规范，其规范性来自相关的客观事实，合同法与合同可以视为这种价值与事实相互关联的最好体现。即使没有民事法律规范，也肯定有民事关系的存在，民事法律规范必须紧紧地依靠民事关系的事实来确立规范的内涵和发展方向，因此，民事法律规范具有较强的客观性。“诚实信用”原则总可以通过一个个具体生动的民事活动体现出来。但宪法学所研究的宪法规范带有很强的主观性，其背后的宪法原则更是一种与客观事实不产生直接对应关系的价值要求，例如，宪法规范肯定多数人治理的正当性，确认基本人权的合法性等。至于说多数人在实践中是如何存在的？自由是何种生活状况？在实际生活中存在着很大的不确定性，完全取决于评价者的评价标准和评价体现。因此，宪法作为根本法在指导人们行为时，主要是依靠宪法所倡导的价值。而某种具体的宪法价值并不能

---

① 王培莲：《规范新能源建设还是气象部门扩权》，《中国青年报》，2012 年 6 月 21 日。

② 王培莲：《规范新能源建设还是气象部门扩权》，《中国青年报》，2012 年 6 月 21 日。

③ 休谟是哲学史上以提出问题而不朽的哲学家。他提出的“是”与“应该”的关系问题，史称“休谟问题”。在中国哲学界也称为事实与价值的关系问题。休谟问题的确切含义是：从以“是”为联系词的事实判断中，能否导出以“应该”为联系词的价值判断？休谟与其他一些受其影响的哲学家和哲学流派，从关于事实与价值二元对立的观点出发，认为事实和价值分属两个完全不同、互不相关的领域，价值判断决不能从事实判断推导出来，从而形成了事实与价值关系问题上根深蒂固的“二分法”或“二歧鸿沟”，后来这一观念普遍流行，影响深远。参见易力：《求解休谟问题的新尝试——〈事实与价值〉评介》，《哲学研究》，2001 年第 8 期。

直接与某种具体的法律上的利益相关联，故宪法价值在实践中如何体现出来，必须要有一套科学和合理的价值分析方法。

从宪法价值的表现形式来看，其价值趋向和要求是带有几分理想色彩和完美逻辑主义倾向的主观臆想，具有数学意义上的美学特征。从现代宪法学公认的最初价值追求来看，宪法学一般将对个人自由的追求作为宪法的终极价值。而个人自由作为终极的价值目标，仅仅依靠个人实现自由的能力是不可能实现的，因此，必须设定一个理想的公共生活环境来保证在个人与社会相协调的背景下获得最大限度的个人自由。在这样的价值目标的要求下，只有“人民主权”说才能符合公共治理正当性的要求，如果存在高于他人的主权，那么，个人自由就不具有一般性和普遍性，从此意义上来说，“人民主权”作为公共权力的价值体现是实现个人自由的最佳价值手段。而“人民主权”中的“人民”和“主权”并非客观事实，故在实践中必须寻找实现“人民主权”的最佳价值手段，传统宪法学理论将“多数人统治”的“民主”价值视为“人民主权”价值目标实现的最佳价值手段。至于说“民主”，逻辑意义上所有人参与的公共决策应当是民主价值的最佳外在形式，但是“所有人”在事实层面仅仅是一个逻辑假设，并不能用人口学意义上的单纯的人口数量来表述，故“所有人”直接参与的“民主”在实践层面存在着巨大的局限，有一个不可逾越的“价值区间”。通过授权和委托公共治理机构或组织来实现民主价值的“间接民主”，必然成为民主价值的最佳实现途径。而对被授权者和被委托者行使公共权力的明确的制约构成了“法治”价值的正当性基础，用法治来限制民主价值的内涵，可以防范民主价值在实践中的失范。当“法治”价值建立在以宪法为核心的法律体系之上时，“宪治”便成为实现法治价值目标的最佳价值手段。由此可见，作为与事实完全分离的宪法价值，在价值体系的构建上是完全依据价值目标与价值手段之间的逻辑关联来建立最基本的关系体系的，每一种宪法价值都在其实现的价值功能层面上才具有基本的社会作用，这就意味着宪法价值只在手段与目标的一致性意义上才具有价值的基本功能，宪法价值的功能存在着一定的逻辑区间，在这个逻辑区间内，宪法价值可以有效地发挥自身的价值功能，并且存在着功能意义上的峰值域，超出了宪法价值的功能区间，宪法价值就会失去一般意义的价值功能，就必须要让位于其他的宪法价值。由此产生了不同宪法价值之间的功能区间的关联与衔接，可能存在着逻辑上包含、相容、相斥等关系，也存在着广义上的开放区间与封闭区间的逻辑关系。许多宪法价值比另外一些宪法价值具有更强的社会功能性，可以在更广泛意义上发挥自身的价值功能。

三、宪法价值的功能与适用区间

由于宪法价值必须服从手段与目标逻辑关联意义上的功能区间的逻辑约束，故宪法价值在事实中的表现形态通常都是相对意义上的，不存在绝对意义上的宪法价值。这种内在的逻辑关系反映在宪法实施层面，即构成了宪法实施的可能性问题。宪法实施某种意义上是宪法价值功能的实现，但是由于宪法价值本身存在的功能区间以及与此相对应的功能局限，故民主、人权、法治、宪治等宪法价值，都有自身发挥作用的特定区间，超越了这些特定的价值功能区间，这些基础性的宪法价值就会失去价值的基本功能特性。例如，民主价值所要追求的价值目标是“人民主权”，即公共权力的正当性。但是，民主价值以事实上的“多数人”来表述价值的基本内涵，如果在一个特定的时空区间内，不管是基于历史的原因，还是现实的因素，事实上的“多数人”本身就是客观存在的，那么，“民主”价值就没有作为“手段”实现“目标”的特有的价值优势。此外，也有一些领域，并不适宜用“多数人”的形式来治理，[①] 例如，完全属于个人隐私的领域，就不应服从“多数人”的意愿。再如，法治价值只能解决“民主”中的“多数人”与被委托者、被授权者之间的委托与授权关系的“正当性”问题，而不能解决委托者与授权者是否需要授权或委托的问题，这就产生了宪法学理论上的“政治问题不受违宪审查”原则。为什么“政治问题不受违宪审查”呢？从逻辑关系上来看，就是法治价值解决不了只能由“民主价值”来解决的事实问题。这一方面的宪法事例是很多的。例如，在 1952 年 8 月 28 日，日本政府第 3 届吉田内阁解散了国会的众议院。当时，作为众议员的苫米地义三，以解散众议院违宪无效为由，对国家提出了要求确认众议员资格以及补偿到任期终了的年金的诉讼，并提出了以下理由：①解散众议院，根据《宪法》第六十九条规定，必须以提出对内阁不信任案为前提，上述解散众议院的行为仅仅依据《宪法》第七条的规定；②通过上述解散众议院的决定缺少符合法律要求的内阁会议。对此，作为被告的国家，在主张解散众议院合宪的同时，还认为，解散众议院具有很强的政治性，属于所谓的统治行为，不涉及法院的审查权。第一审（东京地方法院 1953 年 10 月 19 日判决）和第二审（东京高等法院 1954 年 9 月 22 日判决）没有采信统治行为论的主张，对该解散的合宪性审查的结果，一审没有支持政府，判决

---

① 丛日云认为：民主有特定的含义，有特定的应用范围。它主要是一种政治制度，是国家政权的组织形式。简单地说，就是国家的最高决策者由自由的、公平的、竞争性的选举产生。民主也可以延伸到其他一些领域，在西方，民主甚至已经成为一种行为习惯、生活方式，但不是什么场合都是民主方式好，到处都搞民主。比如，一般来说，不能由职工民主选举企业总裁，不能由士兵选举将军，不能由演员选举导演，不能由学生选举教授，不能由患者选举医院院长、乘客选举机长或列车长，在官僚体系内，不能由科长选举处长，等等。民主选举的方式在有些场合是不适用的。由于不了解民主的适用范围，我们国家目前存在的一个问题是，在该选举的地方不选举，在不该选举的地方瞎选举。比如，有的地方声称搞民主，就以民主投票（或民意测验）的方式差额选举处长、局长等，但市长、省长却不差额选举，也就是说，不搞竞争性的选举。处长、局长是文官，是职业官僚，他们不应该由选举产生，就如同师长、军长不能由士兵选举产生，会计师、工程师、教授不能由民主选举产生一样。在这个场合，应该按文官本身的选任、晋升方式来处理。所以，选举处长、局长不是民主，是一种对民主的点缀，结果只会败坏民主的声誉。参见丛日云：《民主的适用范围》，中国改革网，http://www.chinareform.net/special_detail.php?id=676。

解散是违宪无效的；二审承认了内阁的理由，撤销了一审判决，驳回了一审原告的请求。为此，一审原告（二审被控诉人）上告最高法院，最高法院否定了法院对解散众议院是否合宪具有审查权的观点，驳回了上告。日本最高法院在1959年6月8日作出大法庭判决。该判决认为，解散众议院，违背了众议员的意愿使其丧失了议员资格，其作为国会的最主要的一部分被暂时停止工作，特别是通过总选举，产生新的众议院，形成新的内阁，这些不仅在国家法律上具有重大意义，并且解散众议院使内阁存续，应以全体国民的意愿为前提，这在政治上也具有重大意义。因此，解散众议院，是具有高度政治性的与国家统治相关的国家行为，在法律上是有效还是无效，应当解释成在法院的审查权之外。以解散众议院为由作为诉讼前提的场合，都不属于法院审查权的内容。[①] 日本最高法院在苫米地一案中对解散众议院不属于法院"司法判断"范围的认定，实际上回答了法治价值在逻辑上存在一定的"功能区间"，超过这个区间，法治便不能有效发挥自身的作用。

从相似的案例可以发现，作为一项重要的宪法价值，民主价值在特定的情形下也会失去自身的宪法秩序构建作用，而必须依赖法治价值的补充。也就是说，民主价值也存在着很强的"价值区间"。以2000年美国大选为例，共和党候选人布什与民主党候选人戈尔的选票如此相近，是美国总统选举史上罕见的，尤其是双方在决定命运的佛罗里达州的争夺更是到了白热化的程度。布什在佛州的选票领先数量一路下滑，从最初领先1 200票，到领先930票到领先703票乃至537票，到最后只领先154票。如果任由民主党人通过人工计票方式清点下去，最后戈尔有可能反超。两党关于选票之争都是围绕着"奇点"进行的，不论最后谁赢得佛州25张选举人票，都只是非常细微的差异。而且戈尔不论当选与否，他已经赢得了选民的多数票，而布什则赢得了多数州的支持。美国联邦最高法院在此次美国总统大选中破天荒地介入大选事务，这在美国宪法中也没有明确的依据。这从法理上讲是有悖公平原则的，因为按照宪法规定，联邦最高法院法官是由联邦总统任命的，是总统制约最高法院的一种形式。但是，在决定谁有资格当选为美国联邦总统问题上，如果联邦最高法院具有决定性的影响，那么就无法消除党派因素所起的作用。当时美国联邦最高法院九名大法官中有七名是共和党总统任命的，因此，从法理上无法防止联邦最高法院在决定总统大选事务上出现价值偏向。

民主价值所具有的价值区间性在我国地方民主实践中也有所体现，除了存在着不当使用民主形式来解决社会问题的恶例之外，对于民主价值所具有的开放性认识也不到位。例如，1998年12月，四川省遂宁市步云乡采取村民直接投票的方式，选出了乡长，被称为"中国大陆直选第一乡"。2001年12月，该乡根据宪法和地方政府组织法，对直接选举乡长的方式进行了调整，采用全乡选民直接选举产生唯一的乡长候选人，然

① 日本最高法院1960年6月8日大法庭判决，民集14卷7号，第1206页。

后交乡人代会进行等额选举的方式，成功地进行了乡长换届选举。[①] 这种做法表面上看是为了尽量使“乡长”选举程序符合现行宪法的规定，但从直接民主与间接民主两者之间的价值关系来看，间接民主价值作为直接民主价值的补充，本身应当具有开放性，也就是说，当可以用直接民主来解决间接民主解决的同一社会问题或事实问题时，就应当采用直接民主方式来决定“乡长”人选。目前的做法先让选民选出唯一候选人，再由乡人代会选出乡长的做法与民主价值理论不符，属于机械地理解民主价值的功能，对宪法价值缺少总体把握，是缺少价值适用区间的概念所致。

总之，在没有对宪法价值作出正确的价值分析之前，要正确地实施宪法是存在诸多理论问题的。将价值适用区间的概念引入宪法学，必然会增强宪法学概念的分析力量，从而提升宪法学基础理论对宪法现象的解释能力和对宪法实施工作的指导能力。

四、宪法价值的特性对宪法实施效果的影响

当下，我国宪法学的理论体系仍然停留在直观描述和无逻辑的关联阶段，还没有在梳理价值与事实关系的基础上，针对宪法规范的价值特征，建立起科学和有效的宪法价值体系，导致宪法学的理论体系对宪法实践的指导作用付诸阙如，这种现象的改变有待于宪法学基础理论的变革。有鉴于对宪法价值功能区间认识的盲区以及对宪法实施概念认识在法理上的混乱，在实践中，宪法实施也被作了不同层次和不同角度的任意解释，导致了对宪法实施状况认定的方法和结果差距很大。例如，田赞在《试论我国宪法实施现状、成因及对策》一文中尖锐地指出：我国宪法的实施现状不容乐观，主要表现在：①宪法不能进入诉讼；②宪法监督制度名不副实。究其原因主要有三：①公民宪法意识淡薄；②宪法功能政治化；③宪法价值虚无化。我国宪法的实施陷入了实体与程序背离的两难境地。[②] 田赞的上述观点已经意识到“宪法价值”与“宪法实施”之间的关系，对宪法价值的价值功能特性缺少深刻的认识，致使基于宪法价值而存在的宪法实施状况无法被科学和有效地加以评估，各种脱离了宪法价值分析的宪法实施研究结论或多或少地只能看到宪法实施的某一个方面的特性，而无法从总体上来科学和有效地评估宪法实施的状况。特别值得注意的是，我国宪法学理论对于各个部门法学指导的阙如，使得各个部门法学基本上都是在脱离宪法学理论指导的基础上独立地发展出来的，因此，当部门法学需要宪法学的概念和知识时，总是不自觉地将部门法学的概念和术语以及分析方法简单地搬用到对宪法价值的分析上，对于宪法实施的状况的分析结论也只有简单的“合宪”“不合宪”“违宪”和“不违宪”之说，而没有认真研究宪法价值的功能区间，

---

① 《1998 年：遂宁市步云乡直选乡长》，《四川日报》，2009 年 9 月 15 日。

② 田赞：《试论我国宪法实施现状、成因及对策》，《湖南公安高等专科学校学报》，2002 年第 1 期。

忽略宪法价值自身所具有的价值张力。

事实上，宪法价值对宪法实施的影响是多方面的，最主要的影响来自宪法价值的政治功能和逻辑作用。从政治学意义上看，宪法价值存在一定程度的可变性和灵活性；从逻辑学来看，宪法价值有着特定的功能区间。因此，宪法价值在评价具体的事实行为上，很容易形成更加丰富的评价结论，产生违宪审查理论上的“变形判决”。例如，在第二届亚洲宪法论坛上，韩国方胜柱教授介绍了韩国宪法裁判所对违宪法律审查的变形决定。变形决定首次出现在德国联邦宪法法院，是为了防止无效裁决损害法的安定性或造成法律空白状态。具体而言，变形决定是指：确定法律的违宪性而不作出违宪决定；在可以消除违宪的众多方法中为了尊重立法者的形成自由或出于暂时考虑而作出违宪决定；通过关于法律的合宪解释对一定的类型作出违宪判断；不顾合宪决定，以可能会成为违宪的因素为由，向立法者发出警告，催促进行法律变更的决定。具体到韩国宪法裁判所的既有判例，变形决定包括宪法不一致决定、继续效力（适用）命令、对法律的宪法一致性解释（限定违宪决定和限定合宪决定）、催促决定和警告决定等形式。① 韩国宪法法院在违宪审查实践中发展出来的“变形判决”理论从法理上来看，实际上是以宪法价值的功能区间性为基础的，是在有效地区分价值与事实基础上，对宪法价值的功能特性作了适应客观实际和“事实”的精确描述，值得我国宪法学界在构建宪法实施理论时认真反思。

总之，只有跳出传统宪法学理论关于宪法实施的研究成果的框架，引进宪法价值的分析方法，才能进一步增强宪法学理论对宪法实施工作和宪法实践活动的解释能力，才能使得我国目前的“不规范宪法学”真正走向“规范宪法学”。② 正如近年来在我国宪法学界盛行的“规范宪法学”所主张的那样，宪法实施并非一个当然的社会事实，而是一个基于宪法价值的功能形态存在的可能性社会现象，宪法实施因为宪法价值自身的

---

① 王建学：《亚洲立宪主义的学术自觉——“第二届亚洲宪法论坛”综述》，中国宪政网，http://www.calaw.cn/article/default.asp?id=655，2009年9月13日。

② 刚刚进入21世纪，我国宪法学界遽然荡起一股“规范”浪潮。时任香港城市大学中国法与比较法研究中心研究员的林来梵教授出版《从宪法规范到规范宪法——规范宪法学的一种前言》一书，严肃批评中国宪法学研究将“事实”“价值”糨糊般地搅在一起而不自觉，将“社会科学的宪法学”推至“无以复加的程度”，并提出价值事实二元论的规范研究方法，倡导返回规范、“围绕规范形成思想”的“规范宪法学”。林教授倡导的“规范宪法学”认为，既往宪法学研究存在的致命缺陷是将“研究对象的政治性”和“研究方法的规范性”完全混同，呈现科学性、解说性和政治性的特征，完全是一个“有病的学科”。“规范宪法学”主张以规范性的方法探析宪法现象，倡导以规范为焦点、起点和终点，采用以宪法解释学为核心的多元方法，围绕规范、且是围绕处于核心地位的基本权利规范形成思想。

特征而呈现出各种不同的可能性，包括完全可以实施[1]、部分可以实施[2]及根本无法实施[3]等情形。只有在考察宪法价值的适用区间的前提下，才能对宪法实施问题作比较科学意义上的探讨，故应当高度重视宪法价值与宪法实施之间的逻辑关系。

【作者简介】

莫纪宏，中国社会科学院法学研究所研究员、博士生导师。

---

① 以我国宪法（2004 年修正）第七十九条规定为例，该条文是关于国家主席选举及任期的规定，由于受到具体的数字关系的限制，故是完全可以实施的条文。该条规定：中华人民共和国主席、副主席由全国人民代表大会选举。有选举权和被选举权的年满四十五周岁的中华人民共和国公民可以被选为中华人民共和国主席、副主席。中华人民共和国主席、副主席每届任期同全国人民代表大会每届任期相同，连续任职不得超过两届。其中，第七十九条第一款规定只有全国人大有权选举国家主席和副主席，其他任何性质的国家机构都无权选举国家主席和副主席，这是非常明确的“宪法规定”，具有很强的排他性。第二款规定的“年满四十五周岁”也是一个非常清晰的制度要求，可以很清晰地予以实施。第三款关于两届任期的规定也是非常明确的“宪法规定”。故宪法（2004 年修正）第七十九条属于完全可以实施的条款，并且可以对实施的结果进行精确的评估。

② 宪法（2004 年修正）第二条第三款规定：人民依照法律规定，通过各种途径和形式，管理国家事务，管理经济和文化事业，管理社会事务。上述规定由于“人民”概念过于宽泛，以及“各种途径和形式”过于抽象，所以，要评价该条款在实践中的实施状况就相对较难，故该条款呈现出更明显的“宪法价值”特征，要完全转化为一种活生生的社会事实就需要建立更加具体和有效的制度。

③ 宪法（2004 年修正）第十四条第二款规定：国家厉行节约，反对浪费。上述条款的规定由于过于“原则”和“抽象”，很难在实践中落实到具体的制度措施，对该条款实施状况作出科学合理的“评估”继而得出令人信服的“结论”也是很困难的。

论新时代人民代表大会制度的完善发展*

石佑启

人民代表大会制度是体现人民当家作主的根本政治制度，是中国人民在人类政治制度史上的伟大创造，在中国特色社会主义的伟大实践中展现出强大的生命力和巨大的优越性。党的十八大以来，习近平总书记就坚持和完善人民代表大会制度发表了一系列重要论述，科学阐述了人民代表大会制度作为国家根本政治制度的历史必然、特点优势、实践要求，标志着我们党对人民代表大会制度的认识达到了一个新的高度，① 为人民代表大会制度的完善发展，推进社会主义民主政治建设奠定了坚实的理论和实践基础。党的十九届四中全会《中共中央关于坚持和完善中国特色社会主义制度 推进国家治理体系和治理能力现代化若干重大问题的决定》（以下简称《决定》）明确提出“坚持和完善人民代表大会制度这一根本政治制度”。站在新的历史起点上，我们要旗帜鲜明地坚持人民代表大会制度，与时俱进完善发展人民代表大会制度，切实将制度优势转化为治理效能。

一、完善发展人民代表大会制度的时代主题

习近平总书记指出：“在新的奋斗征程上，必须充分发挥人民代表大会制度的根本政治制度作用，继续通过人民代表大会制度牢牢把国家和民族前途命运掌握在人民手中，这是时代赋予我们的光荣任务。”② 这既体现了坚持人民代表大会制度的历史必然

* 本文系国家社会科学基金项目“民间规范与地方立法研究”（16ZDA069）阶段性成果。原载于《广东社会科学》2020 年第 3 期。

① 王晨：《新时代坚持和完善人民代表大会制度的根本遵循》，《中国人大》，2019 年第 3 期，第 10 页。

② 习近平：《在庆祝全国人民代表大会成立六十周年大会上的讲话》，《中国人大》，2019 年第 19 期，第 17 页。

性，也为完善发展人民代表大会制度提出了新的课题。

（一）要回应我国社会主要矛盾的转化

党的十九大报告指出，进入新时代，我国社会主要矛盾已经转化为人民日益增长的美好生活需要和不平衡不充分的发展之间的矛盾。人民不仅对物质文化生活提出更高的要求，而且在民主、法治、公平、正义、安全、环境等方面的需求也日益增长。在社会生产水平显著提高的同时，发展的不平衡不充分已经成为制约人民追求美好生活的主要因素。其中，秩序建构与制度建设的不平衡问题已较为突出，这对新时代完善人民代表大会制度提出了许多新要求。当前，作为人民行使当家作主权利的政权组织形式，人民代表大会制度的发展应当立足现阶段社会主要矛盾，充分反映人民日益增长的需求，尤其是人民对权力制约、权利保障与公平正义等的需求。一是全国人大及其常委会要统筹协调经济、政治、社会、文化、生态等领域的制度建设，把握立法工作主线，推进科学立法、民主立法、依法立法，以高质量立法推动高质量发展。二是各级人大及其常委会要按照“依法监督、正确监督、有效监督”的总体要求，综合运用多种监督形式，依法对行政机关、监察机关、审判机关、检察机关进行监督，确保宪法、法律、法规得到正确有效实施。三是地方人大及其常委会要在法定权限范围内，围绕地方需求制定和修改地方性法规，并立足区域协调发展战略，积极开展地方立法协同。

（二）要协调全面深化改革与立法的关系

习近平总书记指出，“在法治下推进改革，在改革中完善法治，这就是我们说的改革和法治是两个轮子的含义”①。全面深化改革是党中央提出的重大战略部署，是一个整体推进的系统工程。全面深化改革的广泛性要求其必须走法治之路，以法治来凝聚改革共识，以法治引领和规范改革行为，以法治降低改革的成本和风险，以法治巩固改革成果。② 这就要求新时代人民代表大会制度的完善发展必须要协调好改革与法治的关系，特别是改革与立法的关系。

立法并不必然滞后于改革。相反，立法要引领和推动改革走向深入，这是发展人民代表大会制度应当遵循的逻辑主线。人大及其常委会要协调好改革的“变”与立法的“定”之间的关系，坚持改革的“变”要依法而变，立法的“定”不应是消极被动地确认改革成果，而应是积极主动地适应改革和经济社会发展需求，为改革提供依据和指引，为将来的改革发展预留空间。第一，要实现立法决策和改革决策相衔接、相统一，通过人大立法程序把改革决策转化为法律规定，对改革的成功经验及时予以确认；第

---

① 中共中央文献研究室编：《习近平关于全面依法治国论述摘编》，北京：中央文献出版社，2015 年，第 52 页。

② 石佑启：《我国行政体制改革法治化研究》，《法学评论》，2014 年第 6 期，第 12 页。

二，凡属重大改革必须于法有据，要用立法形式来推进改革，及时为改革提供依据；第三，对实践条件还不成熟、需要先行先试的，要按照法定程序作出授权，依授权驱动改革；第四，对不适应改革要求的法律法规及时予以修改或者废止，做到立改废释并举。①

（三）要实现全面依法治国的统筹推进

全面推进依法治国是历史的选择、现实的需要，是新时代坚持和发展中国特色社会主义的本质要求。全面推进依法治国的总目标是建设中国特色社会主义法治体系、建设社会主义法治国家。人民代表大会制度是推进全面依法治国的重要途径，落实全面依法治国基本方略，要求完善发展人民代表大会制度要紧紧围绕建设中国特色社会主义法治体系的基本内容有序展开。

形成完备的法律规范体系，不仅要求各级人大及其常委会及时回应互联网、医疗卫生、食品安全、生态环保等领域的规范需求，增强立法的针对性、及时性和系统性，还要提高立法质量，以科学立法、民主立法提升立法的有效性；建设高效的法治实施体系，要凸显人大在法治实施中的重要作用，定期对法律法规等规范性文件的实施效果进行评估，对规定模糊、滞后的法律规范进行解释、修订；构建严密的法律监督体系，要求各级人大及其常委会要担负起宪法法律赋予的监督职责，加强对“一府一委两院”的监督，保证宪法法律得到遵守和执行；打造有力的法治保障体系，需要各级人大及其常委会为法治建设提供政治保障、制度保障、组织保障，坚持在党的领导下开展各项工作，完善立法、监督等程序，积极推进监察、司法等领域的体制改革；构建完善的党内法规体系的前提是要处理好党内法规与国家法律的关系，可以在全国人大及其常委会和党内法规制定机关之间建立衔接协调机制，以实现党内法规与国家法律的协同推进。

二、完善发展人民代表大会制度的根本要求

完善发展人民代表大会制度必须坚持中国共产党领导，坚持正确的政治发展道路，坚持人民主体地位，坚持全面依法治国，不断推动人民代表大会制度理论与实践创新，使国家根本政治制度更加成熟，更好地发挥其优越性。

（一）党的领导：人民代表大会制度完善发展的根本保证

中国共产党的领导是中国特色社会主义最本质的特征，是人民代表大会制度形成和发展的前提条件。坚持党的领导，是实行人民代表大会制度的内在要求，是推进人民代

① 石佑启：《深化改革与推进法治良性互动关系论》，《学术研究》，2015 年第 1 期，第 51 – 52 页。

表大会制度完善发展的根本保证。[①] 新时代坚持党对人民代表大会制度完善发展的领导，就是要发挥党的领导核心作用，确保在党的领导下，国家治理更加民主、规范、有序。

首先，要增强“四个意识”，坚定“四个自信”，做到“两个维护”，紧紧围绕党和国家工作大局推进人民代表大会制度建设，保证各级人大及其常委会依法行使国家权力。党的十九大报告对我国现阶段的社会主要矛盾、发展现状、历史任务等作出了新论断，系统地提出了新时代中国特色社会主义思想和基本方略，奠定了推进人民代表大会制度完善发展的主基调。围绕我国社会主义现代化建设的进程，党中央提出了科教兴国战略、创新驱动发展战略、乡村振兴战略、区域协调发展战略等重大战略。作为国家发展战略的主要实施者，各级人大及其常委会应积极统筹立法工作，将国家重大战略贯彻到立法实践当中，形成全面有效的立法规划和立法文件。

其次，通过人民代表大会制度，保证党的路线方针政策和决策部署在国家工作中得到全面贯彻和有效执行。党的十八大以来，以习近平同志为核心的党中央全面加强党对人大制度建设的领导，多次对人大工作中的重要事项进行研究和作出部署安排，出台一系列有关人大制度建设的指导性文件，通过人民代表大会制度把坚持党的领导、人民当家作主、依法治国有机统一起来。党在充分发扬民主的基础上，通过向人大及其常委会提出立法建议、重大政策举措等，使党的主张通过法定程序成为国家意志，使党组织推荐的人选通过法定程序成为国家政权机关的领导人员，保证党领导人民依法有效治理国家。[②]

最后，全面加强和改善党对人大工作的领导。人大工作是人大制度建设和运行的重要载体，全面加强和改善党对人大工作的领导，最终将党对人大制度的领导落到实处。进入新的历史时期，各级党委要高度重视人大工作，大力支持人大依法行使立法权、监督权、决定权、任免权等宪法法律赋予的权力。各级人大常委会党组要坚持正确的政治方向，认真履行政治领导责任，严格执行请示报告制度，重大事项及时向各级党委请示报告，并批准在各专门委员会设立分党组，确保党的领导贯彻人大工作各方面。

（二）以人为本：人民代表大会制度完善发展的价值取向

人民代表大会制度之所以具有强大生命力和显著优越性，关键在于它深深植根于人民之中。[③] 人民代表大会制度最核心的就是要以人为本，切实实现好、维护好、发展好

---

① 王晨：《新时代坚持和完善人民代表大会制度的根本遵循》，《中国人大》，2019 年第 3 期，第 10 页。

② 全国干部培训教材编审指导委员会：《发展社会主义民主政治》，北京：人民出版社、党建读物出版社，2019 年，第 56 页。

③ 王晨：《新时代坚持和完善人民代表大会制度的根本遵循》，《中国人大》，2019 年第 3 期，第 12 页。

最广大人民的根本利益，更好地满足人民当家作主的需求。[①] 因此，完善发展人民代表大会制度，必须始终坚持以人为本，始终坚持人民主体地位，以不断满足人民日益增长的美好生活需要、促进人的全面发展为出发点和落脚点。

其一，必须不断解决好人民最关心、最直接、最现实的利益问题。要坚持立法为民，做到民有所呼、我有所应。一方面，要扩大立法的有序参与，完善立法调研、论证、评估、征求意见等制度机制，及时了解人民群众所需、所急、所盼，广泛凝聚立法共识；另一方面，对于立法需求尤为迫切的问题，各级人大常委会应当加强组织协调，由有关专业委员会牵头起草法律法规草案，并及时安排草案审议，提高立法效率。要通过科学民主立法，把人民当家作主具体落实到国家政治和社会生活之中，努力使每一项立法都体现和维护人民利益、反映人民愿望、增进人民福祉。

其二，必须始终坚持民主集中制。民主集中制是我国国家组织形式和活动方式的基本原则。人民通过民主选举产生人大代表，由人大代表组成各级国家权力机关，代表人民统一行使国家权力，对人民负责，受人民监督；其他国家机关都由人民代表大会产生，对它负责，受它监督。中央和地方各级国家机构按民主集中制的原则划分职权，坚持在中央统一领导下，充分发挥地方主动性和积极性。人大及其常委会要按照民主集中制原则，充分发扬民主，集体行使职权、集体决定问题。制定和修改法律，作出决议、决定，都要经过充分的讨论并按照少数服从多数原则来进行。[②]

其三，必须完善选举制度和议事协调规则，为人大制度完善发展提供程序保障。民主选举与平等协商是发挥人大制度功用的逻辑前提，只有通过民主选举才能真正体现人民的主体地位，只有平等协商才能切实反映人民的真实诉求。完善选举制度，要切实增强民主选举的真实性，使人民代表具有真实的群众基础，通过强化选举监督、选票监督，严厉杜绝选举工作中弄虚作假甚至拉票贿选等腐败行为；完善议事协调规则，要逐步健全分组讨论会议和联组讨论会议的程序以及批准重大议案的审议程序等。

（三）良法善治：人民代表大会制度完善发展的重要目标

法律是治国之重器，良法是善治之前提。党的十九大报告强调，“以良法促进发展、保障善治”。“良法善治”是法治的本质要求。哲人亚里士多德有言：“法治应当包含两重意义：已成立的法律获得普遍的服从，而大家所服从的法律本身又应该是制定得良好的法律。”[③] 良法是法治的前提，善治是法治的目标，良法善治是国之所需、民之所向。

良法善治对人大制度和人大工作提出了新要求，一方面要立良法。如果没有良法，

---

① 时和兴：《新时代人民代表大会制度的发展与完善》，《中央社会主义学院学报》，2018 年第 3 期，第 63 页。

② 全国干部培训教材编审指导委员会：《发展社会主义民主政治》，北京：人民出版社、党建读物出版社，2019 年，第 64 – 65 页。

③ ［希］亚里士多德著，吴寿彭译：《政治学》，北京：商务印书馆，1981 年，第 129 页。

就谈不上法治，更谈不上善治。立良法是人民群众对立法者的热切期待和基本要求。习近平总书记指出："人民群众对立法的期盼，已经不是有没有，而是好不好、管用不管用、能不能解决实际问题。"① 故要坚持问题导向和需求导向，大力提高立法质量，使每一项立法都符合宪法的原则和精神，体现经济社会发展规律，更好地协调利益关系，反映人民意志、得到人民拥护。一是要实行立法精细化，立法精细化是实现从有法可依向良法治理转变的关键，要做到立法理念精良、立法选项精准、立法过程精细、立法内容精确、立法体例精简、所立之法精致，以提高法律规范的可执行性。二是要增强立法针对性。要紧紧围绕经济社会发展中迫切需要解决的现实问题开展立法工作，尤其要抓住改革的重点领域和关键环节，积极推进重点领域立法，强化制度有效供给。三是要增强立法及时性。在立法时效上，必须反应灵敏，针对实践对法律提出的迫切需要，及时启动立法程序，积极回应社会关切。② 对于已经滞后于现实情况的法律法规及有关条款，该修改的要及时修改，该废止的要及时废止，该解释的要及时解释，该授权的要及时授权，防止出现所谓"僵尸条款"。四是要增强立法系统性。要综合运用制定、修改、废止、解释等多种形式，统筹兼顾做好立法工作。特别是应通盘考虑，结合重要法律的出台，同步修改或废止相关法律法规，做到各项法律制度相互衔接、统筹协调、形成合力，切实增强立法的引领和推动作用。③

另一方面要使良法切实得以贯彻实施。良法善治，不仅体现在立法上，也体现在法律的贯彻执行上。法律实施是让法律从"纸面上、文字上的法"变为"行动中、生活中的法"，以实现法律所追求的公平、正义、民主、自由、人权、秩序、安全等价值。法律的生命在于实施，法律的权威也在于实施。如果有了法律而不能有效实施，那么再多、再好的法律也是一纸空文，只能成为"稻草人"或"橡皮泥"。良法本身不是目的，制定良法是为了充分发挥法律在规范社会行为、调节社会关系、平衡社会利益、化解社会矛盾、维护社会稳定等方面的作用，最终达到善治的结果。④ 要不断加强和改进人大监督工作，增强监督的实效，确保宪法法律有效实施，确保"一府一委两院"依法行政、依法监察、公正司法。

三、完善发展人民代表大会制度的主要任务

习近平总书记强调："当前和今后一个时期，要着重抓好5个重要环节的工作：加

---

① 中共中央文献研究室编：《习近平关于全面依法治国论述摘编》，北京：中央文献出版社，2015年，第43页。

② 张琴羽：《以国家治理法治化推进国家治理现代化》，《党政干部论坛》，2014年第6期，第12页。

③ 梁鹰：《适应改革发展需要加强立法》，《人民日报》，2017年8月18日第7版。

④ 李富莹：《良法善治：社会主义法治的核心要义》，《学习时报》，2019年7月10日第3版。

强和改进立法工作、加强和改进法律实施工作、加强和改进监督工作、加强同人大代表和人民群众的联系、加强和改进人大工作。”① 这为完善发展人民代表大会制度指明了方向，提供了基本遵循。新时代推进人民代表大会制度完善发展，可从以下方面重点发力。

（一）完善立法体制机制

党的十九届四中全会《决定》提出：“完善立法体制机制。坚持科学立法、民主立法、依法立法，完善党委领导、人大主导、政府依托、各方参与的立法工作格局，立改废释并举，不断提高立法质量和效率。”这为做好新时代立法工作提出了明确要求。

1. 健全党对立法工作领导的体制

要完善党对立法工作中重大问题决策的程序，推进党领导立法工作的规范化、制度化建设。经过改革开放40多年的实践，我国在党领导立法方面已形成了许多行之有效的制度机制，必须继续坚持和不断完善。要全面贯彻落实党中央确定的立法工作目标任务，严格落实立法工作向党中央和省、区、市党委请示报告制度。需要党中央和省、区、市党委研究的重大立法事项、法律法规起草及审议中设计的重大体制、重大政策调整问题等事项，国家和地方立法机关党组应及时主动向党中央和同级党委请示报告，全面贯彻落实党中央决策部署，把党的领导贯彻到立法工作全过程和各方面。②

2. 完善人大在立法中起主导作用的体制机制

要把人大在立法中的主导作用机制化、程序化，体现在法律法规的立项、起草、审议、修改、表决等各个环节。一是在确定立法项目中发挥主导作用，做到科学立项，增强立法工作的计划性、指导性。二是在起草过程中发挥主导作用，做好法律、地方性法规的牵头起草和组织协调工作。综合性、全局性、基础性的重要法律、地方性法规草案，由人大有关专门委员会或常委会工作机构组织起草。由有关部门负责起草的草案，人大有关专门委员会或常委会工作机构提前介入，把握进展和动态。三是在审议中发挥主导作用，发挥人大及其常委会的审议把关作用，提高审议的质量。四是在法的修改废止工作中发挥主导作用。要主动分析研究改革发展方向，研究立法走向，对现行有效的法律法规进行梳理，将法律法规修改、废止与制定新法工作同布置、同落实。对一些与改革发展明显不一致、不协调、不适应的法律法规，要主动及时提出修改、废止建议，实现有破有立。对一些群众关注度比较高，社会反映问题比较多，或者在制定之初意见分歧就比较大的现行有效的法律法规，及时启动修改、废止程序，及时加以矫正和修

---

① 习近平：《在庆祝全国人民代表大会成立六十周年大会上的讲话》，《中国人大》，2019年第19期，第19页。

② 全国干部培训教材编审指导委员会：《发展社会主义民主政治》，北京：人民出版社、党建读物出版社，2019年，第102－103页。

缮。还要加强法律解释工作，及时明确法律规定含义和适用法律依据。

3. 充分发挥政府在立法中的依托作用

立法中的“政府依托”主要表现在：一是立法实践中的大量具体工作要依托政府来完成，主要包括：由政府部门牵头起草法律和地方性法规，并由政府向同级人大或人大常委会提出法律、法规案；或者由政府有关部门协助、配合人大起草法律和地方性法规，并在立法调研、起草和审议、立法后评估过程中提供信息支持和意见反馈等；二是法律和地方性法规要依托政府转化为更具体的规范，一些法律和地方性法规需要政府出台配套规定才能更好地落实。准确定位政府在立法工作中的角色，充分发挥政府在立法中的依托作用，有助于保证立法的专业性、针对性和可行性。①

4. 完善社会各方有序参与立法的途径和方式

要健全法律法规草案征求人大代表意见制度，更好地发挥人大代表参与起草和修改法律法规的作用；健全立法机关和社会公众沟通机制，开展立法协商，建立有关国家机关、社会团体、专家学者对立法中涉及的重大利益调整的论证咨询机制；完善公众有序参与立法制度，健全法律法规草案向社会公开征求意见制度和公众意见采纳情况反馈机制；健全立法论证、听证制度与机制，做好法律法规案通过前评估和立法后评估工作，确保立法能够遵法理、合事理、通情理；健全基层立法联系点制度，通过联系点直接听取基层干部群众的意见，充分发挥其接地气的“直通车”作用。

（二）加强和改进监督工作

监督是人大的重要职能。各级人大及其常委会要切实负起宪法法律赋予的监督职责，加强对“一府一委两院”的监督，确保宪法法律得到有效实施，确保党中央重大决策部署贯彻落实，确保人民权益得到维护和实现。

一是加强对宪法和法律实施的监督。加强对宪法和法律实施的监督，是全面推进依法治国的必然要求。党的十九大报告提出：“加强宪法实施和监督，推进合宪性审查工作，维护宪法权威。”党的十九届四中全会进一步强调指出：“加强宪法实施和监督，落实宪法解释程序机制，推进合宪性审查工作，加强备案审查制度和能力建设，依法撤销和纠正违宪违法的规范性文件。”可见，加强对宪法和法律实施的监督，重点要推进合宪性审查工作，加强备案审查制度和能力建设。合宪性审查是宪法监督制度的核心环节，其所要解决的问题是法律法规、规范性文件以及国家机关履行宪法职责的行为是否合宪，目的在于维护宪法权威，保证宪法实施。“合宪性审查是维护法律体系统一性的重要保障。一个国家的法律体系必须建构在宪法的基础上，形成统一的合宪性法秩序。”② 要加强备案审查制度和能力建设，健全备案审查工作机制，实行“有件必备、

---

① 邢斌文：《依托高质量立法推进法治政府建设》，《法制日报》，2019 年 12 月 27 日第 5 版。

② 王利明：《落实十九大精神以良法促发展保善治》，《中国司法》，2017 年第 11 期，第 21 页。

有备必审、有错必纠”，以维护国家法制统一，维护宪法法律权威和尊严。要将主动审查与被动审查相结合：一方面，要逐步推进主动审查工作，对行政法规和司法解释逐一进行主动审查，对地方性法规有重点地开展专项审查；另一方面，要充分发挥被动审查的作用，使备案审查制度的运作从内部协调扩展到向公众公开，让公众了解并参与备案审查，聚民意、纳民智，充分调动各方力量，形成科学的宪法法律监督体系。①

二是健全人大对“一府一委两院”监督制度。全国人大常委会委员长栗战书在主持十三届全国人大常委会第四次会议时讲话强调：“在我们的政治体制中，人大就是要对‘一府一委两院’起监督作用。这是国家制度设计上对人大的明确要求。”② 要坚持监督与支持相结合，把监督“一府一委两院”工作同支持其依法履行职责有机统一起来，寓支持于监督之中，形成加强和改进工作的合力。要严格依法监督，改进监督的方式方法，增强监督工作的针对性和实效性，使人大监督更有力度、更具权威，保证行政权、监察权、审判权、检察权得到依法正确行使，保证公民、法人和其他组织合法权益得到切实保障。③

（三）主导国家治理体系的法治化

国家治理体系法治化是国家制度更加成熟、更加定型的必然要求。党的十八届三中全会提出，到2020年要形成系统完备、科学规范、运行有效的制度体系，使各方面制度更加成熟更加定型。党的十九届四中全会《决定》对“坚持和完善中国特色社会主义制度、推进国家治理体系和治理能力现代化的总体目标”作了明确规定。国家治理体系是在党领导下管理国家的制度体系，是一整套紧密相连、相互协调的国家制度。“国家治理制度只有上升为宪法和法律，实现法制化，才能定型化、精细化，才能增强执行力和运行力。”④ 国家治理法治化是国家治理现代化的核心和关键，是国家治理现代化的重要标志。⑤ 推进国家治理现代化从本体上和路径上必须推进国家治理法治化。人民代表大会制度是支撑中国国家治理体系和治理能力的根本政治制度，在国家政权组织体系中具有根本地位。这就决定了推进国家治理的法治化，必须发挥好人民代表大会制度的重要支撑作用和人大的主导作用，通过全国人大及其常委会依法行使国家立法权、监督权等，完善中国特色社会主义法律体系，监督宪法法律的有效实施，使法治贯穿国家

---

① 周婧：《完善立法机制体制以良法促善治》，中国社会科学网，http://ex.cssn.cn/fx/fx_rdty/201806/t20180628_4486460.shtml?COLLCC=768186389&，2018年6月28日。

② 《栗战书在第十三届全国人大常委会第四次会议上的讲话》，人民网，http://npc.people.com.cn/n1/2018/0719/c14576-30157617.html，2018年7月19日。

③ 信春鹰：《坚持和完善人民代表大会制度》，《人民日报》，2019年11月23日第2版。

④ 张文显：《法治化是国家治理现代化的必由之路》，《法制与社会发展》，2014年第5期，第8页。

⑤ 曹秀伟：《国家治理法治化的三重维度——兼论“四个全面”战略思想》，《中共石家庄市委党校学报》，2016年第10期，第38-39页。

治理的全过程，夯实我国国家制度和治理体系的法治根基。

法治是国家治理的基本方式，是国家治理体系和治理能力的重要依托。我国改革已进入“深水区”，社会利益更加多元，新的体制性问题不断涌现，迫切需要从根源上寻找问题的解决办法，需要靠法治统筹社会力量、平衡社会利益、调节社会关系、规范社会行为、化解社会矛盾、维护社会稳定、增进社会和谐、促进社会发展。立法作为法治建设的首要环节，既是调节社会利益关系的重要方式，也是凝聚社会共识、分担社会风险的有效形式，理应成为推动深化改革、化解社会矛盾的重要途径。[①] 改革越深入，越要强调法治，以确保社会在深刻变革中既生机勃勃又井然有序。虽然中国特色社会主义法律体系已经形成，国家和社会生活的各个方面做到了有法可依，但社会是不断发展的，需要用法律来调整的新问题不断出现，国家立法机关要密切关注社会对立法的需求，通过立法程序，为经济社会发展提供制度保障。要坚持立法先行，发挥立法的引领和推动作用，通过科学立法来引领改革方向、推动改革进程、保障改革成果，让全体人民共享改革和法治红利；要加强重要领域立法，及时反映党和国家事业发展要求、人民群众关切期待，对涉及全面深化改革、推动经济发展、完善社会治理、保障人民生活、维护国家安全等方面的法律法规抓紧制定、及时修改；要根据形势发展需要加快我国法域外适用的法律体系建设，完善涉外经贸法律和规则体系；要回应区域协调发展的需要，推进区域立法协同，加强区域合作的规范体系建设。以此不断完善和发展中国特色社会主义法律体系，确保国家发展、改革创新、安全稳定等于法有据，依法推进国家治理现代化。

（四）加强人大自身建设

党的十九大报告指出，打铁必须自身硬。加强人大自身建设，锤炼做好人大工作的过硬本领，不断提高依法履职的能力和水平，是新时代人大工作的重要任务和永恒主题。

1. 加强思想建设，坚持党的领导

人大及其常委会要坚持正确政治方向，始终把坚持党的领导作为做好人大工作的首要政治原则，准确把握党的领导、人民当家作主、依法治国有机统一的关系，自觉将党的领导贯彻于人大依法履职整个过程、落实到人大工作各个方面，坚决维护党总揽全局、协调各方的领导核心地位，使人大及其常委会的各项工作有利于加强和改善党的领导，有利于巩固党的执政地位和执政基础，有利于保证党领导人民有效治理国家。

2. 加强作风建设，做到求真务实

要牢固树立为民履职的工作理念，坚持以人民为中心，为民办实事、办好事，让各

---

① 张琴羽：《以国家治理法治化推进国家治理现代化》，《党政干部论坛》，2014 年第 6 期，第 12 页。

项工作深入人心、温暖民心，密切各级国家机关同人大代表、人大代表同人民群众的联系，更好发挥新时代人大代表主体作用。要大兴调查研究之风，健全调查研究制度，畅通社情民意表达和反映渠道，深入实际摸实情，号准人民群众的脉搏，在工作中切实关注和推动解决人民群众最现实、最关心、最直接的利益问题，增强履职工作实效，自觉把人大各项工作紧紧扣在贯彻落实党中央重大决策部署上来，紧紧扣在回应人民群众重大关切上来，紧紧扣在厉行法治、全面推进依法治国上来。

3. 加强能力建设，提高履职水平

人大工作的政治性、法律性、程序性、专业性都很强，需要持续不断地加强能力建设。要自觉做法治中国建设的坚定维护者、忠诚实践者和有力推动者，进一步增强法治观念，不断提高运用法治思维和法治方式开展工作、解决问题的能力；要拓展专业领域，优化知识结构，全面了解和把握国家经济和社会的重大情况，为依法履职打下坚实基础；① 要选拔政治素质高、法律素养好、工作能力强的人员进入人大立法工作队伍，探索建立立法工作人员准入、保障、激励、交流、培训机制，促进立法工作人员的职业化、专业化发展。

4. 加强制度建设，建立长效机制

要健全人大组织制度、选举制度和议事规则，完善论证、评估、评议、听证制度，完善人大代表工作各项制度，健全多层次的责任机制、定期的学习培训机制、正规化的日常管理机制、全面的激励约束机制等，形成一套特色鲜明、运转协调、富有效率、充满活力的制度体系。通过科学有效的制度设计，增强制度的系统性和可操作性，提高制度的严肃性和权威性，形成用制度规范行为、靠制度管人管权、按制度办事的长效机制。

四、结语

总之，中国特色社会主义进入新时代，人大制度和人大工作不断面临新形势新情况，只有不断适应新要求、回答新课题、总结新经验、应对新挑战、解决新问题，才能始终保持人民代表大会制度的生机活力和政治优势，才能与时俱进赋予根本政治制度以新的内涵、意义和使命，实现自我完善和自我发展。② 习近平总书记指出："新形势下，我们要毫不动摇坚持人民代表大会制度，也要与时俱进完善人民代表大会制度。"③ 党

---

① 全国干部培训教材编审指导委员会：《发展社会主义民主政治》，北京：人民出版社、党建读物出版社，2019 年，第 81 页。

② 王晨：《坚持和完善人民代表大会制度这一根本政治制度》，《人民日报》，2019 年 11 月 19 日第 6 版。

③ 习近平：《在庆祝全国人民代表大会成立六十周年大会上的讲话》，《中国人大》，2019 年第 19 期，第 19 页。

的十九大报告明确提出："人民代表大会制度是坚持党的领导、人民当家作主、依法治国有机统一的根本政治制度安排，必须长期坚持、不断完善。"实践发展永无止境，探索创新也永无止境。在新的历史起点上，我们要坚定中国特色社会主义制度自信，坚持从中国国情和实际出发，坚持理论与实践相统一，不断丰富人民代表大会制度的实践特色和时代特色，充分发挥人民代表大会制度的作用，更好地通过人民代表大会制度全面落实依法治国基本方略，加快推进国家治理体系和治理能力现代化。

【作者简介】

石佑启，广东外语外贸大学法学院教授、博士生导师，广东省地方立法研究评估与咨询服务基地研究员，广东省习近平新时代中国特色社会主义思想研究中心特约研究员。

关于制定《立法法》和坚持依法治国的若干思考*

李步云　陈世荣

现时代的法律，在形式上不过是以纸张等为载体的文字与文字、文字与其他某些符号的组合；在内容上不过是国家所发布的关于社会组织和个人以及国家自身在各个生活领域里，可以、不得和必须如何行为及其相应后果的分条列款的信息；在效力上不过是国家关于赋予社会组织和个人以及国家机关及其公务人员以一定的权利和权力，约束他们以一定的义务或责任的无声且无物质性作用力的一种宣告。但是，法律在本质上却是立法者及其所代表的人们以国家的经济关系为基础、以自然界和人类社会某些发展规律为制约、通过治理国家而谋取自身利益和社会进步的意志（理想、愿望、主张、要求等）的集中反映。因而，依法治国实际上就是依立法者及其所代表的人们的利益和意志治国；依法治国战略决策的实施，首先离不开的就是完备而又制定得良好的法律；有法可依是依法治国的前提和基础。

改革开放以来，我国的法律制定工作成绩显著。据统计，截至 1996 年 9 月底，全国人大及其常委会审议通过的法律和有关法律问题的决定，已有整整 300 件。与此同时，国务院制定了数百件行政法规，地方人大及其常委会审议通过了数千件地方性法规。丰硕的立法成果为这一时期我们国家以法治为取向的治国方针的贯彻落实，提供了一定的前提条件。但是，另外我们也要看到，我国的立法工作还任重而道远。我国远未达到立法完备而良好的要求，不少方面仍存在无法可依的情况。现在，法律得不到严格的执行与遵守，是我国法制建设面临的主要矛盾。不久前有人提出我们的法律不是太少，而是太多；立法上存在“浪漫主义”，因而影响了法律的实施。我们认为，这种看法是不正确的。因为法律的多与少，与法律的实施状况如何，二者之间没有必然的因果关系。西方有些国家法律过于庞杂烦琐，我国并不存在这种情况。执法、守法不好，是由其他多种原因造成的。我们决不可忽视立法工作任务的繁重性与紧迫性。

* 本文原载于《广东社会科学》1997 年第 1 期。

1996年2月8日，江泽民同志在中共中央举办的法制讲座上发表了题为《坚持实行依法治国，保证国家长治久安》的重要讲话。随后，全国八届人大四次会议批准的《中华人民共和国国民经济和社会发展“九五”计划和2010年远景目标纲要》明确规定：“实施依法治国，建设社会主义法治国家。”这两个事件的非同寻常的意义之一在于，标志着我国依法治国，建设社会主义法治国家的伟大实践，必将步入一个崭新的历史阶段。形势的发展对立法工作提出了新的更高的要求，眼下首要的任务，莫过于抓紧制定已经列入八届人大常委会五年立法规划的《立法法》，对立法工作自身的一系列问题，作出尽可能系统的、完善的规范化规定，从而进一步提高、保障今后立法工作的质量，加快立法工作的速度，为我国依法治国列车的顺利运行，铺设好法律的路基和轨道。

笔者现就《立法法》的起草提出如下意见和建议。

一、关于《立法法》的立法宗旨、调整范围和基本原则

《立法法》应该是一部规范我国立法的指导思想、宗旨和原则、立法的权力分配、立法的程序和体例、立法解释、立法监督等一系列问题的内容较为全面的基本法律。制定《立法法》的宗旨应该是通过规范立法活动，达到维护国家法制统一、提高立法效率、保证立法质量、降低立法成本的目的。

我国是单一制的社会主义国家，维护国家法制的统一，首先应理解为：在立法时，必须高度重视国家法律体系内部的和谐一致，使各项不同的法律、法规之间，在基本原则和内容方面相互无冲突；使下位的法律、法规，在基本原则和内容方面都不违反上位的法律、法规；等等。其次应理解为：在配置立法权力时，既要注意维护中央国家权力机关的立法权，尤其是专属立法权的统一行使，注意维护中央国家行政机关关于行政法规权力的统一行使，保证这些权力不受其他国家机关的侵越，同时，也应充分注意重视调动地方国家权力机关和行政机关在各自权力范围内的立法积极性与主动性。也就是说，维护国家法制的统一，不等于在立法问题上只能由中央集权；恰恰相反，只有充分发挥中央和地方两个方面的积极性与主动性，走中央集权与地方分权相结合之路，才能把我国的立法工作搞得更快、更好，从根本上促进和保障国家法制的统一。过去，有论者认为，所谓维护国家法制的统一，就是意味着在立法上要加强中央集权。这种看法显然是不全面的。近年来，我国立法体制发展变化的重要标志之一，就在于不断扩大了地方立法的主体范围，加强了地方立法的权力。实践证明，这些改革举措基本上是成功的，既填补了国家立法的空白，又为国家立法积累了经验，效果是好的，我们应该继续坚持，并应在即将制定的《立法法》中予以确认。

提高立法效率，保证立法质量，降低立法成本，在很大程度上也有赖于《立法法》的制定。改革开放十多年来，我国立法工作取得了显著成就，这是世人有目共睹的。但

同时也应该承认，我国立法在指导思想、效率、质量和成本方面，还存在一些不容忽视的问题。比如，在立法中，我们更多地注重了发达国家的成就和经验，而对发展中国家尤其是对经济转型期国家的立法经验，却未予充分注意和借鉴。这是造成我国某些立法脱离实际的原因之一。又如，现在立法中部门利益倾向严重：不顾权力的科学设置，只顾扩大自己部门的管理权限；不顾利益的合理分配，只顾维护自己部门的利益。这种借立法之机争权夺利的现象，在一些地方和部门还时有发生。再如，在一些重要的社会生活领域，有些法律、法规的起草工作，投入了不少的人力、财力，搞了两三年甚至四五年，至今在指导思想和立法宗旨上仍未拿出确定的意见，立法成本甚高而速度迟缓。又如，已经制定颁行的法律、法规，有的只能看作党的某项政策的翻版，内容表述过于原则和笼统，不能实际操作；有的内容本身含混不清，规范之间互不衔接，甚至矛盾、抵触；有的只规定了行为模式，却未规定相应的法律后果，当出现违法行为时，无从追究违法者。此外，重复立法的现象也较突出。这种现象，有时表现于同一层次的法律、法规之间，在内容上相互摹写、彼此重复。有时表现于不同层次的法律、法规之间，地方性法规照搬法律和行政法规的内容，地方政府规章又照搬地方性法规的内容，如此等等。

以上种种情况表明，我国立法工作本身，在诸如基本原则、权力配置、程序安排以及技术运用等许多方面，都还存在不少问题，不仅直接影响了立法工作的效率、质量和成本，而且也不利于依法治国方针的贯彻落实。这些问题的解决，固然需要多方面的条件，但《立法法》的制定，应该说是其中极为重要的带有根本性的条件之一。因为《立法法》就是要对上述决定立法效率、立法质量和立法成本的一系列问题，作出尽可能科学的、明确的规定，使为他人的行为设定规范的立法行为本身同样受到规范，做到有法可依，依法办事。只有这样，我国的立法工作才能在法制的轨道上向前推进，才能“少做无用功”“不出废次品”，实现提高立法效率、保证立法质量、降低立法成本的立法宗旨。

关于《立法法》的调整范围，目前有两种意见。一种意见认为，《立法法》的调整范围应该只限于法律、行政法规、地方性法规、民族自治条例和单行条例的制定、修改、补充、批准和废止等。另一种意见则认为，国务院部委规章和地方政府规章的制定、修改等也应纳入其中。我们同意前一种意见。我们认为，在确定《立法法》的调整范围时，既应对“法”的概念作广义的理解：在我国，不仅宪法、法律、行政法规和地方性法规等是“法”，而且，国务院部委规章、地方政府（包括省级政府、省会市政府、较大市政府和全国人大常委会授权市的政府）的规章也是“法”，都属于委任立法的范畴。同时也应看到，如果将部委规章和政府规章的制定、修改、废止等活动，也纳入《立法法》的调整范围，就会使《立法法》的调整对象和适用范围显得过于宽泛，不利于解决主要矛盾。我们认为，可以将这一部分法的制定、修改等，交由国务院通过行政法规予以规范。

我国《立法法》的制定，在政治性和技术性方面，都须遵循多项基本原则，如反映人民的意志和维护人民的利益，坚持社会主义，坚持民主，维护社会公正，做到实事求是，保证法律内容的协调一致，实现法制统一，等等。我们认为，概括地说，这些基本原则的总的精神，就在于要求我国立法必须做到民主化、科学化和法制化。

立法的民主化，是由我国的国家性质和政治制度的本质特征所决定。其基本含义是指立法权应该由人民（通过代表机关）行使，或委托国家行政机关行使；立法应该确认和保障人民在政治、经济、文化以及其他社会生活领域里的各个方面的民主权利；在立法决策、立法过程和立法监督等方面，都应该贯彻群众路线，广泛听取人民群众的意见和建议，充分反映人民群众的意愿、主张和需求等，这些内容都必须在《立法法》中充分体现。

立法作为一项复杂的社会系统工程，其本身就是一门科学。在保证立法科学化的各种手段中，立法程序的设计至关重要。如果正在起草的《立法法》能够在设计立法程序时，在形式上做到既严密又具体；在内容上做到既合理又可行，那么，我国立法就可以基本上克服现在时有所见的盲目立项、脱离实际，权力界限不明，内容相互矛盾、抵触等现象，实现立法的科学化。

立法的法制化，主要是指在《立法法》中，不仅要有一整套关于立法工作所应遵循的各个方面的法律规定和制度，而且要有一系列相应的组织机构、具体措施和实施程序，来保证上述各个方面的法律规定和制度能实际操作，具体落实。

二、关于立法权限

制定《立法法》所要解决的核心问题之一，就是权限划分问题。权限划分包括两个方面：纵向为中央与地方，横向为权力机关与行政机关。我国的立法体制是统一的、多层次的立法体制，至少有八个层次，最低可到自治县，这还是比较适合我国国情的。目前在立法主体的分布方面已经趋于合理和稳定，但是在立法权限划分方面，还存在不少问题，需要通过《立法法》予以解决。

在立法权限的划分上，我们认为应该把握两点，即在横向上要强化人大的立法权，相对弱化行政部门的立法权；在纵向上要适当扩大地方的立法权。中央与地方立法权限的划分，应该是《立法法》规范的重点。我们比较倾向于，将全国人大及其常委会专属立法权的范围，在《立法法》中以分项列举的方式加以规定，这对维护国家法制的统一、维护中央必要的权力集中而言是十分重要的。同时还应该规定，除中央专属立法范围内的事项外，另外一些应由中央统一制定法律而暂时又难以出台的，地方也可以先搞，即使涉及某些政治制度和公民的权利与义务方面的问题，如监督制度问题、兵役制度问题、计划生育问题等，先搞也未尝不可，不过，一旦中央有关的立法出台后，地方立法不得与之相抵触。上述问题，中央领导同志曾多次强调；实践也证明，这样做有利于积累立法经验和加快立法步伐。《立法法》对此应当予以肯定。同时，《立法法》还应该依据宪法和有关组织法的规定，对有关地方人大制定地方性法规的权限以及国务院制定行政法规的权限，作出较为具体的、明确的划分。能明确多少，就明确多少；一时难以划清的，积累经验后再划。

此外，全国人大及其常委会，有立法权的地方人大及其常委会，在立法权限上是有区别的。现在有的省级人大不制定地方性法规，而全由它的常委会一手包办，这是不正常的。有论者认为，省级人大代表多，代表素质还存在不少问题，会期也短，因而其立法权虚置是合理的。虽然这种看法不无道理，但终究与现行法律的精神不符，也有违民主，是不可取的。《立法法》应该对这方面的权限划分作出必要的规定。

鉴于我国法律的效力等级体系十分庞大和复杂，我们建议《立法法》应设专章对此作出规定。例如，哪些法律、法规是上位法与下位法的关系，哪些是同位法的关系，它们的司法适用效力如何，它的空间及时间效力怎样，等等。《立法法》对此作出明确的划分和规定，有利于维护法制的统一和法律的正确实施。

关于军事法规立法权问题，存在着较大的意见分歧。有的学者指出，考虑到国际上对民主政治或实行宪政的通常的理解，中央军委不宜享有立法权。我们则认为，《立法法》可以规定中央军委享有军事法规的立法权。中华人民共和国成立以来，中央军委及其各总部一直在行使军事法规和规章的制定权。到目前为止，由中央军委单独或与国务院联合发布的条令、条例等军事法规与其他军事行政规章，已达近千件。而且这种权力已为国家法律和最高国家权力机关所认可。譬如第六届全国人大第二次会议通过的《兵役法》第六条规定，“现役军人和预备役人员，必须遵守宪法和法律，……由于服兵役而产生的权利和义务，除本法的规定外，另由军事条令规定”。第七条规定，“现役军人必须遵守军队的条令和条例”。应该认为，这些规定既是法律和国家权力机关对军事机关制定条令、条例等军事法规权限的肯定，也是对条令、条例等军事法规效力的认可。同时，中央军委享有军事法规制定权，与中央军委在我国国家机构体系中的地位、职权也是相适应的。

如果《立法法》明确规定军事法规和规章的适用范围只限于全国的武装力量，并对军事法规与规章的制定严格监督，就不会出现一些不应当出现的情况。

三、关于立法程序

尽管我国宪法、有关的组织法以及全国人大、全国人大常委会的议事规则，都有若干关于立法程序方面的规定，各省、自治区、直辖市也都有关于地方性法规的制定办法，但总的来说，我国的立法程序还远不够周密、严格和规范，立法的民主化和科学化方面也缺乏必要的措施和力度。这是制约我国立法效率和立法质量进一步提高的重要原因之一。

关于立法准备阶段的工作是否属于立法程序的范畴，学者中存在肯定说与否定说两种不同的观点。我们主张广义的立法程序应当包括三个阶段：一是立法的准备，如立法规划和计划的制订、立法建议的提出、立法起草主管单位的确定和起草小组的组成、委托起草的运用、对立法草案的说明及附件的要求、公众座谈会和专家论证会的运用等等；二是立法议案的审议、表决和公布，如立法议案的提出、专门委员会的审议、分组会和大会的审议、立法案审议过程中的公众参与、修正案的提出与表决、立法议案的表决方式、法的签署与公布等；三是立法的后续，如法的修改、补充、废止、法典编纂、法的清理等。对立法程序作广义的理解并在《立法法》中对此作出全面的规定是很必要和重要的，这有利于反映立法的全过程，以保证立法的质量。

《立法法》在设计立法程序时，对现行的一些规范和制度应该有所改进与突破。从保证立法的民主化和科学化方面看，在立法准备阶段，《立法法》似可对以下一些问题作出规定，如：立法起草小组必须吸收有关专家参加；可以委托专家小组起草，独立进行工作；立法主管单位应该召开各种座谈会，广泛听取公众和有关方面的意见；对专业性很强的法规，可以举行专家论证会；法草案必须附有详细的说明以及必要的背景材料和参考资料等。

在法案的审议阶段，似可对以下一些问题作出规定，比如：①关于立法议案的提出。目前有权提出立法议案的组织或者个人，数量有限，范围不宽，可以适当增加扩大。②关于立法议案的审议。无论是各级人大还是它们的常委会审议立法议案，均应在分组讨论之后，进行大会讨论和辩论，以充分听取各方面的意见。已决定列入会议审议的法的草案及其说明和有关的背景材料与参考资料，应提前送交人大代表或者常委会组成人员的手中，以保证他们有足够的时间做好参加法案审议的准备。③关于实行立法听证制度。这一制度是指立法机关可邀请政府官员、专家学者、与立法议案有关的利害关系人以及其他有关人士开会，就某项立法议案发表意见，为立法机关审查该议案提供依据或者参考。从某些国家的经验看，这一制度有助于实现民主立法，我们可以借鉴。④关于法案的表决。法案的表决可视需要采取分条表决与整体表决相结合的方式进行，以避免部分代表或委员对个别条款不满意而影响对整个法案的表决态度。⑤应建立与完善修正案制度，包括如何提起和表决。⑥法律和行政法规通过后，不仅有关“公报”要刊登，法的制定机关还应指定专门的报纸予以登载。

四、关于法律解释

法学上所讲的法律解释，是指人们对法律内容的含义所作的说明。具有法律效力的法律解释或者有权的法律解释包括立法解释、司法解释和行政解释。司法解释又可分为审判解释与检察解释。关于检察机关是否应当享有司法解释权问题，反对者认为检察机关解释法律不合现今世界上通常的做法。这不是没有道理。但是鉴于我国的具体国情以及 1981 年全国人大常委会有关法律解释问题的决议已赋予最高人民检察院以司法解释权的现实，目前应以维系现有制度为宜。为何需要法律解释？这是因为：①法律规定本身比较抽象、简要，而现实生活是具体的、个别的。有关国家机关在将前者适用于后者时，经常会产生不同的理解，这就需要对法作出统一的解释。②法律即使制定得再好，也难免有些具体规定存在不明确、不严密或者相互矛盾的问题。当这种情况出现时，法律解释就可以弥补法律在这方面的缺陷。③社会生活是不断变动和发展的，而法律则既要适应社会生活的变动和发展，又必须保持自身的相对稳定，不可朝令夕改，这个矛盾也可以由法律解释来解决。由此可见，法律解释对于法律的贯彻实施，对于法律的不断发展和完善，都有着重要的作用。

1981 年全国人大常委会所作的上述决议，对法律解释的有关问题作出了原则性规定。但是，在实际生活中，我国的立法解释工作基本上没有开展过。在这种情况下，司法解释工作是充分的，也起了良好的作用。然而，有些司法解释却超越了自己应有的权限。为此，我们建议《立法法》应设立专章，对法律解释作出全面的详细的规定，其内容可以包括：法律解释的目的与种类，法律解释的机关与权限，立法解释议案和建议的提出与管理，法律解释的效力、监督与废止，等等。尤其是对“两高”的司法解释要规定备案、撤销制度，以利于其更加符合宪法、法律的精神和原则。

五、关于立法监督

近年来，我国立法工作在取得很大进展的同时，在立法权的行使是否合法，立法活动是否符合法定程序，以及立法活动所产生的规范性文件的内容是否与宪法和有关法律、法规相抵触等方面，还存在不少问题。这同我国立法监督工作既缺乏必要的法律规范，又缺少相应的专门机构从事此项工作不无关系。为了不断改进和完善我国的立法工作，坚持法制的统一，维护法律的权威，保证宪法和法律的全面实施，建立一套适合我国具体国情的立法监督机制，乃是大势所趋，势在必行。

为此，我们建议《立法法》应就立法监督问题设立专章。其主要措施是，在全国人大增设相应的专门委员会，如宪法委员会或立法监督委员会，对全国人大及其常委会负责。其具体工作主要是：对现行的法律、行政法规、军事法规和省级地方性法规是否同宪法和基本法律相抵触提出审查意见；对报送全国人大及其常委会备案的行政法规、地方性法规是否同宪法和基本法律相抵触提出审查意见；对报送全国人大及其常委会批准的自治区的自治条例和单行条例是否同宪法和法律相抵触提出审查意见；对国务院提请裁决的地方性法规同行政法规相抵触、地方性法规同国务院部门规章之间有矛盾的报告提出审查意见；对宪法、基本法律的解释提出审查意见或者建议；等等。宪法委员会（或立法监督委员会）应有权对法律作出字义解释。但凡涉及对法律需作出扩张解释和限制解释的重大事项则报送全国人大常委会作出决定。同时，我们还建议在省级人大增设一个性质与工作同宪法委员会或立法监督委员会相类似的专门委员会。成立宪法委员会（或立法监督委员会）并建立起相应的工作机制，涉及权力的重新配置，有的同志不大同意这一建议。我们认为，在我国社会主义法制建设中跨出这新的一大步，是十分必要的也是可行的。只要方针定下来，就没有不可克服的困难。

【作者简介】

李步云，中国社科院法学所研究员、博士生导师；陈世荣，中国社科院法学所研究员。

“有关法律问题的决定”：功能、性质与制度化*

秦前红　刘怡达

自20世纪80年代始，“有关法律问题的决定”之用语在全国人大及其常委会的官方文件中出现并越来越普遍，制定“有关法律问题的决定”已然成为全国人大及其常委会的重要工作之一，其中不少“有关法律问题的决定”在我国的法律实践中发挥着相当的功能。作为一个实在法的规范概念，“有关法律问题的决定”本身即存有某种似是而非或模棱两可的特征：此类决定在内容上具有“有关法律问题”的属性，在形式上则表现为“决定”的外部特性。如此一来，如何理解和看待此一概念便成为一个颇具争议的理论和实践问题：此类决定之性质与效力为何？其与法律及其他性质的决定之间有何区分及关联？全国人大及其常委会制定此类决定是否需要遵循特定的程序？该程序与现有的立法程序有何区别？研究这些问题，有助于更好地认识“有关法律问题的决定”的功能与性质，继而探求其制度化前景，以促使其实现合宪性完善。

一、“有关法律问题的决定”的含义及类型化

在全国人大常委会的正式出版刊物《全国人民代表大会常务委员会公报》当中，“有关法律问题的决定”之用语最早见于时任全国人大常委会副委员长的陈丕显于1984年5月26日在六届全国人大第二次会议上所作的全国人大常委会工作报告，该报告指出：“加强立法工作，健全社会主义法制，是全国人大常委会的一项重要职责。近一年来，常委会审议通过了五个法律，五个关于修改、补充法律的决定，两个有关法律问题

---

* 本文系教育部哲学社会科学研究重大课题攻关项目“推进人民代表大会制度理论和实践创新研究”（14JZD003）阶段性成果。原载于《广东社会科学》2017年第6期。

的决定。”[①] 在随后的三十余年中，该用语越来越普遍和常见，不过对其实质内涵的理论探讨却相对少有。鉴此，本文在该部分讨论“有关法律问题的决定”的含义及类型化之时，更多地运用与之相关的官方文献（主要有全国人大常委会工作报告、领导人讲话等），以期对该论题形成相对客观的“素描”。

（一）我国法律体系中的“有关法律问题的决定”

在现有关于“有关法律问题的决定”的官方文献中，“有关法律问题的决定”通常与“法律”居于并列平行的位置。这些官方文献既有由全国人大常委会通过并由国家主席发布的“决定”，例如《全国人民代表大会常务委员会关于修改〈中华人民共和国义务教育法〉等五部法律的决定》（2015 年）即指明：“第十二届全国人民代表大会常务委员会第十四次会议决定，对下列法律和有关法律问题的决定中有关价格管理的规定作出修改”；亦有全国人大常委会的工作报告，例如时任全国人大常委会委员长的吴邦国在十一届全国人大第四次会议上所作的全国人大常委会工作报告当中对“2010 年的主要工作”进行梳理时指出，“一年来，共审议通过 16 件法律和有关法律问题的决定”；[②] 还有国家领导人发表的重要讲话，如全国人大常委会委员长张德江在十二届全国人大常委会第二十二次会议上即指出：“本次常委会会议……共审议 7 件法律草案和有关法律问题的决定草案。”[③]

由上可知，“有关法律问题的决定”其实并非严格意义上的“法律”，但其却与“法律”有着相当程度的关联，也正是由于此，有论者将其称之为“准法律决定”[④] 或是“抽象法命题决定”[⑤]。与此同时，“有关法律问题的决定”还属于中国特色社会主义法律体系的构成部分：时任全国人大常委会委员长的李鹏在九届全国人大第四次会议上即指出：“到目前为止，全国人大及其常委会已经制定了三百九十多件法律和有关法律问题的决定，……因此可以说，以宪法为核心的中国特色社会主义法律体系的框架已经

---

① 陈丕显：《中华人民共和国全国人民代表大会常务会员会工作报告——一九八四年五月二十六日在第六届全国人民代表大会第二次会议上》，《人民日报》，1984 年 6 月 6 日第 2 版。

② 吴邦国：《全国人民代表大会常务委员会工作报告——二〇一一年三月十日在第十一届全国人民代表大会第四次会议上》，《人民日报》，2011 年 3 月 19 日第 1 版。

③ 张德江：《在十二届全国人大常委会第二十二次会议上的讲话》，《中国人大》，2016 年第 17 期，第 6 页。

④ 参见王竹：《我国到底有多少部现行有效法律——兼论“准法律决定”的合宪性完善》，《社会科学》，2011 年第 10 期，第 92 页。

⑤ 参见陈鹏：《全国人大常委会“抽象法命题决定”的性质与适用》，《现代法学》，2016 年第 1 期，第 63 页。

基本形成。”[①] 此后，时任全国人大常委会委员长的吴邦国在十一届全国人大第一次会议上亦指出：“五年来，共审议宪法修正案、法律草案、法律解释草案和有关法律问题的决定草案一百零六件，通过了其中的一百件。……中国特色社会主义法律体系已经基本形成。”[②] 由此观之，“有关法律问题的决定”并非“法律”，却与“法律”有着相当密切的关联，同时其亦属于中国特色社会主义法律体系的重要组成部分。

（二）“有关法律问题的决定”的类型及内容

在全国人大及其常委会制定的为数众多的“有关法律问题的决定”当中，以其内容为标准大致可作如下类型划分：

其一，关于机构设置和调整的决定。此类决定通常是在现有的国家机构之外新设其他国家机构，或是对现有的国家机构实现名称的变更、机构的并拆、职能的调整，以及新行政区划的建置等。例如《关于在北京、上海、广州设立知识产权法院的决定》（2014 年）便决定“在北京、上海、广州设立知识产权法院”，并对其管辖范围、人员任免等事项作出了规定。《关于国务院机构改革和职能转变方案的决定》（2013 年）则是全国人大在批准了国务院提请审议的《国务院机构改革和职能转变方案》之后所作的决定，并将上述“方案”作为附录随该决定共同发布。

其二，关于授权事项的决定。此类决定多是授权在一定时间和空间范围内开展突破既有法律规定的改革，或是授予特定主体一定的权力。前者如十二届全国人大第十四次会议通过的《关于授权在部分地区开展人民陪审员制度改革试点工作的决定》（2015 年），授权最高人民法院在北京、河北等十个省份开展人民陪审员制度改革试点工作。此后，十二届全国人大第二十七次会议又通过了《关于延长人民陪审员制度改革试点期限的决定》（2017 年），决定将上述改革试点工作的试点期限延长一年。此类决定通常是在立法条件不具备，但改革又势在必行之时，由最高国家权力机关依照法定程序授权相关地区或者部门先行先试。[③] 后者如《关于授权香港特别行政区对深圳湾口岸港方口岸区实施管辖的决定》（2006 年），即是授予香港特区政府对该口岸所设港方口岸区依照香港法律实施管辖的权力。在全面深化改革的现实背景之下，愈来愈多的改革举措应运而生，而在此时因“凡属重大改革皆须于法有据”理念的践行，此类关于授权事项的决定亦随之增多。

其三，关于特定制度设立和变更的决定。此类决定主要是基于特定目的而设立或变

---

① 李鹏：《为初步形成有中国特色社会主义法律体系而继续努力》，全国人大常委会办公厅、中共中央文献研究室编：《人民代表大会制度重要文献选编》（三），北京：中国民主法制出版社、中央文献出版社，2015 年，第 1161 页。

② 吴邦国：《中国特色社会主义法律体系已经基本形成》，中共中央文献研究室编：《改革开放三十年重要文献选编》（下册），北京：中央文献出版社，2008 年，第 1774 页。

③ 石佑启：《论立法与改革决策关系的演进与定位》，《法学评论》，2016 年第 1 期，第 17 页。

更某项具体的制度，并在决定中对该制度的具体内容予以规定。例如《关于实行宪法宣誓制度的决定》（2015 年）即为宪法宣誓制度的建立依据，该决定还就宪法宣誓主体、誓词、方式等作出了规定。再如，《关于调整完善生育政策的决议》（2013 年）则是变更了计划生育之基本国策的若干具体内容。此外，设立特定纪念日的决定亦可认为属于此类决定，如《关于设立全民国防教育日的决定》（2001 年）等。

其四，关于人大工作和会议的决定。此类决定主要是全国人大及其常委会借由决定对人大工作中的某些重要问题，例如召开大会、选举和代表工作等有关人大会议的相关问题作出规定。例如《关于加强中央预算审查监督的决定》（1999 年）是为了加强全国人大及其常委会对预算的监督权。再如，《关于第九届全国人民代表大会代表名额和选举问题的决定》（1997 年）则是八届全国人大第五次会议就九届全国人大代表人数、名额分配等事项所作的决定。

其五，关于调整某一具体社会关系的决定。此类决定通常是针对社会实践中的某一（些）具体问题所作出的规定，欲以决定的形式对该问题当中的社会关系予以调整，对其中的行为进行规范和调整。此类决定的内容往往较为具体，且大多具有“行为模式—法律效果”的规范形态，因而与严格意义上的法律关系甚密。此类决定主要有《关于加强网络信息保护的决定》（2000 年通过，2009 年修改）、《关于司法鉴定管理问题的决定》（2005 年通过，2015 年修改）、《关于加强网络信息保护的决定》（2012 年）等。

二、“有关法律问题的决定”的产生与功能

在严格意义上的法律之外，“有关法律问题的决定”缘何会出现乃至勃兴，并能够成为中国特色社会主义法律体系的重要构成部分，这无疑与此类决定的功能及作用有着尤为密切的关系。全国人大及其常委会作为最高国家权力机关及其常设机关，行使着国家立法权，可以通过制定法律对各类社会事务进行管理和规范。然而，单纯的立法并不足以有效解决所有问题，有些事项难以甚至无法由法律进行规定。此时，“有关法律问题的决定”基于其特有的功能便可在相当程度上弥补此一缺憾，也正是由于此，此类决定才得以在繁多法律的夹缝中产生。

（一）立法不能时通过决定满足规范需求

社会控制主要是通过法律发生作用。所有其他社会控制的手段都被认为只能行使从属于法律并在法律确定范围内的纪律性权力。[①] 然而，法律（立法）绝非万能的，当遇及立法条件不成熟、立法时间急迫、立法权欠缺等立法不能的情境之时，“有关法律问

① ［美］罗斯科·庞德著，沈宗灵译：《通过法律的社会控制》，北京：商务印书馆，2008 年，第 11 页。

题的决定"便能很好地发挥功用，以此满足社会实践对规范的迫切需求。具体来说：

其一，在立法条件不成熟时，可以通过全国人大及其常委会作出决定，来对特定的事务进行调整。其能够使事务得到规范，又能较为灵活地适应形势。① 当然，待到立法条件具备后，若能在决定的基础上制定法律将更为妥当和合理。试举一例：十一届全国人大常委会第二十三次会议制定了《关于加强反恐怖工作有关问题的决定》(2011 年)，当时未制定法律的原因即在于："随着反恐斗争形势的发展，还有一些迫切需要从法律上解决的问题，……经过广泛调研和反复论证，各方面一致认为，目前单独制定一部反恐怖法，立法条件尚不成熟，可以先由全国人大常委会制定专门的法律决定，解决反恐怖工作中迫切需要解决且各方面能够形成共识的问题。"② 此后，随着立法条件的不断成熟以及新情况的日益出现，在上述决定的基础上制定一部专门的《反恐怖主义法》遂成为必要，③ 于是，十二届全国人大常委会第十八次会议于 2015 年 12 月通过了《反恐怖主义法》。

其二，在立法时间急迫时，可以借由"有关法律问题的决定"满足实践对规则的需求。全国人大通常每年只召开一次会议，且会期短、议程多，即便是作为其常设机关的全国人大常委会，类似的问题依然未能得到彻底改善。加之根据我国《立法法》第二十九条的规定，制定法律通常需要经过"三读"程序，致使法律案最终得以审议通过成为法律，少则需年余时间。相较而言，审议通过"有关法律问题的决定"的程序则相对简易，因此可以用来解决急迫的社会问题。④ 例如在制定《关于实行宪法宣誓制度的决定》(2015 年)的过程中，全国人大常委会党组为了贯彻落实十八届四中全会精神，最为急迫的一项任务就是作出设立国家宪法日的决定。为了能够将 2014 年 12 月 4 日确立为首个国家宪法日，于是立即启动法律程序，确保将设立国家宪法日的决定议案提交至该年 10 月 27 日开始举行的十二届全国人大常委会第十一次会议审议。⑤ 由此观之，若非制定"有关法律问题的决定"而是制定法律，显然无法完成此一急迫的政治任务。

此外，各类形式的决定、决议对于没有立法权的地方人大具有更加重要的意义。因为对于没有立法权的地方人大及其常委会，其仍可在职权范围内对一些重大事项制定和发布决议、决定。⑥ 当然，此类决定不得称为"有关法律问题的决定"，因为后者在三

---

① 蔡定剑：《中国人民代表大会制度》，北京：法律出版社，2003 年，第 315 页。

② 杨焕宁：《关于〈关于加强反恐怖工作有关问题的决定（草案）〉的说明》，《中华人民共和国全国人民代表大会常务委员会公报》，2011 年第 7 期，第 659 页。

③ 朗胜：《关于〈中华人民共和国反恐怖主义法（草案）〉的说明》，《中华人民共和国全国人民代表大会常务委员会公报》，2016 年第 1 期，第 18 页。

④ 王清秀：《人大学》，北京：中国政法大学出版社，2014 年，第 305 页。

⑤ 阚珂：《人民代表大会那些事》，北京：法律出版社，2017 年，第 157－158 页。

⑥ 刘政、程湘清：《人民代表大会制度的理论和实践》，北京：中国民主法制出版社，2003 年，第 247－248 页。

十余年的表述实践中已经具有了特定的内涵和指向。同时，十八届四中全会亦明确提出："禁止地方制发带有立法性质的文件"，这无疑限缩了地方人大制定地方性法规之外的决定、决议的空间。

（二）立法滞后时通过决定补充完善法律

法律是稳定的，而我们所处的社会是进步的。[①] 此时若欲使法律得以有效应付瞬息万变的社会事务，法律亦需随之处于时常变化的状态。然而，过分的变动和时常变化的状态会导致法律的朝令夕改，所以这些状况与真正含义上的法律是不相符合的。[②] 必要的稳定同样关乎着法律的威信和权威，因为朝令夕改，今年定了明年改，法律就会失掉它应有的作用，法律的威信就难以树立。[③] 不过，当法律开始并日渐滞后于社会实践时，我们对此亦不可视而不见，而应当通过适当的方式来补充和完善法律。法律修改、法律解释、实施细则、配套规定等皆可作为补充完善法律的有效方式。与此同时，全国人大及其常委会通过制定"有关法律问题的决定"亦可用以补充和完善业已滞后的立法。例如，制定《关于完善人民陪审员制度的决定》（2004 年）的初衷之一即为"现行的人民法院组织法等有关法律关于人民陪审员的规定过于笼统，对于人民陪审员的资格条件和产生程序等问题没有具体规定"，"为适应新的形势发展需要，必须通过立法进一步完善人民陪审员制度"。[④]

在诸多补充和完善法律的方式当中，"有关法律问题的决定"缘何会成为其中相当重要的一种，乃是由全国人大及其常委会的身份和地位，以及此类决定的性质和特点共同决定的。首先，某些重要事项不应由全国人大及其常委会之外的其他主体来作出规定，如犯罪刑罚、司法制度、宪法实施等，故而，由全国人大及其常委会对此类问题进行补充完善才更具正当性。例如，在制定《关于惩治骗购外汇、逃汇和非法买卖外汇犯罪的决定》（1998 年）的过程中，即表明"在'决定'施行前发生的违法行为，按最高人民法院的司法解释追究刑事责任；在'决定'施行后发生的违法行为，即按'决定'惩治"[⑤]。因为关乎犯罪与刑罚的事项由最高人民法院以司法解释的形式作出规定乃是有违"罪刑法定"之刑法基本原则的。其次，"有关法律问题的决定"相较于法律修正案等方式更为灵活，不必经由相对烦琐的法律修改和法律解释程序。此外，一部法

① ［英］梅因著，沈景一译：《古代法》，北京：商务印书馆，1996 年，第 15 页。

② ［美］E. 博登海默著，邓正来译：《法理学：法律哲学与法律方法》，北京：中国政法大学出版社，2004 年，第 340 页。

③ 彭真：《立法要适应改革、开放的需要》，《论新时期的社会主义民主与法制建设》，北京：中央文献出版社，1989 年，第 201 页。

④ 沈德咏：《关于〈关于完善人民陪审员制度的决定（草案）〉的说明》，《中华人民共和国全国人民代表大会常务委员会公报》，2004 年第 6 期，第 463 页。

⑤ 戴相龙：《对〈关于惩治骗购外汇、逃汇和非法买卖外汇犯罪的决定（草案）〉的说明》，《中华人民共和国全国人民代表大会常务委员会公报》，1998 年第 6 期，第 687 页。

律作为一个整体，往往具有相当的逻辑自洽性和体系严密性，任意增添和删减某些内容极易破坏这种结构。

（三）借由决定有效行使人大的各项职权

人大及其常委会作为国家权力机关，享有相当广泛的权力。我国宪法和法律对全国人大及其常委会的职权有着较为具体的规定。同时，根据《宪法》第六十二条第十五项的规定，全国人大还可以行使应当由最高国家权力机关行使的其他职权。不过，即便是如此巨大的权力，若无适当的权力实现机制和行使方式，仍然只是“皮之不存，毛将焉附”。故此，行使方式便显得尤为重要。一般说来，对于人大各项职权的行使方式，有些是由宪法和法律所明确规定的；有些虽无法律明文规定，却是在实践中探求而得的。前者如我国《各级人民代表大会常务委员会监督法》当中规定的各级人大常委会行使监督职权的方式有：听取审议工作报告、审查和批准预算、规范性文件备案审查、询问和质询等；后者如全国人大宪法修改职权的行使方式：“1978 年宪法”以通过决议的形式作了两次修改，“1982 年宪法”则是采用宪法修正案的形式。

在全国人大及其常委会行使职权的诸多方式当中，制定“有关法律问题的决定”即为其中一种。全国人大及其常委会为何选择以此方式来行使职权，其原因主要有二：一是源于法律的规定，有些职权依法应当以决定的形式来行使。例如，根据我国《立法法》第九条的规定，全国人大及其常委会授权国务院就法律保留事项进行立法时，应当采用授权决定的形式。再如，根据我国《各级人民代表大会常务委员会监督法》第十四条的规定，人大常委会行使监督权、听取审议专项工作报告的过程中，可以对专项工作报告作出决议。在实践中，十一届全国人大常委会第三次会议在听取审议时任国务院副总理回良玉代表国务院所作的《关于四川汶川特大地震抗震救灾及灾后恢复重建工作情况的报告》之后，便作出了《关于四川汶川特大地震抗震救灾及灾后恢复重建工作情况报告的决议》(2008 年)。

除法律明确规定行使职权应采用“有关法律问题的决定”的方式之外，全国人大及其常委会运用此种方式，更多是因为此类决定适用广泛、灵活、针对性强，是便于人大表达人民意志和利益的好方式。[①] 具体来说，在有法律明文规定的情况之下，全国人大及其常委会则应当运用法律规定的方式行使职权；而在无法律明文规定的情况之下，因为借由决定的方式来行使职权具有其他方式难以比拟的优势，由此使得全国人大及其常委会往往倾向于运用“有关法律问题的决定”的方式来行使职权。尤其是在行使宪法和法律具体列举之外的职权时，自然更无法定的职权行使方式，此时“有关法律问题的决定”在很大程度上便成了最优选择。例如，全国人大以《宪法》第六十二条第十五项为依据，先后决定国务院机构改革方案、决定建立海南省经济特区等事项，所运用

① 蔡定剑：《中国人民代表大会制度》，北京：法律出版社，2003 年，第 315 页。

的方式便是“有关法律问题的决定”。①

三、“有关法律问题的决定”性质与效力辨析

全国人大及其常委会选择以“有关法律问题的决定”的形式来行使一定的职权，并以此类决定对某些事项进行规范，乃是源于其所特有的功能和优势。然而，此类决定的性质和效力在实践中并不明晰，这无疑会滞碍此类决定持续有效地发挥功能。故此，有必要对其性质与效力予以探讨。

（一）“有关法律问题的决定”与法律的区分及关联

在讨论“有关法律问题的决定”的性质之时，首先遇及的问题便是此类决定是否属于严格意义上的法律？若不是，其与法律又有何区分及关联？对此问题学术界已有所论述，并提出了不少区分标准：如有论者提出可以从名称、制定程序和实质内容这三大标准进行区分；② 亦有论者归纳了所谓的形式理性标准和实质理性标准。③ 本文以为，“有关法律问题的决定”与法律之间存在差别乃是毋庸置疑的，但是如何区分此种差别却较为复杂。

首先，区分“有关法律问题的决定”与法律应属立法者的共识。除前文业已指出的官方文献表述上的区分外，还体现在全国人大及其常委会制定法律时的态度。例如，在制定《外国中央银行财产司法强制措施豁免法》的过程中，国务院原初提请审议的乃是《对在华外国中央银行财产给予司法强制措施豁免的决定（草案）》。但全国人大法律委员会在审议之后认为：“采用法律的形式比采用‘决定’的形式更为妥当，法律委员会建议将决定草案的名称改为《中华人民共和国外国中央银行财产司法强制措施豁免法（草案）》。”④ 此后全国人大常委会通过时采用了法律的形式而非决定的形式。不过，有论者认为立法者对此问题存在认识分歧。⑤ 本文以为这种判断的根据并不充分，因为立法者看似是混用了某些概念，但其实只是在不同层面上所为的表述：例如，虽然《关于修改部分法律的决定》（2009 年）也修改了部分“有关法律问题的决定”，但该决定标题中的“法律”显然是在相对广义上使用“法律”一词。同时，立法者在该决

---

① 蔡定剑：《宪法精解》，北京：法律出版社，2006 年，第 320 页。

② 江辉：《有关法律问题的决定与法律的区别》，《人大研究》，2012 年第 1 期，第 33 - 34 页。

③ 王竹：《我国到底有多少部现行有效法律——兼论“准法律决定”的合宪性完善》，《社会科学》，2011 年第 10 期，第 92 - 94 页。

④ 乔晓阳：《全国人大法律委员会关于〈关于对在华外国中央银行财产给予司法强制措施豁免的决定（草案）〉的审议结果报告》，《中华人民共和国全国人民代表大会常务委员会公报》，2005 年第 7 期，第 547 页。

⑤ 陈鹏：《全国人大常委会“抽象法命题决定”的性质与适用》，《现代法学》，2016 年第 1 期，第 65 - 66 页。

定的具体内容中对法律、法律解释、“有关法律问题的决定”所作的区分也从侧面印证了这一点。

其次，区分“有关法律问题的决定”与法律的判断标准主要是形式标准，同时，此种形式标准在此类决定制定之时既已确定。与此相对应，有论者认为应采用实质或形式兼实质的判断标准，认为法律规范的对象是较为宏观的事务，而决定规范的对象则相对微观和具体；同时，法律通常会设定一定的权利（权力）义务关系，而决定则不会涉及权利（权力）义务的创设。[①] 此种实质标准看似“抓住了问题的本质”，其实仍然存在不少难以自圆其说之处。因为法律中有关原则的规定便未设定权利（权力）义务关系，而不少“有关法律问题的决定”反而对此有所设定。此外，部分法律所规范的其实只是一些具体事项，而不少决定所规范的则是相对宏观的事项。

如此一来，以形式为主的标准或许可以有效区分“有关法律问题的决定”与法律的差别。于是，诸如是否经过“三读”，是否以主席令公布，是否含有“法”的字样等形式标准便由此产生。如有论者便指出：“凡是经过国家主席签署主席令公布的立法性文件就属于《立法法》界定的‘法律’，否则只能称为一般的‘规范性文件’。”[②] 本文以为，此类形式标准固然有助于我们进行区分，但其未能意识到标准选择的历史性，亦即不同时期可能有相异的标准，故而在判断和区分时应当采用决定制定之时的标准。简单来说，我们不应根据《立法法》的有关规定，来判断在《立法法》颁行前已制定的“有关法律问题的决定”是否属于法律。不过在《立法法》颁行之前，我国并无多少关于立法程序的规定，这或许也是致使“有关法律问题的决定”与法律出现混淆的原因。因此，在《立法法》颁行之后，我们可以根据《立法法》中有关全国人大及其常委会的立法程序来进行判断：若提案主体、审议过程、表决程序、公布方式等皆符合《立法法》的有关规定，则应当认为其属于严格意义上的法律。即便其名称中未含有“法”的字样，亦不能以名害实，不能因为它叫“决定”就认为它不是法律。[③]

此外，还有一个相涉的问题便是全国人大及其常委会制定“有关法律问题的决定”的行为，是在行使立法权还是行使决定权？因为我国人大及其常委会的职权通常可概括表述为立法权、决定权、监督权和任免权四大类，而“有关法律问题的决定”同时含有“法律”和“决定”的字样，是故自然容易出现上述疑惑。不过，实践中更倾向于认为其是行使立法权的产物。例如，时任全国人大法律委员会主任委员的胡康生便指出，全国人大常委会依法履行立法职权，制定、修改了一大批法律和有关法律问题的决

① 向立力：《人大讨论、决定重大事项权的规范化》，《法学》，2016 年第 1 期，第 135 页。
② 黄金荣：《“规范性文件”的法律界定及其效力》，《法学》，2014 年第 7 期，第 14 页。
③ 何海波：《论收容教育》，《中外法学》，2015 年第 2 期，第 443 页。

定;[①] 而理论上则多认为其是决定权行使的产物。[②] 笔者以为，此一疑惑在很大程度上乃是源于人们对人大“四权”划分的误解。因为此四类权力的划分具有相对性，其并非法律术语，而是为表述和工作的方便人们对人大及其常委会经常行使的职权所作的概括。[③] 甚至可以说，人大及其常委会的职权从某种意义上说都具有决定的性质。[④] 再者，僵硬的分权可能会限制国家权力的有效行使。[⑤] 因此，不应过多地拘泥于立法权与决定权的划分，或者说“有关法律问题的决定”其实是两种权力共同行使的结果。

（二）“有关法律问题的决定”与其他决定的区分及关联

如上所述，“有关法律问题的决定”的内容为“有关法律问题”，形式上则表现为“决定”的外部特性。因此，此类决定与其他性质决定的区分即在于该决定的内容是否“有关法律问题”。于是，如何有效区分“有关法律问题的决定”与其他性质的决定，关键在于厘清何为“有关法律问题”。笔者以为，此处的“有关法律问题”至少有以下两层含义：其一，虽然在形式上呈现为决定的“外貌”，但内容上却具有法律（条文）的规范性特征。最为典型的即为《关于惩治破坏金融秩序犯罪的决定》（1995 年）等被称为单行刑法及附属刑法的决定，其以“决定”命名，且未经严格意义上的立法程序，但基本内容却是犯罪与刑罚的行为规范。其二，虽然并非规范性的法律条文，但针对的却是某些法律的适用和实施问题，这亦可认为其属于“有关法律问题”。例如《关于授权国务院在中国（上海）自由贸易试验区暂时调整有关法律规定的行政审批的决定》（2013 年）等。以上对“有关法律问题”含义的粗略描绘，大致可以在内容上区分“有关法律问题的决定”与其他性质的决定。不过尚需说明的是，以下三类决定可能看似“有关法律问题”，却并非“有关法律问题的决定”。

一是批准和废除国际条约所作的决定。根据我国《宪法》第六十七条第十四项的规定，全国人大常委会有权决定同外国缔结的条约和重要协定的批准和废除。其虽以决定的形式来行使此项职权，但为此而作的决定不应归类于“有关法律问题的决定”。这在现有的官方文献中也能得到验证，例如十二届全国人大常委会第二十八次会议通过的《关于批准〈中华人民共和国和阿根廷共和国引渡条约〉的决定》（2017 年），决定批

---

① 参见胡康生：《全国人大常委会的组织、职权和议事规则（续一）》，《光明日报》，2008 年 5 月 5 日第 9 版。

② 参见田自勇：《完善人民代表大会重大事项决定权制度的思考》，《河北法学》，2014 年第 3 期，第 165 – 172 页；钟丽娟：《关于重大事项决定权内涵和范围的思考》，《理论学刊》，2017 年第 3 期，第 137 – 144 页。

③ 参见阚珂：《人大及其常委会“四权”表述的由来》，《法制日报》，2015 年 7 月 20 日第 3 版。

④ 何华辉：《人民代表大会制度的理论与实践》，武汉：武汉大学出版社，1992 年，第 152 – 153 页。

⑤ ［英］罗杰·科特威尔著，彭小龙译：《法律社会学导论》，北京：中国政法大学出版社，2015 年，第 131 页。

准《中华人民共和国和阿根廷共和国引渡条约》。全国人大常委会委员长张德江在此次会议上的讲话中指明："本次常委会共审议9件法律草案和有关法律问题的决定草案，……批准了……3件国际条约。"[①] 这表明批准和废除国际条约所作的决定与"有关法律问题的决定"乃是有所区分的。

二是修改和废止法律所作的决定。在我国的立法实践中，法律修改的形式主要有三：修订、修改决定和修正案。[②] 除默示的法律修改和废止外，明示的修改和废止大多是以修改决定的形式进行的。通常而言，修改法律的决定通常会规定被修改的法律根据该决定作相应修改，并重新公布。如此一来，在原法律根据修改决定作出相应修改重新公布后，修改法律的决定便不具有单独适用的意义，[③] 故而此类决定亦不宜归于"有关法律问题的决定"。同样地，修改法律的决定在官方文献中与"有关法律问题的决定"也是有所区分的，例如时任全国人大常委会法制工作委员会主任的李适时在谈及2011年以来的立法工作时指出："全国人大及其常委会共制定、修改法律61件，作出相关法律解释10件、有关法律问题的决定30件，共101件。"[④]

三是任免国家工作人员所作的决定。全国人大及其常委会对于国家工作人员的任命、免职及接受辞职等通常是以决定的形式进行的。但此时的决定仅仅是实现人员任免的一种方式，其与法律并无太多直接的关联，故同样不属于"有关法律问题的决定"。当然，任免权在宽泛的意义上而言也可认为是一种人事的决定权。[⑤]

（三）"有关法律问题的决定"的效力辨析

全国人大及其常委会制定的"有关法律问题的决定"具有法的效力应是毫无疑义的。当然，亦有论者认为，"有关法律问题的决定"应由国家主席公布才能发生法律效力。[⑥] 笔者以为，此种观点在很大程度上混淆了"有关法律问题的决定"与严格意义上的法律，前者虽未经过《立法法》所规定的立法程序，但这只是使其不具备严格意义上的法律效力。不过，"有关法律问题的决定"效力的讨论与法律有着相当程度的关联，例如，"有关法律问题的决定"与法律在效力上孰高孰低？是否容许以决定的形式变更法律的实施？以及是否容许在决定中规定法律保留事项？

首先，"有关法律问题的决定"的效力低于宪法和法律。一般说来，在确定规范性

---

① 张德江：《在十二届全国人大常委会第二十八次会议上的讲话》，《中国人大》，2017年第13期，第6页。

② 参见李正斌：《"修正案"、"修订"与"修改决定"应用之辨》，《检察日报》，2012年6月11日第6版。

③ 章喜松：《正确运用法律规范修改的三种形式》，《中国人大》，2004年第13期，第49页。

④ 李适时：《不断完善以宪法为核心的中国特色社会主义法律体系》，《中国法律评论》，2011年第1期，第1页。

⑤ 韩大元：《论全国人民代表大会之宪法地位》，《法学评论》，2013年第6期，第8页。

⑥ 李步云主编：《法理学》，北京：经济科学出版社，2000年，第304页。

文件的效力位阶时通常遵循制定主体和制定程序的判断标准，即效力位阶首先取决于制定机关在国家机关体系中的地位，其地位越高，由其制定的规范性文件效力随之越高；若是制定者系同一主体，则按照特定的、更为严格的程序制定的规范性文件效力相对较高。① 依此逻辑，“有关法律问题的决定”因制定主体系全国人大及其常委会，故而其效力自然高于行政法规、部门规章、地方性法规及地方政府规章。同时，由于此类决定的制定程序不如立法程序那般严格，故而其效力应低于宪法和其他法律（包括立法解释）。

其次，在既有的实践中，不少“有关法律问题的决定”的内容是暂时调整或者停止某些法律的适用，其在某种意义上是变更了法律的实施。在试错性改革日益普遍的背景之下，全国人大及其常委会借由“有关法律问题的决定”促使改革于法有据，这可以说是在很大程度上兼顾了合法性（正当性）与有效性。不过此般做法依旧面临诸多正当性质疑：一是以“有关法律问题的决定”变更法律的实施是否合适？二是以全国人大常委会作出的决定，变更全国人大制定的基本法律之实施是否合适？对于前一质疑，在《立法法》于2015年进行修改之时，为了实现立法和改革决策相衔接，即在新修改的《立法法》当中增加规定：全国人大及其常委会可以根据改革发展的需要，决定就行政管理等领域的特定事项授权在部分地方暂停适用法律的部分规定。② 对于后一质疑，鉴于全国人大常委会的职权与全国人大的职权在广度、深度、强度等方面均存在较大的差异，③ 故而，对于基本法律的变更适用应当由全国人大为之而更为适当。此外，还有论者将此类决定视为修改法律的方式之一，并认为全国人大及其常委会有权以“有关法律问题的决定”的方式修改法律。④ 本文以为，根据我国《立法法》第二条的规定，法律的修改适用《立法法》之规定，而“有关法律问题的决定”的制定过程并未遵循《立法法》所规定的程序，因此不得将其视为法律修改的方式，亦不得据此认为全国人大及其常委会有权变更法律的实施。

最后，“有关法律问题的决定”不得规定法律保留事项。《立法法》第八条确立了我国的法律保留原则，该条列举的事项原则上只能制定法律，而且此处的法律显然是最为狭义的法律，即由全国人大及其常委会按照《立法法》的规定制定的规范性文件。因此，随着法律保留原则在《立法法》当中确立，“有关法律问题的决定”便不得再对法律保留事项作出规定。再者，有论者经由研究发现，在《立法法》施行之后，全国

---

① 朱力宇、张曙光主编：《立法学》，北京：中国人民大学出版社，2009年，第133-134页。

② 李建国：《关于〈中华人民共和国立法法修正案（草案）〉的说明》，《中华人民共和国全国人民代表大会常务委员会公报》，2015年第2期，第184页。

③ 秦前红：《全国人大常委会授权与全国人大授权之关系探讨——以国家监察委员会为研究对象》，《中国法律评论》，2017年第2期，第28页。

④ 范进学：《授权与解释：中国（上海）自由贸易试验区变法模式之分析》，《东方法学》，2014年第2期，第129-130页。

人大及其常委会也很少使用"有关法律问题的决定"的形式来规定法律保留事项。[①] 与此同时，对于《行政许可法》《行政处罚法》《行政强制法》等当中的法律保留事项，"有关法律问题的决定"亦不得对其作出规定。

四、"有关法律问题的决定"的制度化前景

诚如上述，"有关法律问题的决定"作为中国特色社会主义法律体系的重要组成部分，在我国的法律实践中发挥着相当重要的功能。然而与其功能诸多迥异的是，由于制度化的缺失与不足，此类决定的宪法地位却颇为尴尬。如此一来，合理有效的制度化方式，将成为"有关法律问题的决定"之功效得以正当持续发挥的关键。

（一）"有关法律问题的决定"制度化之必要

在逻辑上，"有关法律问题的决定"之所以有必要制度化，乃是因为欠缺制度化使其未能良性运作，并由此面临诸多有效性与正当性的质疑。因此，"有关法律问题的决定"的制度现状，以及制度化能为其带来的益处，便构成了促使其制度化的前提条件和必要基础。由此，至少有以下三个问题需要考量。

其一，"有关法律问题的决定"的制度现状如何。"有关法律问题的决定"与宪法、法律、行政法规、地方性法规等共同属于中国特色社会主义法律体系的组成部分，然而，后者的制度化程度远远优（高）于前者。最为明显的例证即为，后者的制定、修改和废止在《立法法》《行政法规制定程序条例》等法律法规当中有着较为明晰的规定；而"有关法律问题的决定"仅在《全国人民代表大会常务委员会议事规则》当中有一处提及，该规则第十五条第二款规定："有关法律问题的决定的议案和修改法律的议案，法律委员会审议后，可以向本次常务委员会会议提出审议结果的报告，也可以向下次或者以后的常务委员会会议提出审议结果的报告。"由此可见，"有关法律问题的决定"的制度化较为欠缺，而这也致使其在现实中面临了不少困境。

其二，"有关法律问题的决定"有何现实困境。由于制度化的欠缺，"有关法律问题的决定"的议案通常是作为普通议案置于全国人大及其常委会的审议过程中，但因其内容与法律相关，且大多是重要程度较高的事项，故而将其视为普通议案对待自然不足以彰显其重要性。再者，上述关于其性质与效力的疑惑亦是源于此。例如，前述全国人大及其常委会在《立法法》施行之后，便未再以决定的形式规定法律保留事项。但这或许只是一种不稳定的内部惯例，而非确定性的规则。因此，假若未能明确"有关法律问题的决定"的权限范围，全国人大及其常委会依旧有可能以此类决定规定法律保留事项，那么《立法法》所确立的法律保留原则将沦为具文。

---

① 何海波：《论收容教育》，《中外法学》，2015 年第 2 期，第 442 页。

其三，将“有关法律问题的决定”制度化有何裨益。上述现实困境得以克服即为其制度化之首要益处。例如，通过一定的制度明定“有关法律问题的决定”的效力位阶，即能有效解决上述效力争议。更进一步来说，所谓制度化其实是为权力设定一套相对固定的程序，将行使权力的方式制度化，有利于避免履行职权时的主观随意性，[①] 由此既制约权力的行使，又保障权力的运行。

（二）“有关法律问题的决定”制度化的方式

“有关法律问题的决定”的制度化如何实现？对于此一问题，本文以为，既不可妨碍此类决定功能持续有效地发挥，亦需规范全国人大及其常委会制定此类决定的行为。具体而言，主要可以从以下四个方面探求其制度化路径：

首先，明确“有关法律问题的决定”的效力位阶。诚如上述，由于此类决定乃是由全国人大及其常委会制定的，但其制定程序不如立法程序那般严格，故而其效力应当低于宪法、法律以及立法解释，但高于行政法规、地方性法规和规章。此外，还有一个相涉的问题便是，此类决定是否得为司法机关所适用，尤其是法院以此作为裁判的依据。对此问题，有论者认为其与法律具有同等的效力，因此构成法院行使审判权的“依照”。[②] 本文以为，“有关法律问题的决定”虽然具有效力，但此效力的实现机制并非全然仰仗于司法程序。换言之，部分决定若具有司法适用的可能性，则可在司法审判活动中得到运用。例如《关于维护互联网安全的决定》（2009 年）当中列举了若干行为，并规定构成犯罪的，依照刑法有关规定追究刑事责任。因此，该决定常被法院作为刑事和民事案件的说理和裁判依据。[③]

其次，划定“有关法律问题的决定”的效力边界。此类决定的作用范围不可无一定的界限，尤其是在处理其与法律的关系之时。因为此类决定虽然属于中国特色社会主义法律体系的组成部分，且常与法律并列使用，但其毕竟不是严格意义上的法律。鉴此，此类决定不得规定《立法法》第八条所规定的法律保留事项，因为这些事项原则上只得通过制定法律来进行规定，行政法规亦只有在全国人大及其常委会的授权下才能对部分事项进行规定。因此，这些事项决不可允许“有关法律问题的决定”有所“染指”。与此同时，对于具有普遍性的事务一般应当通过法律来规范，而不应通过此类决定来调整。真正意义上的法律必须包含一种一般性的规则，而那些只处理个别和具体情

---

① 徐振光：《中国共产党人大制度理论发展史稿》，上海：东方出版中心，2011 年，第 287 页。

② 参见童之伟：《法院“依照法律”规定行使审判权释论——以我国法院与宪法之关系为重点的考察》，《中国法学》，2009 年第 6 期，第 165 页。

③ 参见北京市朝阳区人民法院（2014）朝刑初字第 1300 号刑事判决书、上海市宝山区（2014）宝刑初字第 186 号刑事判决书、浙江省绍兴县人民法院（2007）绍民一初字第 3689 号民事判决书等。

势的措施不能被认为是法律。[1] 再者，此类决定虽可在立法条件不成熟时，对部分事务进行调整，但待条件成熟之后仍应制定法律。对此有论者便认为，我国目前对宪法宣示制度的规定还只有全国人大常委会的决定，将此制度写入宪法才能从根本上保障其效力。[2]

再次，明定全国人大与全国人大常委会在制定"有关法律问题的决定"时的权限。全国人大与全国人大常委会在权限范围上存在差异乃是无须赘言的，二者在制定此类决定时的权限亦应当有所区分。同时，在既有的实践中亦有不少区分的例证，例如在制定《关于授权国务院在经济体制改革和对外开放方面可以制定暂行的规定或者条例的决定》之时，便在采取什么方式上存在三种不同方案：有的主张不作决定——可以在会上说一下，以后这么办就行了——这种方式比较省事；有的主张由全国人大常委会作决定；还有一种意见认为这是一件大事，最好由全国人大常委会通过一个决定草案，提请全国人大审议决定。经过反复商议，最后大家一致认为，还是最后的方案好，比较完备，它是严格遵守宪法和法定程序的。[3] 至于如何明定二者的权限，本文认为至少有以下两个方面需要予以考量：一是宪法和法律规定由全国人大行使的职权事项，全国人大常委会不得对此作出决定；二是涉及国家宪制调整的事项，不应由全国人大常委会决定。

最后，通过立法对"有关法律问题的决定"的制定程序进行规定。立法可谓是制度化、规范化的最佳途径之一，因此，对于上述问题以及与之相关的其他问题，宜通过立法作出规定。其一，该法律应由全国人大制定，因为该法律非但规范全国人大常委会制定"有关法律问题的决定"的行为，也规范全国人大的行为，还会确定法律与"有关法律问题的决定"间的关系；二是该法律的内容应当包括：总则、决定权限、制定决定的程序、决定的适用、附则等；三是该法律名称可以为"'有关法律问题的决定'制定程序法"等。

【作者简介】

秦前红，武汉大学法学院教授、博士生导师；刘怡达，武汉大学法学院博士生。

---

① ［美］E. 博登海默著，邓正来译：《法理学：法律哲学与法律方法》，北京：中国政法大学出版社，2004 年，第 434 页。

② 参见汪太贤、卢野：《我国宪法宣誓制度的效力与实现》，《河北法学》，2016 年第 3 期，第 33 页。

③ 参见彭真：《关于立法工作》，《彭真文选（一九四一——一九九〇年）》，北京：人民出版社，1991 年，第 504 页。

论法律规则*

谢 晖

法律规则、法律原则、法律概念构成法律的三种基本要素。如果说原则是法律规范中的基础性规定，概念是法律规范中对所涉及的有关主体、客体以及相关的权利义务所作的法律内的解释的话，那么，规则就是法律规范中关于人们行为的直接指南部分，在法学史上，人们对法律要素持有并不相同的看法，例如分析法学中奥斯丁的“命令模式”论或者哈特的“规则模式”论；庞德的“律令—技术一理想模式”论；德沃金的“规则—原则—政策模式”论；等等。在我国，自从张文显提出“原则—概念—规则”说以来，[①] 学界在相关教材中基本上都秉承了这一主张。这一观点，至少是符合大陆法系国家以法典为基础的法律体系之特征。那么，如何理解法律规则？法律规则又具有哪些明显特点？

一、法律规则的概念

对于法律规则，人们的看法并不尽同，这就再次证明了一个原理：越是基础性的概念，存在分歧的可能性越大，一切理论建树，皆自对基础概念的不同主张和严谨逻辑论证开始。张文显的解释是：“……是指具体规定权利义务以及具体法律后果的准则，或者说是对一个事实状态赋予一种确定的具体后果的各种指示和规定。”[②] 李桂林则认为：“法律规范是一种特殊的社会规范，它是由国家制定或认可，并由国家强制力保障实施

---

* 本文原载于《广东社会科学》2005 年第 2 期。

① 张文显：《法学基本范畴研究》，北京：中国政法大学出版社，1993 年，第 50 页以下。

② 张文显：《法学基本范畴研究》，北京：中国政法大学出版社，1993 年，第 51 页。

的具有严密逻辑结构的行为规则。”[①] 郑成良则以为：“简要地说，法律规则就是法律的基本要素之一，是法律中明确赋予一种事实状态以法律意义的一般性规定。”[②] 笔者认为，对法律规则可以从其主体、对象、方式、内容和功能诸方面进入分析。

所谓法律规则，是指立法者将具有共同规定性的社会或者自然事实，通过文字符号赋予其法律意义，并以之具体引导主体权利义务行为的一般性规定。首先，我们在这里遇到的是法律规则的生产主体——法律规则的国家性。我们知道，规则在物质世界中是普遍存在的，也普遍存在于人类社会。但是，自发存在的自然规则也罢、社会规则也罢，都不是纯粹法学意义上的法律规则（也许，在社会法学那里，自发产生的具有普遍约束力的社会规则也不失为法律规则——所谓民间自发产生的习惯法规则），笔者以为，法律规则首先是自觉地存在的。但是，自觉存在的社会规则甚多，举凡纪律规则、乡规民约、公司章程、合作协议等都是自觉地存在的社会规则，但是，它们并不是法律规则，相反，在一个法制健全的社会里，它们必须受制于法律规则的规范。自然规则不存在自觉存在的问题，即使在“人化自然”的情形下，人们仍然是借助自发存在的自然规则本身来改造自然。但自然规则可以转化为人们的行为操守，从而成为人们“按照自然的规定性行动”的社会规则。例如，传染病是自然现象，但我们可以通过掌握其发病的规律，并将其制定在“传染病防治法”中，以作为人们在防止该病症方面的社会行为准则。即使这样的规则，要成为法律规则，也必须经过有权主体（即立法者）的加工。

其次，法律规则所针对的对象——法律规则的概括性。法律规则是针对社会事实和有社会意义的自然事实而制定的。所谓社会事实，是指在人们交往行为中所形成的主体之间的关系事实。在笔者看来，在现代法治条件下，人类交往中形成的一切关系都可被纳入法律调整的范围，即使人们在过去否定受法律调整的恋爱关系、道德义务关系，如果站在法律对权利行使放任性地调整或者对道德行为奖励性地调整的立场上看，其仍是法律调整的对象。因此，法律规则在整体上可作用于一切社会交往关系。

然而，就具体的法律规则而言，其只能作用于特定的同类社会关系（社会事实），即这些社会事实具有共同的规定性，才会针对它们制定法律规则。如买卖关系在实践中尽管千差万别，有不同的主体、不同的标的、不同的价款、不同的履行方式、不同的数量、质量标准等，但只要是买卖合同，就具有共同的规定性，因此，法律上用一个或者数个法律规则来表达、规定买卖合同，而该种或者该数种买卖合同规则对千千万万、形形色色的买卖合同行为都有共同的规范、调整作用。

---

① 公丕祥主编：《法理学》，上海：复旦大学出版社，2002 年，第 331 页。应当说，这种界定早已存在，也被许多教科书所采用。如孙笑侠主编：《法理学》，北京：中国政法大学出版社，1996 年，第 30 页；卢云主编：《法学基础理论》，北京：中国政法大学出版社，1994 年，第 290 页。

② 张文显主编：《法理学》，北京：法律出版社，1997 年，第 64 页。

自然事实是自然现象内部的规定性。它不像一切社会事实都可被法律调整那样，被具体地纳入不同的法律规则中，而只有那些具有社会意义的自然事实才具有被纳入法律规则中的价值。所谓具有社会意义，其一是能被人类认识和在一定程度上控制；其二是能被人类所利用或者其自身对人类有直接的影响，如森林、草原、海洋、大气等可被人类直接利用，同时，它们也直接地作用于人类的生产和生活。因此，通过法律规范具体规定它们就有了实际必要。如上两个方面，对于法律规则规定自然对象而言不可或缺且必须同时具备，缺少任何一方面，都不应当被纳入法律规则中。

再次，法律规则的制作方法——法律规则的技术性。法律规则同其他法律要素一样，在国家法上，都是以文字符号来表达的，因此，其基本方式是通过文字的逻辑组合以达到表现具有相同规定性质事物的目的。法律规则要在实践中真正发挥其规范效应，就必须运用相对单一的文字工具严谨地表达其所要规范的非常繁多的社会和自然事实内容。

这既涉及立法的逻辑问题，也涉及文字运用的准确到位（即立法语言）问题。以往研究法律和逻辑的关系时，人们更多地关注的是司法和逻辑的关系，[①] 而对立法与逻辑间的关系关注不够。其实，立法应当是最讲究文字运用的逻辑关系的，它应当比其他任何文字的运用都要追求逻辑上的合法效果。因为法律规则一旦创制，就对在其时空管辖范围内的一切主体、行为和事件都具有规范性。一旦法律规则没有逻辑可循，就难以期望在它规范下产生井然有序的法律秩序。

立法语言不同于日常语言，这倒不是说它一定要用普通公民看不懂的语言来表达，而是说立法语言以追求正式、准确、严谨、通用和专业为所任。正式需要放弃幽默生动；准确需要反对夸饰词汇；严谨需要禁止语无伦次；通用需要限制方言俚语；专业需要拒绝词不达意。

复次，法律规则的规范内容——法律规则的规范性。法律规则是以主体的权利和义务为其规范内容的。正像人们已经形成共识的那样：权利和义务是法学的核心范畴和基石范畴，法学就是权利义务之学。在法律诸要素中，原则是就基础性和一般性的问题作出规定，因此不能具体地规定人们交往行为的权利和义务；概念则是法律上的一种定性措施，它尽管可以规定不同权利和义务的概念，但它往往使权利义务概念静态化。因此只有法律规则，既能规定法律的各种权利和义务内容，还能防止这些内容的静态化，从而使其在动态中调整人们交往行为中的权利和义务关系。

权利和义务作为法律规则的规范内容，充实着法律规则框架。法律上的一切问题，最终必须归结到法律规则所规定的权利和义务上来。人们根据法律的行为，也最终要落实为具有法律意义的权利和义务，其结果是形成以权利义务为内容的法律关系。所以，

---

① 参见吴家麟主编：《法律逻辑学》，台北：五南图书出版公司，1991 年。该书对立法与逻辑的关系多有忽略，我们认为，这是很不妥的。如果立法不讲究逻辑，法律逻辑混乱，其结果可想而知。

在法律规则中掌握了权利和义务，也就最终掌握了法律规则的核心层面。

最后，法律规则的基本功能——法律规则的导向性和预测性。可以说，法律规则的基本功能在于对人们行为提供确定的、可预测的导向。确定性是人类寻求秩序和安定感的题中应有之义。法律规则就是要通过肯定的、明确的文字，给人们提供一种有关交往行为中权利和义务的指向，以便人们能够根据这一指向选择权利、履行义务。虽然，在后现代法学者以及现实主义法学者看来，法律的确定性只是一种大而无当的理想，从而否定法律有确定性，① 但这并没有妨碍人类仍然过着按照法律的确定性所规制的生活。因此，后现代法学家和现实主义法学家们的担心，只是一种“终极意义”上的担心，它们不可能回答现实中人们总是按一定确定的规则生活的现实。

法律规则对人们行为选择的这种导向功能，还取决于法律规则的可预期性。因为法律规则的内容不是就一时一地的人或事作出规定，而要就法律在时空效力范围内的所有人与事作出综合性、概括性和预测性的规定。这就决定了法律规则对人们行为的导向不是体现在一时一地，而是体现在法律有效的所有时空范围。

二、法律规则的要素

事物的要素，是指构成某种事物必须具备的条件及其内在逻辑关系。法律规则的构成要素，又构成法律规则的逻辑结构，它一方面是指法律规则作为一个整体由哪些必须具备的内在条件构成，另一方面又指这些构成条件之间是何种逻辑关系。

法学界对法律规则构成要素的学术观点，大致有如下三：

“三要素说”——假定、处理和制裁三要素。这一主张的缺陷是明显的，且不说在词语上，处理和制裁在外行人看来具有明显的逻辑包含关系，更重要的是这种学说所表达的是一种强烈的以刑为主（高压和强制为主）的法律观念，因此，不利于人们自觉地接受法律观念。事实上，这种对法律规则及其构成要素的看法是与法律对社会关系全方位调整的事实严重不符的。

“两要素说”——行为模式和法律后果两要素。尽管这种观点是针对三要素的弊端提出来的，并且它对有效克服“三要素说”的逻辑弊端和事实错误确有裨益，但其矫枉过正的特征也十分明显，特别是它对假定的否定，恰恰把“婴儿”随“洗澡水”一起给倒掉了。因此，两要素说也不能很好地剖析法律规则的逻辑结构。

“新三要素说”——即由行为模式、条件假设（假定）和后果归结三要素构成。②显然，这一主张综合了前两说的各自优点，抛弃了其缺陷和不足，并且在分析法律规则

---

① ［英］韦恩·莫里森著，李桂林等译：《法理学》，武汉大学出版社，2003 年，第 545 页以下。

② 张文显：《法学基本范畴研究》，北京：中国政法大学出版社，1993 年，第 51 页以下；孙笑侠主编：《法理学》，北京：中国政法大学出版社，1996 年，第 32 页以下。

的逻辑构成上具有明显效力。笔者大体上同意“新三要素说”，认为法律规则的构成要素具体有：条件预设、行为导向和处置措施三个方面。

（一）条件预设

条件预设是指法律规则能够适用的时间条件、空间条件、主体条件和客体条件。法律规则并不是在任何情形下都会对主体发生作用，只有具备法律规则所预设的相关条件时，才能发挥作用。对法律规则而言，时间条件是首先需要面对的。它要求只有法律规则所规定的时间条件到来时，法律规则才能发生其效用。其又包括普通的时间条件，如法律所统一规定的生效时间；特别的时间条件，如法律所规定的戒严期、禁渔期、紧急状态期等。如果这些时间条件不具备，则相关法律规则就无法运用。

空间条件的预设，其作用在于：只有当这些空间条件具备时，法律规则才能发挥作用。否则，法律规则不能发挥作用。空间条件可分为通用的预设和特别的预设两个方面。前者是指对一个国家（甚至整个国际社会）所有法律或者对某一部法律中所有的法律规则都适用的空间条件预设，即法律适用的空间范围；而后者则指法律针对特别事项所适用的空间范围，如法定的戒严区、禁渔区、少数民族地区、公共场所、疫区、战区等。

主体条件是法律规则中需要预设的第三类重要条件，法律总要适用于一定主体，否则，它就失去基本价值。但是，法律规则的适用，必须和其预设的主体条件相吻合，否则，法律规则无效。法律所预设的主体条件可分为一般主体与特别主体。前者是指在一个国家或国际社会对所有法律规则都适用的主体条件。而后者则指仅仅适用于法定的特别人的主体条件。如未成年人保护法中未成年人的权利规则只适用于法定的未成年人等。随着法律调整越来越细化，这类条件预设也越来越细。

客体条件同法律要适用于一定的主体一样，法律也要适用于一定的客体，这样，法律及其规则的内容才有所指。单个法律要适用于客体，需要和其所预设的客体条件相吻合，否则，法律往往无效。在法律上，客体条件既可指向人的行为，也可指向某种自然现象，还可指向人们的态度等。例如：行为恶劣、情节严重、危害后果特别严重、作出重大贡献、引发灾害等。只有这些条件具备，法律规则才能适用。

（二）行为指向

通常用行为模式来表达，笔者觉得用行为指向比行为模式更妥当，在法律规则的行为导向中，大体有如下四种情况：

第一，放任性的行为指向。它是指究竟作出何种行为选择，是否完全由法律主体根据法律的规定和自身的需要情况作出选择。对法律而言，它所采取的唯一态度就是放任这种行为。所以，行为主体的自治和法律态度的放任形成这种行为的内部和外部动力。放任性行为就是权利行为，它主要针对权利规则。但在法律上，权利既可以是明示的，也可以是隐含的。特别是自近代以来，法治国家形成了著名的权利推定原则,[①] 即“凡法律未禁止者皆可推定为权利”。它宣告了法外权利法内保护机制的产生，从而使人们可选择的空间被大大扩展。随着社会法治化的提升，放任性的行为指向在法律中会越加突出其地位，从而成为法律规范中行为导向之骨干，也标志着主体自治力量在现代法律中的地位越来越重。

第二，倡导性的行为指向。尽管某种行为法律主体完全可以自主地选择，即纯粹属于主体放任选择的领域，但法律规则出于弘扬一种普遍的社会道义，对于选择高尚行为者通过特定方式予以倡导。这主要针对社会美德行为而言。如面对一些流离失所者，除了国家的救济责任之外，公民个人会面临选择，从权利视角观察，公民既可以选择无动于衷（法律不能强迫其表现出同情心），也可以选择慷慨解囊。对这两种不同的选择，国家对后一行为有所表示就是通过特定方式予以倡导。

第三，必行性的行为指向。这是指根据法律规则，法律主体必须做一定的行为，而不能对该种行为要求作出自主的取舍。一个社会要建立一定的秩序，就必须要求它的全体公民有所为，有所不为。法律规则中必行性的行为指向就是对人们必须有所为的规定。在法律规则中，凡出现“应当……”“必须……”“只能……”“有……义务”等词汇结构表达的场合，就意味着是必行性行为指向存在的场合。一般说来，必行性行为指向主要指向作为性法律义务。

必行的行为（义务）既可以是法定的，也可以是约定的（如合同义务），即使约定的义务要在法律上具有必行效力，就必须符合法律规则的基本要求。除作为性法律义务之外，法律权力规则和责任（职责）规则也是必行性规则。这是因为权力及与其相关的责任所关涉的是在其管辖范围内的全体主体的利益，因此，权力主体无权放弃。

第四，禁止性的行为指向。它是指根据法律规则，法律主体必须不得做某种行为。在法律规则中，凡出现“禁止……”“不得……”“不允许……”等词汇结构表达的场合，则意味着是禁止性行为指向存在的场合。禁止性行为指向所指向的内容一般是对全体社会有害的行为。就法律规则而言，禁止性的行为指向适用于不作为的义务规则。其他所有规则都不能采取禁止性的行为指向。

（三）处置措施

所谓处置措施，是指法律规则对行为人法律行为所采取的态度。现实中，有些人的行为是合法的，有些人的行为则是违法的，那么，法律上如何对待这些行为就表明了法律规则所表达的具体态度，法律规则的这种态度就是法律规则要素中的处置措施。处置措施根据不同标准，具体有如下两组四方面内容：

第一，根据主体行为是否合法为标准，在处置措施上有肯定性处置措施和否定性处

---

① 郭道晖：《论权利推定》，《中国社会科学》，1991 年第 4 期。

置措施。前者是指法律规范对于一切合法行为的处置措施。在具体法律规则中，对权利规范的运用乃是权利人自己的事情，因此，在权利运用方面，法律规则只存在肯定性的一种处置措施。也许有人会对此提出质疑：难道当某人滥用权利时，法律规则也只能对其作肯定性处置吗？我们的回答是：事实上，滥用权利行为乃是指行为人在自身运用权利时应当注意不得违反义务，因此其所直接涉及的是义务履行问题，而不是权利运用问题。对依法或依约定（合法之约定）履行义务的行为，国家机关依照规定行使权力、履行职责的行为，法律也采取肯定的处置措施。一言以蔽之，法律规则对合法行为采取肯定的处置措施。

法律规则之肯定措施包括：一是放任，即对权利运用行为采取放任的处置措施；二是奖励，即对在权利选择中模范地选择了高尚道义的行为者，法律规则采取奖励措施予以肯定；三是认可，即法律规则对于依法履行义务的行为、行使权力和履行职责的行为予以认可，于是，认可本身就是法律规则的一种肯定形式。

否定性处置措施则是法律规则对违法和犯罪行为的法律应对措施。有法律必然就存在违法，甚至犯罪。法律既是对合法行为的一种导向机制，同时也是对非法行为的约束和制裁机制。既然在法律的世界，难以避免非法行为的出现，于是，在法律规则中设置对违法和犯罪行为的制裁性处置措施也就非常必要。制裁性处置措施就是法律的否定性处置措施，即法律规则针对违法、犯罪行为的不可避免性，专门规定一旦此种行为出现时的制裁手段。

第二，根据法律规则之处置措施要素的表现形式，可以分为明示的处置措施和隐示的处置措施两个方面。前者是指在法律规则中直接规定对主体和法律相关的行为①予以处置的具体方式。一般说来，只有在对和法律相关的某种行为作出制裁或奖励的法律处置时，法律规则才明示地规定具体处置措施。这是因为，一方面，在法律上不论制裁还是奖励，往往都是国家行为，② 它意味着国家深入社会和民间的程度。国家作为一种独特的力量，其进入社会的每一种措施都应当明示，否则，社会的自治、主体的自由、国家的法治便会因为权利进入的不公开、不透明而荡然无存。另一方面，不论制裁性处置措施还是奖励性处置措施，对当事人而言都意味着利益的取得或者丧失，这其中不仅仅包括物质性利益的取得与丧失，而且包括精神性利益的得失，甚至在刑事制裁中，还往往涉及被制裁者的人身自由、政治权利乃至生命权，因此，其事关重大，一旦采取，必须有法律规则上的明确根据。

隐示的处置措施则是指在法律规则中并不明确规定处置措施的内容，而是将其通过

---

① 和法律相关的行为不同于法律行为。在法学上，法律行为仅仅指合法行为，不包括违法行为。而和法律相关的行为则既指合法行为，也指违法行为。因此，前者是大概念，后者则是小概念。前者包含后者。

② 即使民事制裁措施，也往往由国家出面实现。违约行为中的违约金，尽管是当事人之间约定的，但其只能根据法定的明示条款予以约定，而不能违背法律明示的内容额外地约定。

人们的正当推理或者可以理解的方式予以处置。一般说来，法律规则对于放任的处置措施和认可的处置措施都采取隐示的方式予以处理。法律规则之所以要对和权利相关的放任这种处置措施予以隐示，其原因在于：一方面，权利在实践中是其行使者自身的事，它也只一般地影响其行使者本身；另一方面，权利的特征——放任性规则可以使具有正常判断力的人在依法行使权利时就知道法律上的处置方式，从而无须明示之。至于对合乎义务、权力和责任的行为在规律规则中的肯定处置措施之所以不需要明示，乃是因为这是一个公理和常识。

三、法律规则与司法

尽管在英美法系，司法往往是法律规则的创制者（即所谓“法官造法”），但在事实上，不论是英美法系的法官，抑或大陆法系的法官，他们在司法中必须要有一定的法律规则，否则，司法就会变得无的放矢。这就决定了司法与法律规则间的必然关联。具体说来，两者的关联可以被总结为下述两个方面：

（一）法律规则是司法的主要规范依据

我们经常讲的司法中所谓“以事实为根据、以法律为准绳”，其实在实践中更多地是指以法律规则为准绳。为什么这样讲呢？这还需要我们继续回到对法律诸要素——法律概念、法律原则和法律规则各自的分析中。

法律概念作为在法律中的特定事物（即人或事的法律内解释），毫无疑问在司法活动中具有重大的意义，例如，同样是将巨额公款借公务之便据为己有，对国家工作人员而言构成了贪污罪，而对私营企业的工作人员则只能构成侵占罪，于是，在法律中明确解释和界定国家工作人员就对司法举足轻重。尽管如此，法律概念只是判断案件的一个重要条件，和法律规则相比较，它应当退居其次（当然，这并不否认在具体的案件中，对案件事实和法律概念间关系的认定，对处理案件而言比法律规则更为重要，如前所述的情形即是）。这是因为案件事实是因当事人的行为而引起，而法律，特别是司法过程中的法律所要解决的主要问题，就是判断人们行为的是非曲直。对人们行为是非曲直的判断标准，恰恰规定在法律规则当中。因此，和法律规则相比较，在司法判断个案的过程中，法律规则就显得比法律概念更为重要。这正是为什么即使在实行判例法的英美法系国家，法官判决的结果就形成对后来的法官判案的指导，这也就是法官在判断案件时首先必须识别先例，以得出准确的判案规则之原因所在。

法律原则按照德沃金的解释，是属于“道德层面的要求”，因为它反映着社会的公平和正义的要求。[1] 德沃金的论证，主要是为了说明在疑难案件中，如何按照公平正义的原则去寻求那种“唯一正确的答案”。确实，在法官所面临的形形色色的案件中，有些在法律规则中会有明确的规定和处置措施，有些则没有，有些即使有规定也会和社会正义的要求明显不符。案件事实的复杂和丰富多彩在任何时候要胜于法律规定本身。例如，法律尽管规定了遗赠的一般效力，但并未具体规定受遗赠人为了尽早继承，急不可耐地谋杀了遗赠人时该怎么办。这时，法官就必须面临选择，要么按字面的法律规则肯定其继承权利，要么按社会正义的原则剥夺其继承权。这就需要赋予法官自由裁量权。在这里，法官往往借助的是社会的公平和正义原则来判断，于是，“任何人不得因其过失而获益”这条重要的原则就在法官的判决中得以产生。可见，法律原则对法官而言，更多地作为在遇到疑难案件时所运用的法律要素，即这一原则的运用往往是当对某一个案依法律规则处理会和社会道义出现明显冲突时，法官根据自由裁量权所为。更重要的是：根据法律原则来处理疑难案件，既需要法律对原则的规定，更需要法官自身的知识素质、判断能力和道义水平超群脱俗，显然，它是一个值得重视的创造性过程。

然而，就常见的情形而言，法官日常所面对的，更多是普通案件，即使它是复杂的，但只要在法律规则中有明确的处理措施，或者能明确地在法律中找到处理的根据，这就是普通案件。尽管法律规则不可能面面俱到地规定社会所发生的一切行为、一切纠纷处理机制，同时，即使法律已有的规定也会因为人们认知能力的缺陷和主体行为复杂多样的现实，总会出现这样或那样的偏差，但法律规则毕竟经过了人类智慧的洗礼，对于人们日常面对的绝大多数行为和可能因行为而引致的纠纷在其中作了明确规定。因此，对普通案件而言，法律规则是最主要的判案依据和准绳。

（二）通过司法可以进一步完善法律规则

虽然，一般说来，法律规则之于司法是主动的、占据支配地位的，但不是说司法在法律规则面前永远是被动的。

在大陆法系国家，司法曾经只是机械的、被动的国家法典之“自动售货机”，因此，追求在立法上使法典“完美无缺”“完备无遗”是其法治建设的主要使命。但是，随着社会进化的速度越来越快，科学技术的发展日新月异，昔日机械的法律规定已经严重背离社会发展的节奏。在此种情形下怎么办？要么仍然通过国家立法机构对法典缝缝补补，但立法程序的拖沓对于许多迫在眉睫的案件而言无济于事；另外，立法机关总是要针对某一类事物制定规则，因此，也无暇关注个案的命运。于是，恰当的方式就是通过司法机关对具体案件的判决，创造、发现、丰富和完善国家法律规则。正是基于这种考虑，曾经对司法造法不太重视的大陆法系国家开始越来越重视司法造法在国家政治、

---

① ［美］德沃金著，信春鹰等译：《认真对待权利》，北京：中国大百科全书出版社，1998 年，第 40 页。

经济和社会生活中的地位与作用。特别是各国在法律上对于一定范围内司法自由裁量权的肯定，使得即使在大陆法系国家，也出现了判例法。

在英美法系国家，“法官造法”往往既创造着法律原则，也创造着法律规则。前者例如“你有权保持沉默”“任何人不能因过错获益”“国王在上帝和法律之下”等格言化的法律原则其实都是通过司法判决而得出的。至于后者，在判例法中则更为常见，即任何一个能作为判例法的判例其实都预示着对其后来的类似案件具有法律效力。法官在后来的判决中所要进行的“法律识别”，其实就是要在前例中发现可援引用于后例的法律规则。

当代中国仍然主要强调制定法，对判例的作用认识不够。但是，中国经济的持续开放以及在经济法律领域和世界的“接轨”，已经并将继续会对司法改革提出要求，这正是在国家诸政治权力体系中何以司法改革更显得突出的原因所在。可以预料，在未来中国的司法改革中，随着经济体制与国际社会的更加“接轨”，政治体制的更加清明，社会交往关系和摩擦的急剧增加，社会不确定因素的越来越多，通过司法处理个案的方式建立典型的判例机制，以弥补国家制定法的种种缺陷，必将是中国司法改革的内在要求和必然选择，也是司法乃至整个法律体制在总体方向上朝世界看齐的必由之路（尽管完全依照某国的某种模式而建立自身的司法体制几乎不可能，因为司法就像法律一样，总会有“地方性”①）。因此，尽早着手对我国建立判例制度的学习和研究，使司法在个案处理过程中不断完善国家制定的法律规则之不足，就显然不仅仅是涉及司法自身利益的事，而且对中国法治事业是一种整体性的推进。

【作者简介】

谢晖，山东大学法学院教授、博士生导师。

① 美国人类学家格尔茨在其阐述法律的一篇文章中称法律是“地方性知识”（参见［美］格尔茨著，邓正来译：《地方性知识——事实和规则之间的比较透视》，载梁治平编：《法律的文化解释》，北京：生活·读书·新知三联书店，1994 年，第 73 页以下）；而日本学者千叶正士则进一步说“法律多元”（参见［日］千叶正士著，范愉等译：《法律多元》，北京：中国政法大学出版社，1997 年）。

完善行政诉讼制度

——《行政诉讼法》修改核心问题探讨*

应松年

《行政诉讼法》实施已二十余载，对我国民主法治建设贡献良多。某种意义上可以说行政诉讼的建立真正启动了我国行政法治建设，成为我国行政法发展的强大推动力。不过，随着我国经济社会的快速发展，人民对行政权力的要求以及对法治的需求不断提高，《行政诉讼法》的安排及规定越来越无法适应形势的需要，面临着系统性修改的必要。目前，学术界对行政诉讼制度需要修改并无争议，然而对于一些重大问题，看法仍存在分歧，本文就此谈谈看法。

一、行政诉讼的定位

行政诉讼的定位是修改《行政诉讼法》面临的首要问题，关系到行政诉讼制度的整体安排和行政诉讼在行政救济制度中的地位。

一直以来，学术界对行政诉讼的目的争议不休，焦点在于行政诉讼是救济制度还是监督制度。① 客观而言，在相当多的情况下行政诉讼是通过审查和纠正违法的行政行为达到保护公民权益的目的，而且行政诉讼的确能够让行政机关认识到自身管理中的问题，具有监督、控制行政的功效。不过，行政诉讼和行政复议制度的发展表明，由此将行政诉讼定位于监督制度，进而以此安排行政诉讼制度，可能会带来负面作用。

监督致力于发现行政管理中的问题，纠正存在的违法或错误之处，并提出完善方案，它指向行政管理本身，聚焦行政管理水平的提高。作为一种诉讼制度，行政诉讼显然无法完成以监督为主要目的的安排，因为行政诉讼必须满足诉讼的要求和安排，它以

* 本文原载于《广东社会科学》2013 年第 1 期。

① 《行政诉讼法》第一条将维护行政机关依法行使行政职权列为行政诉讼的目的，已遭到各方的批评，予以摒弃已是共识。

存在争议为前提，以审查判断当事人的请求是否成立为中心任务。因此，行政诉讼的定位必须回归诉讼制度本身，诉讼的基本功能是解决争议进而保护公民权利，行政诉讼虽与民事诉讼、刑事诉讼有所区别，但不能否认其本质属性。

事实上，之前我们将行政复议制度定位于以监督为主的制度，其结果是给行政复议制度带来了过多的行政化，开放性不足，程序对抗性弱，现在我们越来越认识到这一定位存在的问题，开始将行政复议拉回到救济制度。行政复议制度此前定位带来的教训，值得我们总结。行政诉讼略有不同，从一开始我们就注意其担负着救济功能，但在行政诉讼制度的具体安排上贯彻得并不彻底。近年来，一些学者仍坚持或强调行政诉讼的监督功能，也说明仍存在不同意见。

行政诉讼具有监督功能，行政诉讼中的一些诉讼形式也可以侧重监督，[①] 但整体而言行政诉讼的根本目的或主要目的仍应定位于通过解决行政争议保护公民的合法权益，这已为我国行政复议和诉讼制度的长期实践所充分证明，不仅《行政诉讼法》修改应当如此，《行政复议法》的修改亦应坚持这一点。

在行政复议与行政诉讼都定位于救济制度（当然二者的安排存在不同）的情况下，衍生出的问题是哪一种救济制度应成为解决行政争议的主渠道。行政复议制度的建立晚于行政诉讼制度，《行政复议法》于1999年颁布实施，因此对此问题虽有理论探讨，但并未成为焦点。只是近年来伴随着社会矛盾纠纷的增多，有学者提出应将行政复议作为解决行政争议的主渠道，[②] 引发了学术界和实务部门的争论。由于这关系到《行政诉讼法》与《行政复议法》的修订，需要深入分析。目前，全国行政复议与行政诉讼的案件量大体相当，就处理的案件量尚不能说哪一种渠道占优势，更难言占主导地位，不过从未来发展角度看，较为理想的安排是行政复议成为主渠道，行政诉讼为最终裁判者。当然，行政复议成为解决行政争议的主渠道不是靠强制复议前置取得的，而应通过发挥其优势，由当事人自愿选择实现。

二、敞开行政诉讼之门

多年来，行政诉讼备受批评的重要问题之一是行政争议进入法院难。客观而言，造成这一局面的原因是多重的，是各种因素共同作用的结果。不过，制度上即《行政诉讼法》对当事人提起行政诉讼附设较多的限制是重要因素。《行政诉讼法》的修改必须致力于解决这一问题，敞开行政诉讼之门，让行政争议能够顺利进入司法审判。敞开行政诉讼之门涉及行政诉讼受案范围、原告资格、被告确定等问题，需要逐一分析。

---

① 日本等国家存在的机关诉讼等诉讼形式以监督为目的，但这些诉讼并不占主流。

② 应松年：《行政复议应当成为解决行政争议的主渠道》，《行政管理改革》，2010年第12期；应松年：《把行政复议制度建设成为我国解决行政争议的主渠道》，《法学论坛》，2011年第5期。

（一）扩大受案范围

受案范围涉及的是因哪些行政事项引发的行政争议可以纳入司法处理的范围，对当事人而言意味着对行政机关作出的哪些决定或行为可以向法院提起行政诉讼。多年来，受案范围过窄，扩大受案范围，让更多的行政争议进入司法已成为共识。扩大行政诉讼受案范围包括两方面的内容：调整规定方式和扩大可受理事项。

对行政诉讼受案范围的规定方式，虽是形式问题，但有重要意义。现行《行政诉讼法》立法之时，关于行政诉讼案件的受案范围，曾经是讨论最多的重点问题之一。当时对哪些行政行为可以受理，哪些行政行为不能受理，是逐条讨论的，最后形成了《行政诉讼法》所采用的肯定性列举加否定性列举的规定模式。行政诉讼实践证明：虽然在当时看来受案范围已很宽泛，但仍有许多应该受理的事项没有被包括。这种肯定性列举和否定性列举立法模式，不可能穷尽一切行为，中间必然会留下了广阔的灰色地带，成为法院受理案件时争论最多的地方。受案范围应采取概括式的肯定规定加排除式的列举规定方式，即除明确列举排除的情况外，所有行政行为均在受案范围之内，这成为行政法学界的共识，也符合当今世界通例。实际上，早在2000年施行的最高人民法院《关于执行〈中华人民共和国行政诉讼法〉若干问题的解释》（以下简称《若干问题的解释》）已经明确："公民、法人或者其他组织对具有国家行政职权的机关和组织及其工作人员的行政行为不服，依法提起诉讼的，属于人民法院行政诉讼的受案范围。"然后作列举否定："公民、法人或者其他组织对下列行政行为不服提起诉讼的，不属于人民法院行政诉讼的受案范围。"无疑，最高人民法院的这一司法解释确立的受案范围模式，是符合实际需要的。修改《行政诉讼法》时，可按此模式进行。

对不予受理的事项，应作严格限制。抽象行政行为可否受理，有不同看法。《行政诉讼法》只规定了对具体行政行为可以起诉，对"行政法规、规章或者行政机关制定、发布的具有普遍约束力的决定、命令"的诉讼不予受理。但实际情况是，侵犯公民、法人或其他组织合法权益的"行政机关制定、发布的具有普遍约束力的决定、命令"并不鲜见，且其损害范围超过具体行政行为，因此将抽象行政行为纳入受案范围的呼声很高。此外，《行政诉讼法》也将行政机关对公务员奖惩、任免等行为排除在行政诉讼受案范围之外，这是受国外特别权力关系理论影响的产物。而此种理论已遭到摒弃，鉴于这类行为对公务员的影响和我国的实际情况，可以考虑将开除、公务员待遇等涉及公务员基本身份关系和重大利害关系的行政行为纳入行政诉讼受案范围。

（二）拓宽原告资格

原告资格决定着何人有权向法院起诉。《行政诉讼法》规定可以起诉的范围基本上限于侵犯公民、法人或者其他组织自己的人身权、财产权，对原告资格进行了较严格的限制。根据《行政诉讼法》规定，对人身权、财产权以外的其他权利，如政治权利、劳动权、休息权、受教育权、宗教信仰权等，即使受到侵害，除非由单行立法作出特别规定，公民、法人或者其他组织无法依据该法提起诉讼，而只能寻求其他救济途径。[①]《若干问题的解释》第十二条规定：“与具体行政行为有法律上利害关系的公民、法人或者其他组织对该行为不服的，可以依法提起行政诉讼。”此规定虽立意在于拓宽原告资格，但限于其地位，拓宽力度有限。

《行政诉讼法》以权利类别作为区分有无起诉资格的规定，虽在当时有一定的合理性，但在今天显然已不合时宜，应当确立法律上的利害关系标准，即凡与行政行为有法律上利害关系的公民、法人或者其他组织，对该行政行为不服的，都可以提起诉讼，不应附加权利类别因素。

在原告资格问题上，比较棘手的是行政公益诉讼问题。根据《行政诉讼法》的规定，公民、法人或者其他组织只能为保护自己的权益而起诉。不过，在现实中却存在着因某一或某些行政机关作为或不作为，并未或未直接、不明显损害某一特定的公民、法人或者其他组织的权益，但事实上对社会公共利益造成严重后果的情形。对此情形，一般的公民、法人或者其他组织虽与此有关，但因与他人相比并无特别的利益，因而很难取得原告资格，这正是近年来相当多的人呼吁要求建立行政公益诉讼的原因。不过，也有人担心开放行政公益诉讼可能带来诸多问题，如随意起诉、法院是否有能力处理等。

综合这些因素，我们可以考虑借鉴《民事诉讼法》的做法。刚刚修订的《民事诉讼法》第五十五条规定：“对污染环境、侵害众多消费者合法权益等损害社会公共利益的行为，法律规定的机关和有关组织可以向人民法院提起诉讼。”这一规定认可了民事公益诉讼，但又采取了循序渐进的推进方法，对可以提起的领域和主体进行了限制。

《行政诉讼法》修改可以划定允许提起行政公益诉讼的范围，如自然资源、生态环境，食品药品等公共安全、行政垄断等，标准就是关系公众生命健康等重大公共利益且通过公益诉讼比较恰当的，具体领域和事项可以再论证确定。由于我国的社会组织尚须有一个成长和成熟的过程，提起公益诉讼的主体可以由检察机关以及经批准的社会组织担任。

（三）简化和扩充行政诉讼被告并举

行政诉讼被告看似与敞开行政诉讼之门关联不大，实则不然。行政诉讼的被告可分为行政机关与法律法规授权的组织两种类型，二者与行政诉讼之门关联不同，调整策略也应有所区别。

由于我国行政机关种类繁多，性质地位不一，《行政诉讼法》和《若干问题的解

---

① 《行政诉讼法》第十一条第二款规定：“除前款规定外，人民法院受理法律、法规规定可以提起诉讼的其他行政案件。”此规定为通过单行立法扩大行政诉讼受案范围提供了可能。目前，政府信息公开行政案件，正是通过《政府信息公开条例》的规定，纳入行政诉讼受案范围的。

释》虽试图对各类情形的被告作出规定,[①] 但实践中仍给公民、法人或者其他组织选择适格被告带来了一定的难度。因此，对由行政机关作行政诉讼被告的情形，《行政诉讼法》修改的导向应着力于简化。有两种可选择的方案：一是对地方政府部门或机关作出的行为可以考虑统一由一级政府作被告；二是不管机关、机构性质，谁作出行为，谁即为被告。

对由法律法规授权组织作为被告的情形，则应立足于扩大。现有规定虽允许行政机关之外的组织作为被告，但以单行立法作出授权为限。近几年来，随着公共治理的发展和政府职能的调整，诸多的管理事项事实上由社会组织承担，如行业组织对其成员的管理，高等院校对其教职员工和学生的管理等，这些管理本质上属于公共行政或公共管理的一部分，但由此产生的纠纷既难以进入行政诉讼也难以进入民事诉讼,[②] 事实上无正式的解决机制。因此，对这类性质的组织应允许作为行政诉讼被告，通过行政诉讼解决产生的相应争议。

三、完善行政诉讼审理机制

与能否进入法院相比，完善行政诉讼审理机制对法院同样重要。行政诉讼审理机制的完善重点在于，提高行政诉讼的有效性和效率。

（一）案件的审理应促成案件的根本解决

《行政诉讼法》第五条规定，人民法院审理行政案件，对具体行政行为是否合法进行审查。因此，在行政诉讼中，法院是围绕着具体行政行为是否合法进行审理并作出裁判的。这对当事人单纯要求撤销行政行为的案件，不会存在太多问题。然而，不少情况下，被诉行政行为常常涉及当事人权益特别是民事权益，即存在着行政与民事交叉。在由行政机关进行裁决、确权、登记、确认民事权益的案件中，单纯对行政行为进行审查，并不能满足当事人的要求。

对此类情形如何处理，事实上在制定《行政诉讼法》时就有过争论。有一种意见认为，这些案件从本质看是民事关系，行政行为合法并非当事人最关心的，故这类案件可以交由民事审判庭审理裁判，行政行为自行失效。另一种意见则认为，既然民事关系经过行政机关处理，行政机关所作出的决定是行使国家权力的结果，应当具有法律效力，不可能自行失效，应先经行政诉讼，可以采用行政附带民事诉讼的方式。两种意见

---

① 参见《行政诉讼法》第二十五条,《若干问题的解释》第十九至二十二条。

② 目前，国内对起诉高等院校对学生的纪律处分、不发放学历学位证书应属于行政诉讼并无争议，不少法院亦在受理和审理此类案件。但国内曾出现起诉中国足球协会和中国篮球协会等案件无疾而终的情形，从而产生一些俱乐部因状告无门愤而退出的结果。

似乎各有道理，难决高下。最终，《行政诉讼法》采取了对该行为或决定必须进行行政诉讼的做法，但对行政附带民事诉讼却未作出规定。其结果是，因这类案件采用一般行政案件的审理方式，即仅对行政行为的合法性进行审查，不能根本解决当事人的争议，有不少的案件当事人虽赢了行政诉讼，但民事权益问题却久拖不决。

在现代社会中，行政机关介入民事问题已越来越常见，民事权益问题由行政机关登记、确认或确权，甚至有的纠纷交由行政机关裁决。由此引发争议或诉讼，实属正常。如果按照民事归民事、行政归行政思维方式，看似符合原理，却会给当事人带来极大的不便。因此，应该设计一套符合法治理念的便民、快捷、有效的处理纠纷的制度。目前来看，对现有制度作根本性否定，抛开行政机关作出认定，让当事人直接提起民事诉讼，待法院作出裁判后，行政行为自行失效似乎难以推行。但完全按照现有安排，显然无法解决问题，因此考虑在行政诉讼中一并解决民事纠纷，建立一套行政附带民事的制度似更可行。《若干问题的解释》第六十一条规定："被告对平等主体之间民事争议所作的裁决违法，民事争议当事人要求人民法院一并解决相关民事争议的，人民法院可以一并审理。"但此规定并未明确说明如何一并审理或解决，修改《行政诉讼法》应加以明确。可以考虑采用行政附带民事诉讼的方式，也可以考虑采用法院全面审理方式，待查清民事争议后再对行政行为作出裁判。有人可能会认为，两种争议放在一起，由从事行政审判的法官处理民事争议可能有一定的困难，对此可以考虑由行政案件的审判员和民事案件的审判员共同组成合议庭审理此案件。

（二）允许某些行政案件可以进行调解

现行《行政诉讼法》规定，行政案件除了行政赔偿诉讼外，不得进行调解，当然也不允许双方和解。之所以作此种安排，主要考虑是行政诉讼的审理对象是行政机关或其他组织行使公权力的产物，不能由行政机关任意处分，即不容行政机关拿国家的权力资源来与他人作交易。换言之，行政诉讼不存在进行调解的可能。

行政诉讼实践表明，这一安排过分强调了公权力不能任意处置的要求，同时有点理想色彩。事实上，在现代社会中，行政机关享有大量的裁量权，行政机关在作决定时常常有选择的空间。行政诉讼是一种解决行政争议的机制，既然是解决争议，就应允许双方互谅互让，由法院引导在法律框架内和平解决。同时，《行政诉讼法》明确规定原告可以申请撤诉，在行政机关认为行政行为违法或错误，改变甚至撤销了原行政行为后，原告认为达到了目的而申请撤诉，这事实上与双方互谅互让无异。因此，行政诉讼一律禁止不得调解这一项在理论和实践上都站不住脚，《行政诉讼法》的修改应允许调解。

不过，行政诉讼毕竟不同于民事诉讼，行政诉讼代表着公共利益，如果不设置一定的限制，允许行政机关不顾自己的权限和公共利益或他人利益而进行退让，反而会破坏法治。而目前一些法院在推行行政诉讼调解的时候，的确出现了不顾原则和法律进行调解的情形，这为我们在行政诉讼引入调解制度敲了警钟。故行政诉讼可以进行调解，但应作限制。只有在当事人有权处分的范围内才可进行调解，且不得违反法律规定，不得损害社会公共利益和他人合法权益，法院对双方的调解协议应该进行审查。

（三）增设简易程序

行政诉讼并没有像民事诉讼和刑事诉讼那样设置简易程序，而是一律规定行政案件由合议庭采用统一程序进行审理。作这一安排的主要考虑是，被告是行政机关，行政案件比较复杂，不适合采用简易程序来解决，不过，从行政诉讼的运作看，实践中的确存在着一些案件十分简单，争议的标的额小，没有复杂的事实和法律问题，采用简易程序由法官独任审判，不会影响案件的公正审理。如果对此类案件，仍采用普通程序审理，是对有限的诉讼资源的浪费，不符合诉讼经济原则。因此，要求行政诉讼设立简易程序的呼声渐多。

客观而言，行政诉讼设立简易程序，并不是太复杂的问题。问题在于其适用范围。原则上，这一范围不能太宽，应只能适用于事实清楚、权利义务关系明确、争议不大的第一审行政案件。

四、加大对当事人的保护和救济力度

对任何一种救济制度而言，救济的充分性、及时性和有效性都至关重要。否则，即使当事人胜诉，救济的意义也会打折扣。行政诉讼现有的救济安排也需要作出一定的调整，以适应发展的需要。

（一）调整诉讼不停止执行原则

对行政机关作出的具体行政行为，在当事人起诉后是否停止执行，是行政诉讼中的重要问题。如果规定停止执行，显然对原告更有利；相反，规定不停止执行，则偏向于保护行政机关。最终，《行政诉讼法》确立了原则上不停止执行的制度安排，[①] 将天平倾向了行政机关，不利于保护当事人的权益。

实践证明，在很多情况下如被诉具体行政行为已获执行，公民、法人或者其他组织即使胜诉，已毫无意义或意义大减，达不到给予当事人救济的目的。因此，从保护公民、法人或者其他组织权益考虑，有必要变现有的起诉不停止执行为起诉停止执行。当然，考虑到公共利益和行政效率，可以设置例外情况，如涉及公共利益及第三人利益，

---

① 《行政诉讼法》第四十四条规定："诉讼期间，不停止具体行政行为的执行。但有下列情形之一的，停止具体行政行为的执行：（一）被告认为需要停止执行的；（二）原告申请停止执行，人民法院认为该具体行政行为的执行会造成难以弥补的损失，并且停止执行不损害社会公共利益，裁定停止执行的；（三）法律、法规规定停止执行的。"

或行政机关认为必须不停止执行的，行政机关可向法院申请，经法院审查同意，可以不停止执行。

（二）完善行政诉讼一审判决方式

现有的行政诉讼一审判决方式共有六种，即《行政诉讼法》最初规定的维持判决、撤销判决、履行判决和变更判决，以及《若干问题的解释》新增的确认判决和驳回诉讼请求判决。总体来看，现有的判决形式基本是以具体行政行为为中心的，对当事人的诉讼请求关注不够，更为重要的是，现有的判决形式无法满足当事人救济和司法实践的需要。

因与行政诉讼的目的和定位不符，维持判决应予以废除，它所适用的事项可纳入驳回诉讼请求判决范围；现有的变更判决仅适用于行政处罚显失公正的情形，可以考虑适当扩大，对行政裁决、行政机关没有裁量权的数量确定等事项可由法院直接变更，以更利于保护当事人的权益；应增加阻止行政机关作出特定行为的判决形式，但应设置严格的条件。

（三）加大法院对行政机关不履行裁决的执行力度

强制执行虽是行政诉讼的最后环节，但对当事人获得救济十分重要。当公民、法人或者其他组织胜诉后，行政机关拒绝履行法院的裁判时，如何促使它履行，直接关系到行政诉讼的成效。现有的《行政诉讼法》主要规定了四种措施，对罚款和赔偿金，从行政机关的账户中划拨；按日对行政机关处以 50 元至 100 元罚款；向相关机关提出司法建议；构成犯罪的，追究刑事责任。总体而言，现有的执行措施力度偏小，应当加大执行力度，这是学术界的共识。但对如何加大，却意见不一。有观点认为，应提高罚款的幅度，可提高至 100 元到 500 元；也有意见认为，法院可以将行政机关不履行法院判决的情况在公告中公之于众，通过舆论向行政机关施压；当然，也有人建议设置藐视法庭罪，对拒不履行判决、裁定，情节严重的，对该机关的负责人或直接责任人员以藐视法庭罪论，由行政审判合议庭直接作出。从可行性角度看，前两项建议被采纳的可能性较大。

【作者简介】

应松年，中国政法大学终身教授、博士生导师。

扩大受案范围是行政诉讼法修改的重头戏*

姜明安

中国三大诉讼法现在只有行诉法①自通过和施行以来从未被修改过。之所以如此，并非因为行诉法直到现在一直没有修改的必要性和迫切性，而是由行诉法修改涉及的问题所具有的复杂性、我国立法机关立法任务的繁重性与立法机关立法能力因现行体制、机制制约导致的有限性所致。事实上，我国行诉法早就应该修改了，而且不只是一般的小修小改，而是应该大修大改，即在刑诉法和民诉法两大诉讼法修改任务完成后，行诉法修改已经历史性地提上了立法机关议事日程的时候，我们有必要对行诉法应修改的各项内容进行全面深入的研究，尤其是对作为整个行诉法修改重头戏的受案范围的修改，更应予以特别细致的多角度、多层面、多方位的探讨。

一、行诉法为什么要规定受案范围

我国现行行诉法设专章规定受案范围，而刑诉法、民诉法均没有规定受案范围的专章或专节。这是为什么？

现行行诉法设专章规定受案范围首先是由行诉法立法时（20 世纪 80 年代末）我国当时的历史条件决定的。在七届全国人大二次会议审议行诉法草案时，时任全国人大常委会副委员长、法制工作委员会主任的王汉斌曾就此解释说：“考虑我国目前的实际情况，行政法还不完备，人民法院行政审判庭还不健全，行政诉讼法规定的‘民可以告官’，有观念更新问题，有不习惯、不适应的问题，也有承受力的问题，因此对受案范围现在还不宜

* 本文原载于《广东社会科学》2013 年第 1 期。

① 在本文中，如无特别说明，所使用的“行诉法”一词，均特指《中华人民共和国行政诉讼法》。

规定太宽，而应逐步扩大，以利于行政诉讼制度的推行。”① 这里实际上已说明了行诉法专门规定受案范围的必要性。因为范围“不宜规定太宽”是以法律规定范围并细化范围为前提的，不然，法院在执行法律时怎么操作，怎么把握范围使之不“太宽”呢？

当然，行诉法专门规定（不一定是设专章规定）受案范围并非完全取决于我国当时的历史条件，而更重要的，或者说在根本上是取决于行政诉讼本身的性质。不然，在现在历史条件已经变化的情形下，我们今天修改行诉法就无须再专门规定“受案范围”了，就可以将现行行诉法中“受案范围”一章完全废除而不是修改了。② 实际上，我们今天修改行诉法只能是修改（扩大）行政诉讼受案范围的规定而不可能废除行政诉讼受案范围的规定。之所以如此，即在于行政诉讼不同于民事诉讼，其除了具有解决行政争议、纠纷的性质和功能外，还同时具有行政法制监督和行政救济的性质和功能。笔者在行诉法实施的初期曾指出行诉法专门规定受案范围的理由：其一，行政诉讼涉及国家行政权与司法权的关系，行政行为的性质决定了它不可能无限制地接受司法审查。有些行政行为（如国防、外交行为）特别需要保密，通过司法程序有可能泄密，给国家利益造成重大甚至是无可挽回的损失；有些行政行为（如紧急状态处置行为、突发事件应对行为）特别紧急，需要迅速处理，进入司法程序可能贻误时机，导致严重后果；有些行政行为（如处理动乱、骚乱、暴乱的政治决策行为）特别需要进行政治、政策裁量，司法无从找到明确和适当的标准评判、衡量。其二，行政诉讼是行政法制监督制度之一，必须和其他行政法制监督制度有明确的分工。其他行政法制监督制度主要有人大和人大常委会的监督、检察监督、监察监督、审计监督。行政诉讼监督不可能也不应该取代所有其他形式和途径的行政法制监督。其三，行政诉讼是行政法上的救济制度之一，其救济范围必须和行政法上的其他救济制度有明确的分工。其他行政法律救济制度主要有行政复议、行政申诉、控告、检举、行政裁决、仲裁以及信访等，这些救济形式、途径的救济客体、范围虽然有一定交叉、重合，但行政诉讼提供的救济不可能完全取代其他救济形式、途径提供的救济。为此，法律上必须对之有适当的分工，故行诉法对行政诉讼受案设定一个适当的范围是必要的。③

最近学界和实务界在讨论修改行诉法时几乎都提出了扩大行政诉讼受案范围的建议与主张。④ “扩大范围”自然就意味着通过法律界定范围的问题，因为“扩大范围”不

---

① 王汉斌1989年3月28日在第七届全国人民代表大会第二次会议上所作的《关于〈中华人民共和国行政诉讼法（草案）〉的说明》。

② 参见胡肖华：《行政诉讼受案范围的宪政分析》，北大法律信息网，http://article.chinalawinfo.com/Article_Detail.asp?ArticleId=29178，2012年10月8日。

③ 参见姜明安：《行政诉讼法学》，北京：北京大学出版社，1993年，第106-109页。

④ 例如应松年：《行政救济制度之完善》，《行政法学研究》，2012年第2期，第3-9页；马怀德：《〈行政诉讼法〉存在的问题及修改建议》，《法学论坛》，2010年第5期，第15页；方世荣：《论我国行政诉讼受案范围的局限性及其改进》，《行政法学研究》，2012年第2期，第16-20页。

等于范围无限，不等于当事人可以将任何行政行为、任何行政争议都诉至法院。例如，现在学界和实务界讨论较多的几类行政行为，如抽象行政行为、内部行政行为、程序性行政行为①、不作为性质的行政行为、行政合同行为等，今后修改行诉法即使将之纳入行政诉讼的受案范围，也只能是将这些类别行为的部分纳入，而不可能全部纳入。

因此，行诉法无论是当初立法还是现在修改，都有一个受案范围的界定问题，都必须对受案范围作出专门规定。

二、现行行诉法规定的受案范围为什么要扩大

2012 年全国各级法院共审结一审行政案件 13.6 万件，同比上升 5.1%，是行诉法实施 22 年来受案数最多的一年。但是，即使是受案最多一年的行政案件受案数，与民事案件的受案数相比，也是极不成比例的。2012 年全国各级法院共审结的一审民商事案件（含知识产权案件）达 662.5 万件，是行政案件受案数的 48.7 倍。② 行政案件受案数如果与行政机关每年作出的数以亿计的具体行政行为相比，则更不成比例：行政机关作出一千件以上乃至几千件的具体行政行为，法院受案数才有一件，才有一项具体行政行为被行政相对人诉至法院。这是为什么呢？是因为行政机关工作人员依法行政的水平太高，其作出的行政行为质量太高，行政相对人对之几乎完全满意，几乎完全没有异议吗？如果是这样，那全国为什么每年有数百万的信访人、上千万的信访案呢？当然，个中原因很复杂，除了当下多种因素导致许多行政相对人“信访不信法”，受到行政侵权宁愿选择找官，也不愿选择找法院；一些行政机关违法侵权后想方设法阻止相对人向法院起诉；一些法院受各种影响以各种理由不受理某些行政案件等原因外，一个重要的原因乃是现行行诉法规定的受案范围过窄，许多行政案件进不了法院，行政相对人受到行政侵权后即使想提起行政诉讼，行政机关即使愿意当被告，人民法院即使愿意受理，因行诉法设置的“门槛”太高，行政相对人也进不了法院，法院依法受理不了。

因此，修改行诉法，扩大行政诉讼的受案范围，就成为解决当前行政争议多发，人民法院受理行政案件数量却特少，行政相对人得不到有效法律救济困境的必须途径。修改行诉法，扩大行政诉讼的受案范围的意义是多方面的。

首先，它有利于保障人权，维护公民人格尊严，在公民的人权与人格尊严受到侵犯时提供及时和有效的救济。根据现行行诉法规定的行政诉讼受案范围，行政机关侵犯公民人权和人格尊严的案件有的能进入法院，有的则进不了法院，如涉及非人身权、财产权的案件，涉及内部行政行为的案件，涉及抽象行政行为的案件，这些行政案件即使具

---

① “程序性行政行为”又称“中间性行政行为”或“准备性行政行为”，指行政主体为作出最终行政决定而实施的程序性、阶段性和准备性的行为，是一个非完整意义的行政行为。

② 参见《中华人民共和国最高人民法院公报》，2012 年第 4 期，第 4－5 页。

有侵犯公民人权和人格尊严情形，法院也不能受理。例如，行政机关违法撤销村委会主任职务因属非人身权、财产权性质；行政机关违法对公务员“双指”，实行变相拘禁因属内部行政行为性质；行政机关通过规范性文件对某类弱势群体人员实行歧视，损害其人格尊严因属抽象行政行为性质，等等，行为相对人就均不能对之提起行政诉讼，获得司法救济。对此，若不修改行诉法，相对人获得司法救济的障碍就不能消除。

其次，它有利于切实减少社会矛盾，促进社会和谐。目前我国社会由于正处在社会全面转型的时期，各种社会矛盾多发、频发，给社会和谐与稳定增添了诸多隐患。要消除这些隐患，必须建立和完善有效防范和处理社会矛盾的机制。这个机制无疑应包括行政诉讼，当然也应包括信访。但是诉讼与信访比较，毕竟更规范化、制度化，是解决行政争议的法制化程度最高的途径。如果我们放着这个法制化程度最高的途径不用，或对之加以种种限制，使得行政争议的当事人不得不走上法制化程度很低、解决行政争议效率极低的上访之路，那我们的社会矛盾就可能越积越多，社会和谐和社会稳定就会受到严重影响。因此，修改行诉法，适当扩大行政诉讼的受案范围，对于有效解决社会矛盾，促进社会和谐是必需的。

再次，它有利于加强对行政机关及其工作人员依法行政的监督，防止行政滥权和行政不作为。行政诉讼的功能和作用虽然主要是救济，但同时也具有监督的功能和作用。受到行政侵权的公民、法人和其他组织向人民法院提起行政诉讼，人民法院决定是否向起诉人提供所要求的救济是以审查行政行为的合法性为前提的。而且人民法院在审查行政行为合法性的过程中，还可以发现实施相应行政行为的工作人员是否存在违法、滥权、腐败等情形，从而实现对公职人员是否守法和勤政、廉政的监督。目前，一些地区、一些部门行政腐败现象久治不愈，甚至有蔓延趋势，老百姓对此极为不满。为此，有必要采取综合治理措施，包括扩大行政诉讼受案范围，拓宽“民告官”的门槛和减少不必要的限制。须知行政诉讼是国家监督制约违法行政和治理腐败机制的重要环节之一。

最后，它有利于增强广大国民的法治观念，为建设法治政府、法治国家奠定公民法律意识和社会法治文化的基础。依法行政、依法治国，建设法治政府和法治国家必须以国民的法律意识特别是政府机关工作人员和领导干部的法治理念为基础。而国民的法律意识，政府机关工作人员和领导干部的法治理念必须在法治运作过程中培养。如果我们平时不重视法治运作，不注重在社会治理过程中通过行政诉讼等法治途径解决行政争议，而习惯于通过领导接访、批示、行政会议纪要等非法治的方式处理行政争议，久而久之，就会使我们的老百姓越来越“信访不信法”，使我们的政府机关工作人员越来越迷信权力而轻视法律。因此，要提高国民特别是政府机关工作人员和领导干部的法治意识，就必须扩大行政诉讼的受案范围，让更多的行政争议通过法治途径解决，让越来越多的鲜活的民告官案例告诉我们的老百姓：法大于权，权利应靠法维护，使我们的国民越来越信仰法律，信仰法治。只有这样，才有可能把我们的政府和我们的国家建成真正的法治政府和法治国家。

三、现行行诉法规定的受案范围应如何扩大

关于现行行诉法修改应如何扩大行政诉讼受案范围，学界已有很多讨论。[①] 有人主张无限扩大，在行诉法中完全取消受案范围的规定，人民主权原则要求行政诉讼受案范围具有无限制性，权力制衡原则要求行政诉讼受案范围具有全面性，基本权利原则要求行政救济具有无漏洞性。因此，"所有行政行为均应接受司法审查"，应容许"公民对侵犯其合法权益的所有行政行为提起诉讼"。对于行政诉讼的受案范围的限制性规定完全被取消后，可能导致公民滥用诉权，妨碍行政效率，浪费司法资源，则以"起诉要件"取代"受案范围"，通过"对行政诉讼起诉要件作出严密的规定"达到防止滥诉的目的。[②] 当然，对于行政诉讼的受案范围，大多数学者并不主张无限扩大和废除现行行诉法中受案范围的专门规定，而是主张在重构现行行诉法规定受案范围的方式和内容的基础上扩大行政诉讼的受案范围。例如，"扩大行政诉讼受案范围，应当采取概括肯定加列举否定的立法模式，除列举否定事项外，对个人或者组织的权利义务产生实际影响的所有行政行为和部分事实行为，均应纳入行政诉讼的受案范围。同时，应将保护的范围扩充至各类合法权益，而不应仅限于对人身权和财产权的保护。此外，对内部行为的司法救济问题，有待于进一步深入研究，在强调穷尽行政救济原则的基础上，确立相应的司法救济途径"[③]。"为了扩大行政诉讼的可受案范围，限制并缩小行政诉讼不受理事项的空间，在方法改进上可充分运用列举的特点，将否定式列举的方法与肯定式概括的方法结合起来重新确立行政诉讼的受案范围。即行诉法的修改应先用概括的方式对应受案范围作原则性的一般规定，然后将不予受案的各类事项以否定式列举的方式明确作出列举，使不受理的事项被封闭于几种有限的情形中，不得任意扩大，而未予列举的其他各种行政案件则均属于应当受理的范围。"当然，这里提出的"其他各种行政案件均属于应当受理的范围"是指涉及具体行政行为的"其他各种行政案件"，而非涉及抽象行政行为和内部行政行为的所有行政争议案件。对于涉及抽象行政行为和内部行政行为的行政案件，并不应全部纳入行政诉讼的受案范围：对于抽象行政行为，"国务院制定发布的行政法规和具有普遍约束力的决定、命令应排除在行政诉讼范围之外"；至于规章，目前纳入行政诉讼受案范围条件尚不"成熟"，因此，目前可纳入行政诉讼受案范围的只应限于规章以下的规范性文件。对于内部行政行为，由于我国实行党管干部的原则和

---

① 例如，范家强：《论行政诉讼的受案范围》，中国法院网，http://www.chinacourt.org，2012 年 10 月 28 日；马怀德：《〈行政诉讼法〉存在的问题及修改建议》，《法学论坛》，2010 年第 5 期，第 15 页。

② 参见胡肖华：《行政诉讼受案范围的宪政分析》，北大法律信息网，http://article.chinalawinfo.com/Article_Detail.asp?ArticleId=29178，2012 年 10 月 28 日。

③ 杨建顺：《行政诉讼法如何修改》，法律信息网，http://www.chinalawedu.com，2012 年 10 月 28 日。

公务员范围不限于行政机关的原因，能纳入行政诉讼受案范围的内部行政行为应仅限于“有关初任公务员报考录用、聘用，丧失公务员身份的解聘、辞退、开除等人事管理决定”，否则不符合我国国情。[①] 这也就是说，在我国现阶段，现行行诉法规定的受案范围既应扩大，又不能无限扩大。

考察目前我国学界绝大多数学者的意见，主张扩大现行行政诉讼的受案范围已构成共识。但是对于应扩大哪些行政行为和事项，将哪些行政行为和事项纳入行政诉讼受案范围，以及对于拟扩大纳入行政诉讼受案范围的行政行为和事项应扩大纳入什么程度，则远没有达成共识。具体而言，争议最主要涉及三类行政行为和事项：一是抽象行政行为；二是内部行政行为；三是行政合同行为。

（一）抽象行政行为

抽象行政行为包括行政法规、规章（国务院部门规章和地方政府规章）和规定（即规章以下的其他规范性文件，又称“有普遍约束力的决定、命令”，俗称“红头文件”）。关于抽象行政行为应否扩大和纳入行政诉讼的受案范围，笔者的观点是应有限纳入。当然，“有限纳入”有多种多样的选择方案：有人主张只纳入“规定”，有人主张“规定”和“规章”都纳入而只排除行政法规。笔者持后一种主张：将“规定”和“规章”都纳入。笔者之所以主张将“规章”也纳入，是因为规章的违法侵权与规定的违法侵权没有特别重大的区别，而且规章不同于行政法规，行政法规有《立法法》第九十条和第九十一条规定的审查监督途径，规章违法侵权的可能性要比行政法规大得多，审查监督途径反而相对缺乏。有人可能担心将规章纳入，受案范围“口子”会开得太大，法院难于承受。其实，这只要在抽象行政行为“准入”方式上适当设卡，即主要采取“附带诉”（但不限于“附带诉”）的方式，案件量就会大大减少，不会增加法院太大的负担。

如果将规定、规章一类抽象行政行为纳入行政诉讼的受案范围，自然有一个相对人对抽象行政行为怎么起诉的问题。是只能采用现在《行政复议法》确立的“附带诉”模式，即只有相对人在起诉具体行政行为时，才能一并对抽象行政行为提起诉讼，还是主要采取“附带诉”，但不完全排除“直接诉”，在特定情形下也允许“直接诉”，即“有限直接诉”？笔者主张“有限直接诉”：在一般情形下，相对人对抽象行政行为只能“附带诉”，但如果相应规定、规章一类抽象行政行为不经具体行政行为即可造成对相对人合法权利的损害，相对人则可直接对该抽象行政行为提起诉讼。例如，有这样一个案例：某商品包装箱有中英两种文字，其英文字体稍大于中文字体。某日，一行政机关发布规范性文件，规定商品包装箱上的英文字体必须小于中文字体，否则，每件商品罚

① 方世荣：《论我国行政诉讼受案范围的局限性及其改进》，《行政法学研究》，2012 年第 2 期，第 16 – 20 页。

款若干。对于这种抽象行政行为，如果采取“附带诉”的方式，只有当商店购买或出售商品被行政机关发现其商品包装箱上的英文字体大于中文字体并对之科处罚款时，商店方可对该规范性文件起诉。但是，如果该规范性文件一经发布，所有商店随即不使用这种包装箱的商品了，致使生产该商品的企业大量商品积压在仓库，卖不出去，不得不把这些商品的包装箱全部拆除、重制和更换，其损失巨大。该企业却因没有受到行政处罚（没有具体行政行为）而不能提起行政诉讼，尽管该规范性文件明显违法：其没有让相对人卖掉原有商品就生效，违反了规范性文件不得溯及既往的法律原则，从而导致相对人的巨大损失。笔者的“有限直接诉”主张即对这种情形为相对人提供一个救济途径：如果相应抽象行政行为不经具体行政行为就可能造成对相对人合法权益的损害，相对人可直接对该抽象行政行为提起诉讼，请求人民法院撤销该抽象行政行为或确认该抽象行政行为违法，以避免实际损害的发生。

（二）内部行政行为

内部行政行为是一个广泛的概念，包括内部行政规则（如裁量基准、指导性纲要、行政给付规则等）、行政处分（含警告、记过、记大过、降职、撤职、开除等）、人事管理监察行为（含录用、聘用、考核、调动、交流、培训、“双指”[①]、限制财产权等）以及公立高校对学生、教师的纪律处分等。

1. 内部行政规则

对于内部行政规则纳入行政诉讼受案范围，曾有两大障碍：一是认为其属于抽象行政行为，既然外部抽象行政行为都排除司法审查，内部抽象行政行为就更应排除司法审查；二是认为其属于特别权力关系，既然作为特别权力关系范畴的具体行政处分都排除司法审查，作为特别权力关系范畴的抽象行政规则就更应排除司法审查。现在这两大障碍虽未完全消除，但都已动摇。就抽象行为的层面讲，既然规章、规定可受司法审查，行政规则受司法审查亦不成问题了。就内部行为层面讲，特别权力关系理论在现代社会已受到广泛批评和限制，作为特别权力关系范畴的内部规则也已逐步和有限进入司法审查的范围，具有一定的可诉性。德国学者毛雷尔指出“随着时代的发展，特别权力关系逐渐瓦解，并且被部分废除。……除非具有需要限制的特殊目的，基本权利也适用于特

---

① “双指”是指《行政监察法》第二十条第三项规定的“责令有违反行政纪律的人员在指定的时间、地点就调查事项涉及的问题作出解释和说明”。此条同时以“但书”规定，“不得对其实行拘禁或者变相拘禁”。然而，监察机关如果违反此“但书”规定，对相对人实行拘禁或者变相拘禁怎么办，相对人能否向法院提起行政诉讼？根据现行行诉法的规定，行政机关的此类行为属于内部行政行为的范畴，即被排除在行政诉讼的受案范围之外。限制财产权是《行政监察法》第二十一条规定的措施。该条规定，“监察机关在调查贪污、贿赂、挪用公款等违反行政纪律的行为时，经县级以上监察机关领导人员批准，可以查询案件涉嫌单位和涉嫌人员在银行或者其他金融机构的存款；必要时，可以提请人民法院采取保全措施，依法冻结涉嫌人员在银行或者其他金融机构的存款”。

别权力关系；法律保护至少适用于特别权力关系中的基本措施”。“这种规则（即内部行政规则）——如同其他规则那样——必须全面遵循法治国家原则，特别是应当通过或者根据法律制定，必须完全符合公民的基本权利。”①

当然，内部行政规则的可诉性，即纳入行政诉讼受案范围，应以相应规则的一定外部化为前提，完全对公民、法人或者其他组织权利义务不产生影响的纯内部规则不应纳入行政诉讼受案范围。日本学者盐野宏将内部行政规则分为解释基准、裁量基准、给付规则和指导纲要四类，他分别根据这四类规则的外部化程度探讨了它们的可诉性。关于解释基准，他指出，“依据某通知所提示的解释作出行政处分②，其合法性在法院成为问题时，法院应该以独立的立场来解释，适用法令，判断处分的合法与违法，……当然，发出通知后，根据其规定作出行政处分的可能性实际上很大，所以，可以考虑在处分作出之前，作为事先预防将来的危险这层意义上的抗告诉讼而提起中止诉讼”。关于裁量基准，他指出，“设定了裁量基准，并且，行政厅根据该基准作出了决定时，法院的审查，首先应该就该基准是否具有不合理的情况而展开。在这一点上，裁量基准不是与法院的审查权限完全无关”。关于给付规则，他指出，“这也可以称为广义上的裁量基准，……从补助金行政中所适用的平等对待原则来看，没有合理的理由而给一方给付，不给另一方给付，不也可能产生违法的问题吗？在这种限度内，也可以承认给付规则具有一定的外部效果”。关于指导纲要，他指出，“现实中的行政指导实际上是按照纲要实施的，所以，相对人可以将纲要作为一种裁量基准，来攻击违反该基准的行政指导。因为行政指导本身不是法行为，所以，不能提起行政指导的撤销诉讼。但是，在实际场合，行政指导具有要求最低规制之基准的功能，事实上具有这种意义上的外部效果”。从外部效果的意义上讲，其又应属于司法审查的范围。③

2. 行政处分

对于行政处分，即对公务员违法违纪行为的惩处，现行行诉法是完全排除作为行政诉讼受案范围的。行诉法第十二条明确规定，人民法院不受理相对人就行政机关对行政机关工作人员的奖惩、任免等决定提起的诉讼。很显然，这一规定同样源于特别权力关系的传统理论。目前，这一理论既然已如前述毛雷尔所言，随着时代的发展，已经“逐渐瓦解，并且被部分废除”，我们现在修改行诉法，就不应该完全受特别权力关系理论的约束。当然，内部行政关系毕竟也不完全等同于外部行政关系。从保障公务员基本权利和保证行政管理效率的平衡原则出发，行政处分应该部分而不是完全纳入行政诉讼的受案范围。就《公务员法》设定的行政处分或相当于行政处分的行政处理措施种类而

---

① ［德］哈特穆特·毛雷尔著，高家伟译：《行政法学总论》，北京：法律出版社，2000 年，第 169 – 170 页。

② 日本行政法上的“行政处分”相当于我国行政法上的“具体行政行为”。

③ ［日］盐野宏著，杨建顺译：《行政法总论》，北京：北京大学出版社，2008 年，第 64 – 69 页。

言，目前宜纳入行政诉讼受案范围的仅限于开除、辞退和解聘三种类型，因为这三种类型的处分或处理涉及相对人的重要基本权利，而其他行政处分，如警告、记过、降职等，虽然也影响公务员的权利但非重要的基本权利，故可不纳入，至少目前不纳入。

3. 公立高校对学生、教师的纪律处分

由于公立高校的公益性，公立高校对学生、教师的纪律处分相当于行政机关对公务员的行政处分。因此，如同行政处分一样，相应处分若涉及相对人的重要基本权利，如开除、勒令退学、辞退、解聘等，即应纳入行政诉讼的受案范围，否则不应纳入。

4. 人事管理、监察行为

对于此类内部行政行为是否应纳入行政诉讼的受案范围，同样应适用保障公务员基本权利和保证行政管理效率相平衡的原则。根据这一原则，考核、调动、交流、培训等行为不宜纳入，而录用、聘用、“双指”、限制财产权等应该纳入。关于录用、聘用应纳入行政诉讼受案范围，笔者同意方世荣教授提出的理由——涉及初任公务员报考录用、聘用的决定针对的是还未取得公务员身份的公民，初任公务员报考录用、聘用纠纷是他们以公民的身份主张劳动权、平等权、公平竞争权等。[①] 至于“双指”、限制财产权应纳入行政诉讼受案范围，其理由是《行政监察法》规定的这两项监察措施涉及作为公务员的公民的人身自由和财产权等重要基本权利，如排除司法审查，即有违平衡原则。

（三）行政合同行为

随着行政管理体制改革的深入和行政管理方式的创新，行政合同在我国行政管理中运用越来越广泛。由于行政合同具有与民事合同诸多不同的特征，行政相对人与行政主体因行政合同发生的许多争议很难完全通过民事诉讼解决。例如，行政机关与行政相对人签订的基础设施特许合同（BOT）[②]，行政机关往往在合同中设定某些特殊权利，如对相对方施工作业进行检查监督的权利、要求相对方作出某种行为应事先经其审批同意的权利、在给予相对方相应补偿的前提下单方面变更合同某些条款甚至单方面解除合同的权利等。对于这种合同，如果在履行过程中双方发生争议，民事行为与行政管理行为交织在一起，其中既有民事争议，又有行政争议。如果相对方被侵权时和被侵权后只能打民事官司而不能打行政官司，其被侵犯的合法权益有时会很难得到有效救济。根据多

---

① 方世荣：《论我国行政诉讼受案范围的局限性及其改进》，《行政法学研究》，2012 年第 2 期，第 19 - 20 页。

② BOT 是英文 Build - Operate - Transfer 的缩写，通常直译为“建设—经营—转让”。这种译法直截了当，但不能反映 BOT 的实质。BOT 实质上是基础设施投资、建设和经营的一种方式，以政府和私人机构之间达成协议为前提，由政府向私人机构颁布特许，允许其在一定时期内筹集资金建设某一基础设施并管理和经营该设施及其相应的产品与服务。政府对该机构提供的公共产品或服务的数量和价格可以有所限制，但保证私人资本具有获取利润的机会。整个过程中的风险由政府和私人机构分担。当特许期限结束时，私人机构按约定将该设施移交给政府部门，转由政府指定部门经营和管理。

年来许多地方法院的行政审判实践，这类案件采用行政诉讼或行政附带民事诉讼解决，对保护行政相对方权益较为有利。但是，由于我国目前没有制定行政合同法，现行行诉法又没有将行政合同争议案件纳入受案范围，故使人民法院对这类案件作为行政案件受理和进行审判缺乏法律根据。因此，这次全国人大启动修改行诉法，很有必要将行政合同争议纳入行政诉讼的受案范围，使行政合同在行政诉讼中具有可诉性，以保障行政合同相对方在行政机关滥用其行政特权（所谓“行政优益权”）侵犯其合法权益时能通过行政诉讼途径有效维护自己的权益。

【作者简介】

姜明安，北京大学法学院教授、博士生导师。

行政监管模式变革*

杨伟东

始于20世纪80年代的改革开放，在开启我国经济和社会建设进程的同时，也让行政监管渐次走向前台。面对市场经济的发展和各类经营主体自主权的提高，行政机关在尊重市场规律和经营主体合法权益的基础上，适时、合法对经营活动进行监管，以保证市场秩序和消费者权益，日显重要。然而，伴随我国市场经济的发展、经济体制和社会的转型，脱胎于计划经济年代的行政监管模式明显无法适应新形势的需要，面临着变革和转型。

一、传统行政监管模式及其面临的危机

虽然对监管有不同的认识，① 但通常认为监管是公共机关对具有社会价值的活动进行持续而集中的控制，以矫正、改善市场机制。在此界定之下，除监管是对有社会价值活动的控制，这种活动本身对社会具有积极意义，是既需要保护也需要控制的要素外，另一至关重要的要素是，监管是行政机关对企业等组织和个人的外部性控制，不同于企业和组织自我控制，也不同于一行政机关对另一行政机关的监督。由此可以看出，行政监管存在的基本前提，是作为监管者的行政机关与被监管者的企业、组织和个人的互相

---

* 本文原载于《广东社会科学》2015年第1期。

① 除使用“监管”一词外，国内也常使用“规制”一语。而对行政监管的界定也不尽相同。如有观点认为“行政监管是一种外部行政行为，是发生在特定行政主体和具体行政相对人之间的一种直接的行政法律关系”；有认为“行政监管是政府管制的其中一种方法，监管权来自法律法规授权”；也有主张指出：是“政府在市场运作的条件下，以矫正、改善市场机制为目的，对市场经济行为进行必要的干预与干涉的监督管理过程。具体来讲，监管就是政府行政监管机构依据法律授权，按照法定程序采取制定规章、设立许可、监控数据、跟踪检查、实施处罚、公开听证裁决等手段，对特定领域的市场行为进行直接控制的活动”。贾艳红：《行政监管为什么失灵——以9·8襄汾溃坝事件为例》，《法制与社会》，2009年第5期（下）。

独立。[①]

我国的行政监管正是发端于行政与企业剥离、国家与社会界分之时。在计划经济体制之下，国家与社会界限模糊，政企不分，其时并不存在真正意义的监管。“国家把所有社会组织都纳入行政隶属系统之中，所有社会成员都被纳入社会组织之中，从而形成一个行政组织网络，所有个人和组织都是这个行政网络中的基本环节，并在政府的直接管理下生存与发展。政府既是各种产品的生产者和经营者，也是各种产品的监督者和管理者。”[②]

我国30多年的改革过程，正是通过政企分开、盘活企业活力，改变企业无独立性、无创造性，使其成为真正市场主体的过程。伴随着企业自主性或独立性的发展，为保证企业的合法经营和市场秩序的有序，行政或政府作为外部的监督者对市场的监管也渐次展开，并与市场经济同步发展。

自1978年开始，我国经济连续30年以年均9.8%的速度持续稳定增长，综合国力和国际影响力大大增强，人均年收入由1978年的190美元上升至2007年的2 360美元，实现了人民生活由温饱不足向总体小康的历史性跨越，[③] 创造了世界经济史上的奇迹。产生这一奇迹的最根本原因，是我国成功实现从计划经济体制向社会主义市场经济体制的转型，使得广大人民群众和各市场主体成为财富创造的主体，潜力和创造力得到了最大限度的释放和激发。[④] 市场经济有赖于创造统一、公平、有序的环境和制度，有赖于市场主体遵守规则、公平竞争，显然这一过程离不开行政监管的作用及其发展。过去30年，没有行政监管发挥的积极作用，就不可能为市场经济发展创造必需的规则和秩序。

虽然在我国经济与社会发展过程中，行政监管的确发挥了积极作用，不过，近年来传统行政监管模式和方式开始面临诸多危机，其典型表现是各类事故的增多和频发，如生产安全事故频发，食品安全形势令人担忧，一些产品质量不佳，环境问题突出，等等。这些问题直接危及人们的生产、生活、健康乃至生命，引发了全社会乃至全球的关注甚至忧虑。为此，政府和相关职能部门也采取了相应的措施。对企业，严格事前审批，加大处罚力度；对行政机关和公务员，明确分工和职责，大范围追究官员的责任。这些措施尽管在一定时段、一定范围内取得了成效，但整体而言效果并不显著。

行政监管面临的困境，可以概括为两个方面：一方面，“令行禁止”的治理理想与

---

① ［英］卡罗尔·哈洛、理查德·罗林斯著，杨伟东等译：《法律与行政》，北京：商务印书馆，2004年，第556－557页。

② 崔卓兰、卢护锋：《试论我国行政监管制度的重构》，《学术研究》，2009年第3期。

③ 中国国家统计局：《大改革、大开放、大发展——改革开放30年我国经济社会发展成就系列报告之一》，国家统计局官方网站，http://www.stats.gov.cn/ztjc/ztfx/jnggkf30n/200810/t20081027_65687.html，2008年10月27日。

④ 袁曙宏、杨伟东：《我国法治建设30年回顾与前瞻——关于中国法治历程、作用和发展趋势的思考》，《中国法学》，2009年第1期。

“禁而不止”的监管现实的矛盾;[①] 另一方面，公众呼唤行政监管与不信任行政监管、不守法并存。前者既表现法律规则遭遇漠视和拒斥，无法通过强化执法得到消除；也表现为行政监管和执法不断强化，但实施成效不彰。后者则表现为公众既期待、希望国家和行政机关强化行政监管和执法，发挥行政监管执法的作用，但又对行政监管和执法的公正性抱着怀疑态度，行政机关面临着信任危机。

行政监管面临的现实困境，是多种因素共同作用的产物，有当前法治环境原因，也有立法和体制原因，当然行政执法模式无疑是不容忽视的问题。

二、行政监管模式变量与传统监管重点

行政监管尝试通过国家权力的干预，促成社会主体和市场主体的守法，以达成社会和市场有序为目的。虽然在这一目标的设定及实现上，各类行政监管一致或者基本一致，但在行政监管具体安排上却存在差异，而造成差异的原因在于行政监管存在不同的变量，对这些变量的不同侧重形成了不同的安排。

（一）行政监管模式的变量

变量一：社会秩序和市场秩序最终由谁来保证?

客观而言，秩序的形成有赖于多方主体的共同努力。不过，就行政监管而言，很容易确定的主体有两个：一是行政机关，二是市场主体和社会主体。这两种主体构成了两极，一种观点强调秩序的保证者是行政机关或相关的监管者，即行政机关或监管者应对秩序的形成负责，换言之，一旦秩序混乱，行政机关或监管者应当被问责。相反，另一观点则认为，市场秩序、社会秩序和安全最终要靠市场主体与社会主体来保证，行政机关只是督促者、监督者，而不能成为市场主体和社会主体责任的替代者。这一观点主张市场主体和社会主体应对市场秩序与社会秩序负责。

在这两极之间存在诸多混合形态，其关键在于将天平偏向行政机关，还是市场主体和社会主体。

变量二：激发市场主体和社会主体的动力机制是什么?

行政监管需要市场主体和社会主体遵守规则，依法行使权利、履行义务。然而，市场主体和社会主体遵守的动力何在？对此问题的回答构成了行政监管的另一变量。

一种看法主张，因为市场主体和社会主体都是基于私利的考虑，只有通过外部的行政控制才能抑制或约束市场主体和社会主体不正当的私利考虑，因此市场主体和社会主体守法动力在于行政目标的设置及其实施。从一定意义上分析，此种看法将行政监管的目标与市场主体和社会主体的私利置于对立面，认为行政监管具有公益的内在品质，从

---

① 王锡锌:《中国行政执法困境的个人解读》,《法学研究》, 2005 年第 3 期。

而通过严格的约束和处罚让市场主体和社会主体守法。另一种看法则认为，虽然市场主体和社会主体有私利的考虑，但从根本上和长远看，因市场主体和社会主体的私利需要在不违反法律的情况下真正赢得，特别是市场主体只有获得消费者的信赖、信任才能达到利益最大化。因此，市场主体和社会主体同样存在守法的动力，而且只有市场主体和社会主体真正具有守法的动力，行政目标的实现才有可能。

变量三：行政监管处于哪一环节或哪一阶段？

作为对市场主体和社会主体的外部控制，行政监管所处的环节或阶段影响到行政监管的运作和成效。从过程分析，行政监管可以处于事前、事中或事后的某一个或两个阶段或环节，也可贯穿行政监管的全过程或所有环节。

变量四：行政监管采用何种方式或手段？

行政机关在进行监管时可以采用制裁、强制等强硬方式，也可以采用指导、合作等柔性方式。

（二）传统行政监管重点

我国传统的行政监管指在改革开放以来形成的监管模式，这一监管模式带有较重的计划经济色彩，过分或较为强调通过行政机关或政府的管制形成有序的市场秩序和社会秩序。从行政监管变量角度分析，传统行政监管的重点表现为以下四个方面：

在秩序的形成上倚重政府或行政机关。实现市场秩序和产品安全的责任重担落在政府或行政机关之上，政府或行政机关成为市场秩序和社会秩序的最终维护者。此种安排源于计划经济时代形成的惯性思维和惯性做法。虽然在建立市场经济过程中，“社会的生产资料、生活资料等社会资源开始沿着从计划到市场、国家到个人的路径扩散，社会资源的流动使得社会结构要素发生了重组、转型与新生。行政权从诸多的经济领域开始消解和撤退，政府不再直接参与市场中的各种经济活动，政府与市场之间、国家与市民之间开始出现某种程度的分野。政府从全面经济统制中逐渐撤离出来，让位于市场和私人”①，政府职能开始从全能型政府向有限政府转变，但在市场秩序的形成中政府或行政机关仍沿用过去做法，从而倚重政府或行政机关。

在守法的动力上寄希望于行政监管的外部控制。由于在传统的行政监管下更倚重政府或行政机关的安排，在促成市场主体和社会主体守法的动力上多依仗外部的控制和约束。因此，在这一安排下，由政府或行政机关设置行政监管的目标，确定行政监管的要求，市场主体和社会主体更多是服从，至于市场主体和社会主体的利益往往被轻视。

在监管环节上重事前审批和事后制裁。传统行政监管在监管环节安排上较为注重监管的两端，即重事前许可（审批）和事后制裁。事前许可或审批实质上是一种准入资格的限制，要求市场主体和社会主体在从事一定的活动前须事先得到行政机关的准许，

---

① 崔卓兰、卢护锋：《试论我国行政监管制度的重构》，《学术研究》，2009年第3期。

行政机关对申请人的条件进行审查作出是否准许的决定；而事后制裁是在市场主体和社会主体出现违法违规活动后，行政机关给予其相应的处罚，以期通过惩戒达到让当事人不敢再违法的目的。

在使用的监管手段上注重刚性方式。传统的行政监管形式是以命令服从为显著特征的，权力和强制主导了行政监管和政府管理。在这一监管模式下，监管者即政府或行政机关居于优势或强势地位，国家制定规则、设置要求，市场主体和社会主体遵守、服从规则。后者若有违反，监管者即通过处罚方式给予当事人制裁，对不履行义务者可以强制当事人履行。

三、行政监管模式变革思路

面对当前严峻的形势，我国的行政监管模式与方式必须作出相应的调整。

（一）治理主体从一元向多元转化

传统上，国家和政府治理的主体是单一的，政府统揽治理权，政府管理或行政管理完全或者基本由政府或者行政机关实施，社会组织在政府管理或者行政管理中作用有限。在经济活动和社会生活相对简单的时代，一元化的治理主体能应对自如。不过，随着经济和社会的复杂化，单靠政府一方的力量难以达到良好的治理效果，在相当多的情形下面对繁杂的问题，政府“独木难支”，依靠社会组织、社会力量协同治理的社会共治成为现代治理模式。社会共治模式下，不再由政府唱独角戏，治理主体由一元转为多元，除政府外，其他公共机构、社会组织、公民个人均参与治理或成为治理主体。治理成为政府、社会组织和个人等多方共同事务，政府虽然仍是这一网络体系的核心和中坚力量，但社会力量成为治理所倚重的重要对象。

（二）变外控式的守法模式为内生式的守法模式

我国经济社会发展让我们日益认识到无法单靠政府力量来实现社会有序，同时我们也日益认识到在市场经济体制下，市场秩序和社会秩序最终要靠市场主体和社会主体来保障，政府只是督促者、监督者，而不能成为市场主体和社会责任的替代者。

《行政许可法》第十三条规定，凡是公民、法人或者其他组织能够自主决定的，市场竞争机制能够有效调节的，行业组织或者中介机构能够通过自律管理的，行政机关采用事后监督等其他行政管理方式能够解决的，行政机关不得通过行政许可和审批方式进行管理。这一规定强调了市场优先和社会优先，国家和政府弥补市场失灵和社会不能调节的各自定位的基本要求。《安全生产法》规定对安全生产经营单位和政府均应负责，但生产经营单位应负“主体责任”[①]。主体责任即第一位责任、基础责任，政府的安全生产监管责任只能是第二位责任。正在修订的《食品安全法（修订草案）》也明确规定“食品生产经营者是食品安全第一责任人”[②]。这些规定正在强化市场主体和社会主体的责任担当。不过，类似《行政许可法》和《安全生产法》的规定还比较少，诸多法律法规未明确企业自律和企业对产品安全负主要责任的机制，而且在监管中过多强调了政府责任，应当予以调整和改变。

在调整了市场主体和社会主体责任与政府责任关系之后，必须要改变政府或行政机关外控式的守法模式，即从政府要求市场主体和社会主体守法转向市场主体和社会主体自愿、自觉守法。行政监管和执法的根本目的在于让市场主体和社会主体形成自觉的守法意识和自律机制，而这样的意识和机制的形成不能靠行政机关简单的外在控制，而关键是行政监管和执法的取向能否与市场主体和社会主体的长远利益相契合。如果行政监管机制设计的措施与市场主体和社会主体的长远利益过分背离，这样的监管只能带来市场主体和社会主体更多的规避甚至抵制。因此，行政监管的视角必须从行政机关转向市场主体和社会主体，转向培育和激发市场主体和社会主体守法的动力机制。

（三）慎用事前手段，监管手段要做到刚柔相济、张弛有度

在现代社会中，为弥补市场和社会的不足，政府会采用不同的手段和方式对市场和社会进行一定的管理。而不同的监管手段和措施代表着国家和政府干预市场自由程度的差别，集中反映了政府对特定领域的监管力度。在监管谱系最弱一端的是信息规制，最强一端则是事前审批，在两极之间还有标准及由此而出现的事后制裁的手段。表 1 是政府从事规制采取的工具及干预程度关系：

表 1　各种规制工具在政府干预市场自由之程度上的不同[③]

<table>
<tr><td colspan="5">干预强度</td></tr>
<tr><td colspan="5">←低　　　　　　　　高→</td></tr>
<tr><td rowspan="2">信息规制</td><td colspan="3">标准</td><td rowspan="2">事前审批</td></tr>
<tr><td>目标标准</td><td>性能标准</td><td>规格标准</td></tr>
</table>

表 1 清楚说明了各种监管措施的干预强度：信息规制最弱，而事前审批最强，标准则居中。信息规制要求供应商披露特定事实，公开产品的相关信息，为消费者作出理性

---

① 《中华人民共和国安全生产法》第三条。

② 《中华人民共和国食品安全法（修订草案）》，中国人大网，http//www.npc.gov.cn/ncp/xinwen/lfgz/flca/2014－06/30/content_1869695.htm，2014 年 8 月 1 日。

③ ［英］安东尼·奥格斯著，骆梅英译：《规制：法律形式与经济学理论》，北京：中国人民大学出版社，2008 年，第 153 页。

选择提供充分、有效的信息，但是并不对当事人的行为进行强制；事前审批或许可指私人或企业若未获得有权机关的事前准许或授权，则不能从事特定的活动，而要获得批准就需要满足特定的条件；技术标准则不存在事前的控制，但如果当事人未能满足特定的质量标准即构成违法。[①]

因此，作为事前控制手段的行政审批的功能在于“防患于未然，对于那些具有一定风险的行为实行准入制度，排除那些不符合条件的人的介入”[②]。这种监管手段代表着政府对市场和社会强度极大的介入和干预，当然这也就意味着需要付出许多代价。代价不仅包括严格管制给进入市场制造壁垒带来的相当大的福利损失，以及行政机关授予许可前进行审查造成的任何延误所带来的机会成本损失，而且包括行政机关对所有申请人的申请进行逐一严格审查所衍生出的高额行政成本。故，只有行政审批产生的益处必须足够大，能够证明为此付出的成本值得时，行政审批才有存在的意义和价值。[③]

行政审批的高成本和代价决定了其并不是行政机关应优先选用的监管手段，在有可替代的监管手段时行政机关应当选择这些可替代手段，而不是使用行政审批。当然，行政审批的功能也决定了在必须使用行政审批这一监管手段时，必须充分发挥行政审批的功效。

通常认为，在两种情形下，行政审批可能会带来巨大收益：一是被监管行为失误的后果可能是灾难性的，或社会厌恶程序如此之高以至于认为事先审查方式优于事后的惩罚；二是在个案中并不必然会产生重大损失，但需要对各种行为的不同特征进行全面评估，并形成可执行的标准。[④]

鉴于目前行政审批制度运作的现实，既存在着迷恋审批导致审批过度的情形，也存在着虚置审批致使审批失灵的情形。因而，行政审批制度改革必须在充分考虑行政审批的性质和功能基础上，不仅要继续致力于削减行政审批，调适国家与市场、社会的关系，而且要着力于改造行政审批本身的运作机制，真正发挥行政审批功效。

同时，传统的行政监管方式和手段刚性有余，而弹性不足，权力色彩过浓。传统的行政监管以命令服从为显著特征，权力和强制主导了政府管理和行政监管，当事人必须

---

① 标准可以分成目标标准、性能标准和规格标准三类，分别代表三种不同的干预强度。目标标准是政府不对供应商的生产过程及产量作出具体规定，但若出现某些特定的损害后果，则要承担严厉的制裁；性能标准，也称产出标准，要求进入供应阶段的产品必须满足特定的质量条件，而让供应商自由选择如何满足这些标准；规格标准或强制要求供应商采取特定生产方式或材料，或禁止使用特定生产方式和材料。[英] 安东尼·奥格斯著，骆梅英译：《规制：法律形式与经济学理论》，北京：中国人民大学出版社，2008 年，第 153 页。

② 陈端洪：《行政许可与个人自由》，《法学研究》，2004 年第 5 期。

③ [英] 安东尼·奥格斯著，骆梅英译：《规制：法律形式与经济学理论》，北京：中国人民大学出版社，2008 年，第 218 页。

④ [英] 安东尼·奥格斯著，骆梅英译：《规制：法律形式与经济学理论》，北京：中国人民大学出版社，2008 年，第 218 页。

服从政府。然而，政府管理和行政监管的目的在于实现有效的社会秩序和提高公众的福祉，命令服从为主的监管方式显然忽视了当事人的作用及行政机关与当事人之间的互动。现代行政监管方式开始走出了命令服从的单一模式，注重双方的平等合作，因而在行政法制度设计和政府管理工作中，相关法律规定和政府工作开始摆脱单纯或主要从权力行使出发的偏狭视角，注意从管理实效和所针对对象的利益角度安排和设计管理方式方法，行政合同、行政指导、沟通协调等柔性管理方式得到重视。《全面推进依法行政实施纲要》明确提出，要"充分发挥行政规划、行政指导、行政合同等方式的作用"。不少行政机关也开始在实践中运用这些手段和方式，取得了不错的成效。因此，伴随着我国经济社会的发展和依法行政的不断推进，我国政府管理和行政监管方式也应呈现多元化的发展趋势，在传统的执法方式中注入服务和公众参与的现代理念与因素的同时，非强制、合作等柔性管理方式开始受到重视和青睐，做到刚柔相济、张弛有度。

（四）开发和运用新型管理手段，提高监管效能

不同的时代有不同的生存与活动环境，会孕育出带有时代特点的活动方式和组织方式，当然也应当产生有时代特点的新型管理手段，政府管理和行政监管亦不例外。近年来，为适应需要，一些新的监管手段开始被开发和使用。其中，间接管理、动态管理、成本效益分析、信息交流与公布受到重视。

1. 间接管理

间接管理是与直接管理相对而言的，在我国，二者最先出现在经济学研究中，用以表示政府对经济的调控方式方法。在行政法中，直接管理与间接管理还有更多的延伸意义。直接管理指行政机关或监管者通过直接到被监管者的相关场所或与当事人直接接触方式进行监管，这一监管带有"人盯人"监管性质和特点，监管的效能不高，也会给当事人的生产、生活带来不便。间接管理强调通过不与当事人直接接触或不直接到现场的间接方式进行监管。

除《全面推进依法行政实施纲要》外，《行政许可法》也强调进行间接管理，如规定"行政机关应当建立健全监督制度，通过核查反映被许可人从事行政许可事项活动情况的有关材料，履行监督责任"，"行政机关应当创造条件，实现与被许可人、其他有关行政机关的计算机档案系统互联，核查被许可人从事行政许可事项活动情况"①。

2. 动态管理

动态管理是与静态管理相对而言的，静态管理是基于管理对象在一定的时间内从事的活动具有相对固定性、重复性的特点进行的管理。动态管理则基于管理对象的变化性而要求管理者随时观察、关注这一变化，并随变化不断调整监管的策略、方式方法，建立具有敏捷性和动态性的管理机制，及时反映被管理对象行为的发展变化，并采取快速

① 《中华人民共和国行政许可法》第六十一条。

响应措施。动态管理强调管理过程是一个“收集新资料、制订新方案、实施反馈、调整新方案的过程”①。不可否认，两种管理具有统一性，在实际的管理中二者常常并存、协同，相互作用。不过，在现实中及行政监管中静态管理的使用更为普遍也更为监管者所热衷，因为这一管理方式简单省事。但是，由于“静态管理基于对过去经验的重复，在日新月异的现代管理环境下，就显得十分不足了”②。

事实上，行政监管本质即是一个过程，而任何过程本身都是一种运动的形式或是一种存在方式，它已带有动态的因素。任何管理对象都是一个复杂的、多因素的系统，各因素内部及其因素之间的关系始终处于不断发展的动态变化之中。这就要求监管者在整个监管过程中始终注意把握管理对象的运动、变化情况，不断地调节各个环节，以保证整体目标的实现。因此，我国的行政监管应在有效使用静态监管的同时，从静态管理为主向动态管理为主的监管模式转变，监管者应充分认识到监管对象、目标都是发展变化的。监管者要在把握住管理对象运动、变化的前提下，随时进行调节，保持目标的弹性，及时适应客观事物可能的变化，以有效地实现监管目标。③

3. 成本效益分析

传统的行政监管较少考虑监管收益与成本，甚至为达成某一目标而不计后果。成本效益分析要求行政机关把成本费用分析法运用于执法和监管之中，对政府工作绩效作出评估，从而选择最优的执法方式，提高监管的成效。这一方法一般是通过权衡收益与成本来评价公共项目的可取性的一种系统救济分析方法，它是对项目或方案所需的社会成本（直接的和间接的）同可得到的收益可能用单一的计量单位进行计算和分析对比，权衡得失和利弊，从而确定合理的监管方式。④

4. 信息交流与公布

信息交流与公布是指行政机关或监管者在特别领域提供信息汇总的平台，并将相应的信息公之于众以达到监管目的的方式。此一方式在美国环境保护领域成功运用，值得我们借鉴。

20 世纪 80 年代，有害物质的排放一直是美国公众关注的热点问题，相关政府部门也在采取措施加以控制。1984 年 12 月 3 日，印度博帕尔发生严重的甲基异氰酸酯（methylisocyanate）泄漏事故，导致数千人死亡。之后不久，美国西弗吉尼亚也发生了类似的泄漏事件。这些事故促使美国数个州的工人和社区要求提供有害、有毒物质的信息。基于此，美国于 1986 年通过《紧急规划与地区居民知情权法》（Emergency Planning and Community Right-to-Know Act）。该法引入了有害物质排放目录（Toxics Release

---

① 王春生、于正：《论高校行政的静态与动态管理》，《江苏广播电视大学学报》，2003 年第 4 期。

② 王春生、于正：《论高校行政的静态与动态管理》，《江苏广播电视大学学报》，2003 年第 4 期。

③ 王春生、于正：《论高校行政的静态与动态管理》，《江苏广播电视大学学报》，2003 年第 4 期。

④ 于立深：《成本效益分析方法在行政法上的运用——以〈行政许可法〉第 20、21 条为例》，《公法研究》，2005 年第 2 期。

Inventory）制度，[1] 要求具有一定规模、有害物质使用量或加工量超过一定数量的企业或机构每年报告有害化学物质的排放量和废弃物的移动量。而美国环境保护署将企业或机构报告的数据制作成数据库，通过网络向社会和公众公开，所有人均可查看。[2] 从该目录的运作来看，该目录只是一个数据库，主要目的在于向公众通告有毒有害物质的排放情况。它只是强制性要求企业提供信息，而美国环境保护署只是将这些信息汇总并加以公布，[3] 并不规定企业的减排义务，也不以此作为处罚和制裁企业的根据。

然而，这一做法却取得了意想不到的效果。它实际上不仅发挥了与减排规制相同的功能，而且效果远强于强制减排命令加惩罚这一传统规制手段。据统计，从 1988 年到 1997 年，列入此目录的化学物质排放量削减高达 42.8%，而主要原因皆源于企业自发性减排。这一结果不仅促使美国将此制度扩大适用于联邦设施等领域，而且引发了经济合作与发展组织（OECD）和欧盟的效仿。[4]

国内在一些领域也存在信息收集和公布做法，但尚未形成规范做法。近年来，一些地方、领域推行“黑名单制度”，即将违法违规企业名单公之于众，[5] 应当说起到了不错的效果。不过，严格来说，黑名单制度不是单纯的信息公布制度，而事实上带有很强的制裁性，“黑名单”这一用语本身即说明了其性质。不可否认，这一做法对打击违法违规企业有积极作用，[6] 但我们可以在一些领域实行单纯的信息公布制度，要求企业提供信息即可，或许可以起到更好的效果。

---

① EPA, *What is the Toxics Release Inventory（TRI）Program*, http://www.epa.gov/tri/triprogram/whatis.htm, 2013.

② 金自宁：《作为风险规制工具的信息交流——以环境行政中 TRI 为例》，《中外法学》，2010 年第 3 期。

③ 目前，该数据库公布的信息涉及数千家企业排放的超 650 种物质。EPA, *What is the Toxics Release Inventory（TRI）Program*, http://www.epa.gov/tri/triprogram/whatis.htm, 2013.

④ 金自宁：《作为风险规制工具的信息交流——以环境行政中 TRI 为例》，《中外法学》，2010 年第 3 期。

⑤ 2012 年 8 月 14 日，国家食品药品监管局发布《药品安全“黑名单”管理规定（试行)》，规定对于因严重违反药品、医疗器械管理法律、法规、规章受到行政处罚的生产经营者及其责任人员的有关信息，将通过政务网站公布，接受社会监督，并实施重点监管。这是国内中央层面首次通过公开的、正式的规范性文件确立的黑名单制度。《规定》要求省级以上食品药品监管部门在其政务网站主页的醒目位置设置“药品安全‘黑名单’专栏”，并由专人管理、及时更新。国家食品药品监管局将其查办的重大行政处罚案件涉及的生产经营者、责任人员在“药品安全‘黑名单’专栏”中予以公布。公布事项包括违法生产经营者的名称、营业地址、法定代表人或者负责人以及本规定第七条第二款规定的责任人员的姓名、职务、身份证号码（隐去部分号码)、违法事由、行政处罚决定、公布起止日期等信息。公布期限届满，“药品安全‘黑名单’专栏”中的信息转入“药品安全‘黑名单’数据库”，供社会查询。

⑥ 建立药品安全“黑名单”，是国家食品药品监管局一项积极探索，旨在进一步加强药品和医疗器械安全监督管理，推进诚信体系建设，完善行业禁入和退出机制，督促生产经营者全面履行质量安全责任，增强全社会监督合力，震慑违法行为。《〈药品安全“黑名单”管理规定（试行)〉将实施》，中国政府网，http://www.gov.cn/gzdt/2012-08/15/content_2204558.htm，2012 年 8 月 15 日。

2014 年 2 月，国务院公布的《关于依法公开制售假冒伪劣商品和侵犯知识产权行政处罚案件信息的意见（试行）》（以下简称《意见》），要求相关行政执法机关把假冒侵权行政处罚案件信息公开作为政府信息公开的重要内容，除涉及商业秘密和个人隐私外，适用一般程序查办的假冒侵权行政处罚案件信息应当主动公开。《意见》立足于强调既有行政处罚案件信息的发布，整合了现有的行政处罚和政府信息公开两项制度的合力，把对违法者信息公布上升为常规性、连续性的活动，以对违法者形成持续的威力和压力，促使公民、组织不敢以身试法。

（五）根据监管领域的特点安排具体的监管手段和方式

对某一领域的监管程度与监管方式应与该领域产品安全程度或可能造成的危害相匹配或保持一致，是设置监管机制的基本要求。某一领域产品的安全性较低，或造成（可能造成）严重危害后果或造成危害的概率高，就需要更为严格的监管；反之，给予相对宽松的监管即可。如果不能保持监管与某一领域安全性的匹配，监管过于宽松，就无法保证产品的安全性；监管过于严格，则会抑制该领域的发展和造成资源浪费。

【作者简介】
杨伟东，国家行政学院政府法治咨询研究中心教授、博士生导师。

中央代发地方债券的经济法分析

——兼论政府间财政关系的法治化进路*

冯　果　李安安

《预算法》第二十八条规定："地方各级预算按照量入为出、收支平衡的原则编制，不列赤字。除法律和国务院另有规定外，地方政府不得发行地方政府债券。"该规定原则上剥夺了地方政府发行债券的资格，亦直接导致了我国债券市场上难觅地方债券踪影的局面。然而，在2008年金融危机背景下，国务院于2009年批准发行2 000亿元地方债券，由财政部通过国债渠道发行并在金融市场流通。2010年，中央政府延续了上述做法，再一次代发地方债券2 000亿元并纳入地方财政预算。这是调整政府间财政关系的重大举措，其意义和影响不可低估。基于财政和财政法在现代社会中的重要地位，政府间财政关系的制度设计成为法治国家建设的核心命题之一。① 本文旨在对中央代发地方债券这一现象进行经济法分析，并就政府间财政关系的法治化进路提出粗浅的建议。

一、中央代发地方债券的法律隐忧：风险与责任

（一）多重的风险类别

首先是道德风险。中央代发地方债券等于把地方政府推向了市场，地方政府作为4 000亿资金的债务人，一旦无法偿还债券本息，原本脆弱的政府信用将雪上加霜。问题是，当地方政府不能偿还到期债务时，该如何解决困局呢？一种可能是政府赖账不还，任由投资者遭受损失。这种结果将危及政府的合法性并带来严重的社会问题，绝对不能成为问题的解决之道。另一种可能是让该地方政府破产，这种情形虽然在国外经常

---

* 本文原载于《广东社会科学》2011年第4期。

① 本文所探讨的政府间财政关系仅指中央政府与地方政府之间的财政关系，至于地方政府（省、市、区县、乡镇）之间的财政关系则不在探讨之列。

见诸报端，但在我国目前单一制的政治体制和“稳定压倒一切”的现实语境下，地方政府破产显然缺乏可行性。最有可能的解决方案是由中央政府承受兜底责任，尽管这种方案亦有其缺陷，但堪称“最不坏的选择”。我们注意到，在 2009 年中央代发 2 000 亿元地方债券时采取的是中央担保方式，即当地方政府不能偿还时由中央政府买单。这其实是以中央政府的信用作为担保，是中央对地方债券的一种背书。中央政府的担保虽然可以消除债权人的疑虑，但软化了地方政府的债务约束，容易诱发地方政府的道德风险。①

其次是通货膨胀风险和证券市场风险。国务院 4 万亿元的投资计划及其发行的地方债券，掀起了公共投资的热潮，加速了资本流动，银行存款货币成本扩张，通货膨胀风险暗潮涌动。地方债券虽然具有丰富债券品种、优化债券市场结构等功用，但若其监管疏漏或风险扩散，必将冲击现有的债券品种间的流动性格局，对证券市场造成冲击。

最后是操作风险以及社会风险。虽然财政部规定地方债券所募集资金限定用于中央财政投资于地方项目的配套工程与民生工程，但地方政府在使用债务资金的过程中的挪作他用现象时有发生。由于我国存在严重的社会经济发展不平衡，东部发达地区发行的地方债券受到投资者的青睐，而西部欠发达地区受制于经济实力，其发行的债券收益相对较低，不容易受到市场认可。② 东部地区与西部地区同时由中央代发债券，势必造成资金的逆向流动，形成地方债券上的“马太效应”，反而进一步拉大了地区差异。因此，中央代发地方债券的社会风险亦值得关注。

（二）模糊的责任边界

在政府间财政关系扭曲的背景下，地方政府独立的财政主体地位如何确立，中央代发地方债券引发的争议如何解决，中央与地方的责任边界何在，这些问题在现行的制度框架内难以找到合理的解释。③ 我国现行的官员政绩考核机制仍主要是唯 GDP 马首是瞻，如果地方政府为了制造“政绩”，肆意举债，盲目上项目，最后把烂摊子移交给下届政府，可能造成地方财政生态恶化，酿成政府的责任危机。本次中央代发地方债券，

---

① 例如，在 1998 年亚洲金融危机期间，我国曾通过发行 1 080 亿元长期建设国债并转贷给地方的方式，增加地方政府财力，但其后转贷资金的偿还情况并不理想。一些财力薄弱的省份无力偿还，最后还是由中央财政兜底。参见贾洪文、胡琴：《中央代发地方政府债券的理论分析与实践探讨》，《甘肃行政学院学报》，2009 年第 6 期，第 99 页。

② 分别于 2009 年 4 月 3 日和 8 日上市交易的新疆债与安徽债在上市首日分别遭遇了破面值和零成交的境况。同期上市的河北省政府债券、内蒙古自治区政府债券和陕西省政府债券交易寥寥。而同期由财政部代理发行的广东、厦门、海南等政府债券则交易活跃，投资者竞相认购。

③ 审视中央代发地方债券这一行为，中央与地方的关系既不是委托代理关系，也不是严格的审批法律关系，发行地方债券究竟是谁的权力不甚明了，“代发”模式最终由谁来偿还债务也是一个不够清楚的问题。参见王红健：《地方公债、财政分权与宪政的实现》，《河南社会科学》，2009 年第 2 期，第 76 页。

采取根据额度决定项目的做法，容易混淆项目责任人、项目使用方和项目受益人的责权利关系，模糊政府的责任界限，并最终将财政风险转嫁给中央政府。

中央政府的兜底责任意味着全体纳税人要为某个地方政府的债务买单，这不仅缺乏法理依据，而且有违公平正义。市场经济条件下，地方政府只有成为独立的产权主体和责任主体，才能有效地受制于债务约束和尽量避免道德风险的出现。虽然 2007 年的《破产法》并不适用于政府机关，但我们可以合理借鉴“地方政府财政破产”的理念与制度，合理划定地方政府的责任边界。具体来说，当地方政府不能清偿到期债务时，可认为濒临破产，地方政府与债权人均可向上一级政府提出报告或投诉，由上级政府召集相关当事人进行协商处理。地方政府可以草拟还款协议，与债权人达成和解，还款协议执行完毕后，双方的债权债务关系终结。① 虽然这种设想存在很大的争议，但其隐含的“风险自担、责任自负”理念颇有价值意蕴。从长远来看，赋予地方政府独立的财政主体地位不可避免，而厘清其责任边界亦是必须要考量的问题。

二、完善中央代发地方债券的法律机制：方法与路径

中央代发地方债券虽然具有明显的过渡性质和强烈的“试水”色彩，但这种现象并非昙花一现，在真正的地方债券出台之前，中央代发地方债券可能还将有较长的存续期。因此，探讨完善中央代发地方债券的法律机制，为将来地方政府发行真正的债券累积制度经验，无疑具有现实意义。

（一）完善中央代发地方债券的监管机制

在西方一些发达国家，中央政府通过对地方债券的有效监管，不仅化解了地方债务风险，而且利用债务融资改善了地方的投资环境，促进了地方经济发展。如美国建立了对地方债券从筹集、使用到偿还等环节严密的监管制度，地方债券的违约率占所有发行债券的比例低于1%。② 日本地方公债的监管制度特色主要体现为地方公债计划与协议审批制度相配合，采取了较为严格的审核制。③ 我们可以借鉴国外地方政府债券监管的成功经验，以中央代发地方债券为契机，探索和完善地方债券的法律监管机制。

首先，引入市场化的信用评级制度，让地方政府接受市场的检验。由于我国各地的

---

① 参见曹思源：《直面地方财政破产》，《上海经济》，2008 年第 12 期，第 27 页。

② 美国对地方债券进行监管的一大特色是预警机制，即当地方政府债务利息达到总预算的 20%～25%时，就达到了警戒线，要求地方政府及时进行补救。如果情况比较严重，还可以依据联邦破产法提出破产请求。参见周艳：《比较国际经验探讨我国地方公债发行问题》，《黑龙江对外经贸》，2007 年第 8 期，第 100 页。

③ 赵卿：《我国地方政府债券的开放与监管体系的构建》，《金融与经济》，2009 年第 9 期，第 32 页。

财政风险千差万别，投资者必须非常重视债券的风险状况。对地方政府进行信用评级，不仅可以解决政府与投资者之间的信息不对称问题，而且可以为地方债券在银行间债券市场的资本定价提供重要参考。① 但是，在我国开展地方政府信用评级尚有不少困难，理论研究的盲点与实践运作的缺失增添了这种难度，我国特殊的财政体制也决定了地方政府信用评级不能简单地复制国外的评级规则。现阶段，中央政府可以选择若干地方政府进行试点，在积累经验的基础上循序渐进地推进。对于地方政府的信用评级，可以重点考虑几个因素：一是地方政府预算管理的基本形式，二是地方政府的财政收入水平与增长预期，三是地方政府的支出机构与历年财政资金的使用效率，四是地方政府的真实债务水平与结构。在充分掌握地方政府财政信息的基础上，信用评级机构设计地方政府收入预测模型，运用预测模型同债务违约率的相关性来确定地方债券的信用级别。地方政府信用评级机构应当有超然的地位，不受地方政府权力的制约并具备相当的专业精神。在不违反国家主权原则的前提下，中央政府可以引入国际知名的信用评级机构，如穆迪、标准普尔、惠誉等，对地方政府进行信用评级。②

其次，强化中央代发地方债券的信息披露机制。目前，中央对地方政府负债的具体数额并没有很清晰的认知，一是因为地方举债的透明度低，形形色色的预算外资金难以统计，二是因为中央掌握的用于评估地方债务的信息工具十分有限，难以制定相应的控制措施。③ 中央政府可以代发地方债券为契机，建立强制性的信息披露规则，要求地方政府在申请发行债券时提供明晰的财务状况、债务负担、偿债能力等方面的信息。地方政府应当定期向财政部披露债务资金的使用与偿还状况，自觉接受质询与监督。通过信息披露制度，可以确保公众的知情权与监督权，约束政府非理性的发债行为。

最后，建立地方政府偿债基金。国外对地方债券的偿还采取的举措主要有四种方式：一是在发行地方公债时由地方财政提供担保，二是建立地方公债保险制度，三是建立地方政府偿债基金，四是发新债偿旧债。④ 比较这四种方式，建立地方政府偿债基金是一种比较可行的制度选择。地方政府应根据年度预算安排、财政结余调剂以及债务投资项目收益的一定比例的划转等途径筹措偿债基金。为了防止资金被挪用，偿债基金最

---

① 对地方政府债券进行信用评级将会促进政府行为的公开化与透明化，对于提高地方政府的执政能力亦有助益。参见邓少平：《地方债不能忽视信用评级》，《中国证券报》，2009 年 3 月 26 日。

② 国际知名信用评级机构对国家主权债务的信用评级和国际金融秩序的健康发展具有积极意义，但在 2008 年金融危机中，国际知名信用评级机构暴露出来的独立性丧失、评级质量失真、利益冲突以及监管缺位等问题值得反思。所以我国在引入这些国际知名信用评级机构来对地方政府进行信用评级时应当持审慎态度。参见白云：《从金融危机审视信用评级业务监管制度》，《商业研究》，2010 年第 3 期，第 102 – 104 页。

③ 信息工具作为一种新型的规制工具，对决策起着重要作用，具有独特的功能优势。参见应飞虎、涂永前：《公共规制中的信息工具》，《中国社会科学》，2010 年第 4 期，第 120 – 131 页。

④ 华国庆：《中国地方公债立法研究》，《安徽大学学报》（哲学社会科学版），2010 年第 4 期，第 138 页。

好存放于财政部，单独设立账户管理。当地方政府出现不能清偿到期债务情形时，中央优先用该基金偿还债权人。

（二）构建中央代发地方债券的争端解决机制

中央代发地方债券所引发的争端既包括投资者与政府之间的争端，也包括中央政府与地方政府之间的争端，前者属于民事争议，可以纳入民事诉讼的审理范围，后者则具有政治争端的意味。我国地方政府还不是独立的财政主体，政府间财政关系还远未步入理性化的法治轨道，再加上我国司法体制的局限，政府间的财政争端只能在权力体制内部消解，而不能纳入司法解决渠道。①

既然政府间的财政争议无法在司法体制内得到解决，在行政体制内解决又背离了政府间财政关系法治化的方向，那么通过立法解决的方式或许是个正确的选择。从长远来看，赋予地方政府相对独立的财政主体地位是大势所趋，我们应当借鉴国外的成功经验，② 探索解决中央与地方财政争议的有效法律机制。当然，我国政府间财政关系争议解决机制的最终建立尚有赖于违宪审查制度的完善，甚至有学者认为，只要违宪审查制度设计到位，我国财政分权领域的相关争议即可迎刃而解。③

三、从中央代发地方债券看我国政府间财政关系的法治化进路

2008 年的全国两会上，温家宝总理说，一个国家的财政史是惊心动魄的，从中可以看到社会结构的变迁与公平正义。考察我国政府间财政关系的制度变迁史，虽然也惊心动魄，但法律在其中的作用相当微弱。2009 年中央代发地方债券，虽然是一项精巧的制度尝试，但其强烈的法律规避色彩注定了不能代表政府间财政关系法治化的发展方向。从中发现政府间财政关系的体制缺陷，并找到政府间财政关系法治化的进路，④ 或许是更有意义的事情。

政府间财政关系的法治化既包括形式法治，也包括实质法治。就形式法治而言，修

---

① 从应然角度来讲，中央代发地方债券所引发的争端理应纳入司法解决渠道。事实上，不少学者已经描绘了中央与地方关系司法调控的理想图景。相关论述可参阅郭殊：《中央与地方关系的司法调控研究》，北京：北京师范大学出版社，2010 年，第 205 – 220 页；刘海波：《中央与地方政府间财政关系的司法调节》，《法学研究》，2004 年第 5 期，第 36 – 44 页。

② 日本作为单一制的国家，其处理政府间财政纠纷的做法颇值得借鉴。参见万鹏飞、白智立：《日本地方政府法选编》，北京：北京大学出版社，2009 年，第 117 – 126 页。

③ 王振民：《中国违宪审查制度》，北京：中国政法大学出版社，2004 年，第 384 – 387 页。

④ 目前，我国学界对政府间财政关系的改革方案主要有两种，一是法律改革方案，即继续推进省以下“分税制”等财政体制改革，二是宪政改革方案，即借鉴域外地方自治制度对地方政府予以宪政改革。关于这两种方案的具体论述，可参阅周刚志：《财政分权的宪政原理——政府间财政关系之宪法比较研究》，北京：法律出版社，2010 年，第 192 – 200 页。

改《预算法》和制定《政府间财政关系法》已是大势所趋。2009 年 4 月，全国人大常委会启动了《预算法》的修订工作，目前在广泛征求社会意见。就赋予地方政府发行债券的合法性而言，有两种方案可供选择。一是利用《预算法》的但书条款，由国务院制定关于地方政府发行债券的行政法规，为发行地方政府债券扫清法律障碍。二是直接对《预算法》第二十八条进行修改，修改后的立法条文拟可表述为："地方各级预算按照量入为出、收支平衡的原则编制。经国务院批准，地方政府可以举借一定额度用于特定用途的债务，列入本级政府预算，报本级人民代表大会或者本级人民代表大会常务委员会批准。除前款规定外，地方政府不得以任何方式举借债务。"第二种方案立法成本低，且立法位阶较高，更为可行。假如第二种方案得到采纳，国务院还应制定相应的实施细则，对地方政府债券的发行主体、发行程序、发债计划与规模、风险审核、信用评级、资金用途、期限利率、信息披露与争议解决方式等作出全面的规定。

在我国宪法和法律没有规定政府间财政关系的情况下，1993 年 12 月 15 日发布的《国务院关于实行分税制财政管理体制的决定》事实上发挥着"财政宪法"的作用。我国应当总结分税制改革以来的经验与教训，制定权威的《政府间财政关系法》，合理划分中央与地方的财政权力边界，矫正失衡的政府间财政关系，真正实现财政法治的理想。

财政立法固然重要，但若实现政府间财政关系的实质法治，必须引入更为宽广的社会视角，将"实质合理性"或"社会妥当性"注入财政体制的内核，唯其如此，才能实现政府间财政关系脱胎换骨式的转换，从扭曲的状态步入法治化的轨道。在实现政府间财政关系法治化的过程中，解决经济社会发展严重不平衡的问题，打破条块分割与僵化保守的权力体制，发展财政民主与贯彻财政法治都是必须要完成的任务。而重构行政区划与政府层级，合理划分政府间的财权与事权，建构政府间财政争议的纠纷解决法律机制则是政府间财政关系走向实质法治的基本路径。

【作者简介】

冯果，武汉大学法学院教授、博士生导师；李安安，武汉大学法学院博士生。

论地方政府在经济和社会发展中的权与责*

史际春

在“十二五”规划元年讨论推进经济与社会发展的整体战略和制度建设，首先要认识到一个被实践证明了的道理：改革开放以来中国经济和社会改革成就卓著的最主要原因和动力之一，是地方政府通过投资、经营、管理、竞争等各种方式密切参与到整个经济和社会改革之中，成为一股“内生因素”。所以“十二五”的成功，也断然离不开地方政府在经济增长和社会改革上的进一步作为。但毋庸讳言，地方政府在多年推动经济与社会发展中也暴露出不少问题，如 GDP 至上、环境污染、社会保障建设不力等，削弱了整体改革的绩效。改革中的问题应当通过深化改革予以解决，要在保证地方政府于促进经济和社会发展的同时解决相关负面问题，避免落入“脱法”状态，关键在于明确地方政府的权与责。

一、通过中央与地方分别所有确保地方的经济和法律地位

在市场经济条件下，一级政权在经济意义上必须具备三个要件：财政权、发债权和所有权。这与企业是相似的，没有独立的财政收入，地方政府就不可能有稳定、可靠的激励；没有发债权，地方政府就会面临融资难的局面，无法在经济社会建设中施展拳脚；而如果没有所有权，财政权与发债权也就失之依归。包括 2008 年颁布的《企业国有资产法》，我国一直实行“统一所有、分级管理”，即国有资产由国务院统一代表国家行使所有权，各级地方只对相应的国有资产享有管辖权，地方管辖的财产投资经营时的正式的说法是地方政府“代表国家对国家出资企业履行出资人职责，享有出资人权益”（《企业国有资产法》第四条），而不享有所有权。虽然在实践中地方政府基于对国有财产的管辖权和出资人身份，仿佛就是所有权人，但中央对地方财产所保留并随时可

* 本文原载于《广东社会科学》2011 年第 4 期。

付诸行动的上收、下放、调拨、重组等超经济权力，一直是制约中央与地方建立合理分权体制的一个障碍，也构成了对公有制财产关系、市场经济和生产力的隐患及实际损害。

无论于理论抑或实践，在制度上实现央地分别所有都是理所当然、势之必需。于理论而言，公有制与市场经济契合的关键，是要在公有制内部塑造法律上的不同利益主体或产权主体。这对从来就由分散、多数主体构成的合作制或集体所有制来说不是问题，但对国有制来说，改革开放已经打破了国家所有制或所有权内部“铁板一块”的认识和做法，根本而言则需要建立央地分别所有的国家所有制。不承认地方所有和市场经济所要求的产权明晰，实际上否定了国有制内应有不同的产权主体，及在此基础上正常地开展交易和竞争。不打破肇始于苏联的“大一统”国有制，非但地方政府的经济和法律地位得不到保障，公有制也难有活力和保障。

于实践而言，国有企业和国有资产管理改革行之有年，受到关注的主要是中央管辖的国有企业及资产，国务院国资委成立以后，受关注的焦点进一步缩小为百多家由国资委担任出资人的大型企业。其实由有关部委、地方政府及其机构作为出资人的企业和资产的数目更加庞大，在法律上未能名正言顺地赋予这些“股东”以所有权权益，同时要求其承担并履行好相应的义务，是非国资委系统的央企和地方国企及其资产管理屡屡“脱法”的根源。[①] 任何企业、财产在法律上不能是无主的，市场上真正的主体并不是企业，而是投资于企业的所有权人或他物权人。[②] 况且国家在内国法上并非一个主体，它是从中央到地方诸多具有法律人格的国家机关组成的体系，所以由地方政权作为所有权主体不存在理论和法律障碍，只需把现行国有制“统一领导、分级管理”中的管辖权确认为法律上的所有权即可。[③] 这样就突破了传统社会主义国家所有制的条框，使国有制与国际惯例接轨。在国有制内，既有国家所有，也有地方所有，国有通常仅指中央、联邦所有，地方所有包括省有、市有、县有等，它们在法律上是完全平等的。国有或地方所有是从法律上说的，就所有制关系或经济关系而言，国有或中央所有即全民所有，地方所有则属某地方政权所辖范围内的“全民”所有，从而亦可弥补从集体所有到国家所有之间在所有权主体范围上的多个空档。

具体而言，中央与地方分别所有应当与现行财政体制相对应，实行“一级政权、一

---

① 席斯：《财政部催收6000部属央企红利》，《经济观察报》，2010年8月23日第1、6版；康怡：《垂直监管撑腰，地方国资委硬了》，《经济观察报》，2010年9月27日第3版。

② 曾几何时，在改革开放中，出于对市场关系和市场主体的追求，社会上出现了虚幻的“法人崇拜”症。实际上，企业法人是财产权人投资经营的法律手段或工具，股权是所有权在投资经营状态下的表现形式，法律上不重视股东的所有者地位、否定其享有的所有者权益，应是实践中股东权利也包括中央和地方政府作为出资人的权利普遍受到侵害而得不到有效救济的根本原因之一。

③ 史际春：《关注地方财产权——地方能够与中央平等地所有吗?》，史际春等主编：《经济法学评论》（第4卷），北京：中国法制出版社，2004年。

级财政、一级所有权”。按照《宪法》第三十条的规定，我国有中央、省市自治区、县市、乡镇四级政权。由于实行市管县的做法，实际上则有五级政权。财政是政权的物质基础，但长期以来，五级政权有五级财政、五级预决算，却缺乏五级所有权。民主与法治的财政是现代民主法治国家的基石，财政不仅要与事权相应来确定政权如何收钱、花钱，也要在民主法治的基础上确定其财产占有、使用、收益、处分的界限、方式，检验其效果。财政划分是国有制内分别所有的天然结构，一级、一个财政主体就应当是一级、一个所有权主体。财权不仅要和事权相应，还应与物权结合，这样事权和财权的实现才有内在的驱动和保障。迄今规范的转移支付建立不起来，原因之一正在于财政主体的产权不清、缺乏保障以及“不要白不要”的体制。在法律上确认央地分别所有，必将为建立规范的转移支付制度、迈向法治国家提供一种内在驱动机制与约束机制。

具体操作应按照现行国资管辖情况确定各级、各地政权的所有权。实行中央与地方分别所有的国有制并非“闹革命”，在初始确定所有权时应当尊重各级政权对国有财产的管辖现状，作为分别所有的起点。如果打破既有利益格局，则在实行中央与地方分别所有之初，必然发生大规模的财产权关系变动，在利益驱动和缺乏责任制、法治不健全的情况下，一定会造成国有财产流失、生产力无端遭受破坏的局面。此外应遵循以下几项原则：其一，矿藏、水流等只能归中央所有。其二，对名胜古迹如故宫、桂林山水、白云山等，依其重要性和影响力分别确定为中央或地方所有，对此全国人大及其常委会有最高决定权，地方各级人代会及其常委会在其权力范围内也有一定决定权。其三，有证据证明财产的原法定管辖主体或投资主体与实际管理主体不符的，应由原法定管辖主体或投资主体所属财政主体或政权享有所有权，适用谁投资、谁控制、谁受益的一贯原理，以免无根据地扰乱既有利益格局。其四，地方分别所有的财产，大体以其管辖的行政区划为界，但在财产高度流动的今天，这种状况是相对的，任何地方都有国有（中央）财产自不待言，甲地方也不妨在乙地方和其他任何地方拥有房屋、土地、企业或其股份等，反之亦然，如此纵横交错而形成一派社会主义市场经济的生动景象。其五，“小公”必须服从“大公”，在分别所有之后，中央仍可为了公共利益依法征收征用地方所有的财产。最后，未确权的国有财产和无主财产应当属中央所有。在中央和地方分别所有的国有制建立、存续过程中，都可能发生特定国有财产的归属不定或有纷争的情况，法律上应明确在归属确定之前，该特定财产是国家（中央、全民）所有的财产，这既是稳定和明晰财产权的客观要求，也符合曾实行“大一统”国有制的历史逻辑。①事实上，都是由各级政府代表本级政权及辖内的人民行使所有权，需要强调的是，政府行使所有权要服从经由人民代表大会集中的人民意志，执行其决策和决定，守法遵纪，并接受专门监督机关、媒体和舆论等的监督、约束。

---

① 史际春、姚海放：《国有制革新的理论与实践》，《华东政法学院学报》，2005年第1期，第9-15页。

二、进一步推进中央与地方之间的合理分权

中央与地方、地方与地方的竞争成了中国经济发展、社会进步和制度创新的一种最重要的力量。“中国经济增长的一个主要动力，来自央地分权后，地方政府强大的盈利冲动和激烈的相互竞争。正是这种竞争，将市场信息传递到政府部门，迫使各地政府退出市场、压低成本、改善设施、提高效率。其结果是，中国地方政府在短短的二十年之内，从欠账累累的落后状态，建立起可以和发达国家比肩的城市基础设施。”① 地方成为推动发展和进步的重要力量，前提是地方分权。地方分权以财政分权为核心，并逐步延伸至经济和社会管理的各个方面。分权不仅刺激了经济增长、改善了民生，而且塑造出一批真正代表着地方利益诉求的地方政府，为了在经济能力和政治绩效兼具的争胜机制中胜出，客观上形成了一种有效的竞争机制，这种机制对于资源的争抢比市场中企业间的竞争有过之而无不及。地方政府倾其所能获取经济资源，以土地、税费、基础设施、人力、政府采购等各个方面的优惠争夺资本和人才。“当西方观察家们指责中国在市场制度、法律体系等制度的基础设施方面表现落后的时候，他们没有看到中国能灵活地用政治模式和国家治理的其他优势来弥补那些缺失。在法律和财产权制度跟不上的时候，是政府注重培养良好的亲商环境使外商直接投资得以大规模进入，而这些就是政治治理的作用。”② 不过从多年的分权实践来看，中央与具备当地利益诉求和归属的地方之间的张力与冲突，是单纯的党政人事体制所不能或不适宜驾驭的。因此，应当通过中央与地方分别所有的国家所有制，进一步推进央地之间的合理分权，构建以地方分权为基础、中央集权为主导的现代分权体制，从而在实现中央与地方关系和谐的同时继续推进经济与社会的快速发展。

首先要合理划分地方与中央、与上级的经济权力边界，确立“剩余权力归地方”的原则，即凡宪法和基本法律未授予中央或上级政权或者未禁止地方行使的经济权力，均由本地方保留，将其作为宪政层面的一项原则。以往分权实践中的一个重要问题就是法治程度太低，导致地方和中央的权力均无法获得稳定而可靠的保障。按照“剩余权力归地方”原则，中央和地方的经济权力可以大致划分如下：有关国民经济的总量平衡，财税政策、货币政策、汇率政策、竞争政策、涉外政策的确定，需要全国统筹或垂直贯通执法的海关、药监、金融监管、工业产权管理等，全国性重大项目的安排和投融资，各省市自治区之间重大经济关系的协调等，应主要集中在中央。而其余的经济权力，都可以采取适当的方式归由地方享有：一是经济立法权，地方可以通过制定地方性法规，

---

① 赵燕菁：《为何与中央博弈？——地方政府行为的另一种解释》，《学习时报》，2007 年 2 月 13 日第 4 版。

② 张军：《中国经验中的政治治理》，《经济观察报》，2006 年 3 月 29 日第 42 版。

运用价格、税收、补贴等措施，促进资源配置和环境的优化、分配的公平。二是经济调控管理权，地方可以在宪法、法律和国家政策的范围内，运用规划、预算、地方税收、投融资等手段，协调、促进经济社会发展，统筹安排地方基础性、公共性建设项目；对一部分国家并不分解下达、只是在全国范围内进行综合平衡或起宏观导向作用的宏观经济指标，如经济增长率、地方财政收支总规模、物价总指数、城镇人口就业率等，地方也可以据此制定切合本地实际的目标，采取相应的政策和措施，主动、创造性地开展工作。三是经济执法、监管权，这是地方最主要的职权、职责和工作所在，没有这种日常的"管家"和经济"警察"权，地方的经济、社会就无法运转和发展。这也集中体现了"剩余权力归地方"——凡是中央和上级不管或者没有管的事，它就应该管，也不得不管。而管得好不好，直接决定了地方经济、社会环境的优劣，成为地方竞争的一个重要方面，乃至就更为公正的司法和仲裁开展较量，以吸引投资并博取社会信任。最后还应该包括所有权和信用权。地方所有权是地方发展的前提和归宿，地方与国家和私人平等地享有所有权实属国际惯例，中国也没有理由例外。信用权主要指赋予达到既定财政标准的地方通过发行债券等方式融资的权力。

地方经济权力范围的确定和变动不能取决于中央的好恶，分权必须立足于地方，凡是应当由地方享有的权力，即由地方享有会更有效率、更公平的权力，就应当确定给地方。中国的分权实践多以中央对地方分权的单向度出现，主要是因为中国改革和转型的客观情势，要求中央把本来应当由地方享有的权力交给地方，而并不意味着分权体制要倒过来以中央为基础。以地方为基础的分权体制必须通过法律机制予以保障、促进和创新。国家针对分权的立法应当是对以地方为基础的分权体制的保障，而不能变成对地方权力的不合理的支配。比如对分税制进一步改革的一个重要方面，就是要落实地方税权，使之成为名副其实的分税制。对于应当由地方享有而仍被中央或上级握有的经济权力，必须通过制定或修改法律实现权力的归位，更重要的是观念和政策的及时调整，使地方得以名正言顺地办好地方事务。对于地方经济权力的创新，且应当由地方享有的，也应当及时制定或修改法律予以确权，比如地方的举债权。我国地方长期以来受制于举债权的缺失，导致地方经济发展严重依赖于土地出让金，进而引发房价虚高、局部产业过热等连锁经济问题。[①]

还需要指出，与中央经济权力相比，地方经济权力是零散的、局部性的，因此在全局性或跨地方的经济问题上，必然需要中央的整合。比如三峡工程、南水北调、西部开发、全国铁路布局等重要的战略性问题，离开中央统筹，仅靠地方单兵作战或自发的联合势必难以实现。另外，为了协调地方差距而进行转移支付也是体现中央集权主导功能的重要方面。在公平、法治化的分权体制下，为了避免在经济基础、资源禀赋、人口素

---

① 参见尹中立：《房地产调控与宏观调控的矛盾与出路》，《国际经济评论》，2007 年第 6 期，第 27－35 页。

质、地理位置等方面处于劣势的地方在竞争中更为不利，需要中央发挥主导作用，特别是通过规范的转移支付制度消弭地方之间过分的落差，以平衡协调地方之间的发展。总之，中央集权是全局统筹、整体合力和国家统一的要求，地方分权必须由其主导并提供保障。

三、建设科学、合理的问责制以提升地方治理水平

地方政府的权与责应当统一，以在对其激励的同时予以有效规制。“责”有两层含义，第一层含义是职责、义务、必须有所作为，即 Accountability（概括的担当，如领导职责）和 Responsibility（较为具体的担当），习惯上称之为“事责”。地方政府究竟在经济和社会改革中承担多少事责，法律上没有也无法严格界定。比如《国务院关于实行分税制财政管理体制的决定》规定，地方财政主要承担本地区政权机关运转所需支出以及本地区经济、事业发展所需支出，具体包括地方行政管理费、公检法支出、部分武警经费、民兵事业费、地方统筹的基本建设投资、地方企业的技术改造和新产品试制经费、支农支出、城市维护和建设经费、地方文化教育卫生等各项事业费、价格补贴支出以及其他支出。尽管这种罗列已经很具体，但很显然，任何一级地方政府在经济和社会改革实践中的事责及具体作为都远远超出了上述范围。在地方政府高度参与经济发展、社会建设和改善民生的客观背景下，对地方政府只能概括地授权或者赋责，鼓励其以“相机抉择”的方式大胆创新，如此方能调动地方政府在经济与社会发展中的能动性，做到“疏而不漏”。

“责”的第二层含义是违法或不当作为、不作为所应承担的不利后果，即 Liability。在这个问题上，中央和上级对地方政府的监管是很严格的，而且倾向于结果责任，即只要出现了比较严重的社会后果，不管原因如何、官员是否有过错，实际上都要承担领导责任。尽管在《公务员法》《党政领导干部辞职暂行规定》《关于实行党政领导干部问责的暂行规定》等法律或规范性文件中，承担责任的前提是官员有“滥用”“失职”“失误”“不力”等过错，但在实践中几乎都以结果作为标准。近年来在处理安全、卫生事故等突发性事件中对负有“领导责任”的官员实行免职或降职，或由这些官员主动引咎辞职，已成为一种惯例并渐成文化。这样做当然可以树立一种负责任政府的形象，使政府在处理事件中处于主动地位，也有利于安抚和稳定民心，但对事件发生没有直接责任的官员，不考虑具体情况、根据结果就要求其承担责任，既无助于事件的解决，对官员本身也不公平。“法律作为制度化的规则体系，它不应当是结果责任——尽管后果是一个标准，而应当是理性的规则，法律责任的分配是通过‘惩前’的手段以

达到‘毖后’的目的，同时也要激励适当，考虑规则对行为人的影响。”①

应当构建科学的问责制对地方政府在经济与社会改革中的公共治理行为予以规制，实现惩罚与激励兼容。“问责制”是一种超越违法责任的高级管理机制，它代表着现代社会经济条件下“责任”作为一种系统性的制度结构所具有的整合和调节功能。问责制（Accountability）是将概括的和具体的角色担当、问和责结合在一起的一个概念。它强调现代社会中的角色及其义务，在其位谋其政、不在其位不谋其政，并施以有效的经常性督促，若有违背或落空则必当追究责任，不允许其“脱法”。制度意义上的问责制包括角色担当、说明回应（Answerability）和违法责任三部分。现代社会中的每一个成员都扮演着不同角色，要求其扮演每个角色时都忠实、适当地履行该特定角色所蕴含的义务和要求，尤其是具有公共性、社会性的 Accountability 和 Responsibility，比如政府公共管理、公有企事业单位中的角色及其权利、义务。“责任”必须清晰、明确，不应混乱不明或交叉混同，角色扮演者则勇于担当，恪守专业和本分。Answerability 即说明回应，是指通过日常、动态、制度和非制度化的督促和监管来保障角色责任的实现。角色担当具有动态的内涵和维度，而不止于静态的角色设置。在当代社会，对许多角色的要求既宏观、复杂，又具体、多变，若不对其担当施以日常的督促、权衡、调整，非到酿成不良后果才启动责任追究机制，一方面已经迟矣，另一方面则事出匆忙，缺乏对特定角色担当情形的信息累积，势必会增加责任追究的成本、难度和准确度，同时影响责任追究乃至法律实施的效果。Liability 即违法责任及其追究，这是传统法律责任最为看重的部分，作为法治秩序的底线，其重要性不言而喻。它保障事先确定的角色具有现实的约束。传统的责任主要是事后追究，已不足以应付现代社会关系的普遍需求，而在引入了角色担当和说明回应后，惩戒仍是不可或缺的。

问责制源于“人人皆可问责”的现代法治理念，不管是官员还是民众，只要违背了自己的角色担当，具有过错而没有免责理由，就应当承担责任。问责制并不仅限于政府，不过对政府的问责比较特殊，也更加重要。尤其是说明回应这个环节特别重要。私人之间的问责比较简单、直接，一般不存在信息壁垒，公私之间的信息不对称和沟通不畅则容易因突发性事件而将双方置于对立面，从而引发一些非理性的反应。这时一定要有法定的程序、机制和标准让官员有机会也有义务解释、说明和回应，以保证问责的科学、合理和有效。这是中国目前在问责制建设中最应当着力完善的地方。党政主导的问责机制的缺陷在于沟通不足，缺乏必要的“质询—回应”过程，政府与民众之间缺乏信任可能导致官员成为“替罪羊”，民众也只是图个痛快，于问题的实际解决往往并无助益。

最后值得注意的是，由于实践中对地方政府及其官员只能概括地授权，因此对其角

① 邓峰：《领导责任的法律分析——基于董事注意义务的视角》，《中国社会科学》，2006 年第 3 期，第 136 - 149 页。

色义务很难量化，而且需要在实践中因地制宜、“相机抉择”，所以对地方官员的问责，除了要通过各级人民代表大会、政府新闻发布会等方式建立起“质询—回应”机制实现问责常规化以外，还应该引入“业务判断规则”（Business Judgment Law）[①] 作为衡量其行为是否正当、合法的标准。即官员必须对其角色和职责范围内的事宜全面负责，但如果根据行为当时的形势分析判断，其决策和行为是合理的，则可以认为其已经适当履行职责，而不需对行为后果包含负面后果承担责任。

【作者简介】

史际春，中国人民大学法学院教授、博士生导师，中国经济法学研究会副会长。

① 邓峰：《领导责任的法律分析——基于董事注意义务的视角》，《中国社会科学》，2006 年第 3 期，第 136－149 页。

财政分权视角下的房地产税改革*

熊 伟

房地产税是近年来我国财税体制改革的焦点话题。相关的讨论众说纷纭，涉及的利益多元复杂，牵一发而动全身。党的十八届三中全会《关于全面深化改革若干重大问题的决定》提出，要加快房地产税立法并适时推进改革。中共中央政治局通过的《深化财税体制改革总体方案》也有类似规定。笔者认为，必须首先审视开征房地产税的价值目的，因为它直接决定相应的制度设计，也牵动着整体财政体制改革。在此基础上，本文着力探索房地产税改革的具体路径，并从法治角度澄清认识误区，提出先立法后改革的基本思路。

一、新一轮税制改革中房地产税的价值定位

目前，学界关于房产税的价值主要有四种观点：一是“组织收入说”，即房产税是形成地方收入的主体税收来源；二是“调节收入分配说”，即房产税是构成社会财富重新配置的一种手段；三是“优化税制说”，即健全完善财产税、直接税体系；四是“调控房地产市场说”。① 房地产税改革对上述目标均有相应期待，这从上海、重庆的房产税试点中可以看出。② 但事实上，遵循不同的价值定位，相应的制度设计应有所不同。笔者认为，新一轮房地产税制改革应倡导房地产税的财政职能，将其作为完善中央与地

---

* 本文系2015年国家社科基金重点项目“分税制模式下地方财政自主权研究”（15AFX021）中期成果。原载于《广东社会科学》2015年第5期。

① 刘剑文：《房产税改革正当性的五维建构》，《法学研究》，2014年第2期。

② 在重庆房产税试点期间，重庆市市长答记者问时指出房产税试点的意义包括：一是健全中国的财税体系；二是对整个房地产结构调整调控是有意义的；三是有调节收入分配作用；四是能够适当地改变社会的住房消费习惯。参见《重庆市房产税改革试点新闻发布会实录》，新浪财经，http://finance.sina.com.cn/hy/20110127/20529322015.shtml，2011年1月27日。

方财政分权体制、构建地方税主体税种的关键环节，并以此为思路设计房地产税的具体制度。

在新一轮税制改革中，房地产税被赋予改革央地财政关系的政策目标，承担了构建地方税体系及作为地方主体税种的时代使命。1994 年分税制体制改革主要解决中央与地方间的财政分权关系，少有触及省级以下分税制体制改革，因此省级以下财政体制改革未有实质性进展，长期处于混乱、各自为政的状态。① 而我国分税制实践中暴露出的诸多经济社会问题，恰恰又主要源于省级以下分税制的问题，表现为省级以下政府事权过多、财权过少而导致的问题。② 因此，改革地方财政分权体制、构建地方税体系及主体税种，是 1994 年分税制改革的深化和延续，也是新时期财政分权改革的必然要求。征收房地产税不是首先考虑房地产调控，而是考虑为全局改革配套，其目的在于完善分税制，尝试建立地方主体税种。③

从某种意义上说，改革中央、地方财政分权体制是破解当前诸多经济社会问题的关键。1994 年以来，我国推行集权型的财政分税体制，导致实践中中央逐渐上收财权、下放事权，地方政府之间的财政分配混乱不堪，引发地区间发展的不均衡，由此衍生出土地财政、地方债、非法融资平台泛滥等诸多问题。④ 比较而言，解决地方财力问题可以通过重新分配事权、调整共享税分享比例以及完善转移支付机制等几种方式。这几种途径都可以矫正中央与地方的财力与事权失衡、一定程度解决地方财力困境，但其思路仍然无法摆脱中央集权的约束，难以兼顾地方自治和财政自主，与普适性的财政分权理念不相符合。唯有改革中央与地方财政分权体制，落实省级以下地方政府的财政自主权，建立地方税体系以及地方主体税种，才是走出财政困境的正道。

房地产税是构建地方税体系及主体税种的优选方案。房地产具有地域性和普遍性特征，对其征税符合税收的受益原则，税源稳定、收入可靠，且不易发生周期性波动，易于征管、便于评估财产价值。从性质来看，房地产税是财产税，符合量能课税和公平税负原则，⑤ 地方税的属性非常明显。从国际经验看，房地产税向来是地方政府的主体税种，也是地方政府的主要收入来源。我国房地产税改革也要遵循这一导向，充分发挥房地产税的收入职能，弱化其宏观调控经济的目标，服务地方财政能力建设。当然，房地产税的价值功能具有系统性、多元性，不排除其具有一定的房地产市场调控功能，可以

---

① 徐绿敏：《我国省以下财政体制比较分析》，《江西社会科学》，2014 年第 5 期。

② 谷成：《财政分权与中国税制改革研究》，北京：北京师范大学出版社，2012 年，第 25 - 29 页。

③ 贾康：《房产税并非针对高房价》，新浪财经，http://finance. qq. com/a/20110121/000586. htm，2011 年 1 月 21 日；熊伟：《房地产税改革的法律逻辑》，《税务研究》，2011 年第 4 期。

④ 黄国平：《财政分权理论对中国经济与社会发展失衡的解释及反思》，《理论月刊》，2013 年第 2 期；董再平：《深化我国财政体制改革的思考》，《当代经济管理》，2011 年第 8 期。

⑤ 齐美荣、敖汀：《确立财产税在地方税中主体地位的研究》，《扬州大学税务学院学报》，2009 年第 1 期；张学诞：《中国房地产税：问题与探索》，北京：中国财政经济出版社，2013 年，第 94 - 95 页。

作为国家宏观调控的政策工具。但这些职能仅为房地产税制设计的辅助追求，不应喧宾夺主，本末倒置。

二、构建地方税体系及主体税种：房地产税改革的方案设计

房地产税能否承担起构建地方税体系及地方主体税种的时代使命，是一个有待慎重评估的问题。作为地方税主体税种的标准，包括符合税收立法精神、税基较广、税收规模较大、税基具有非流动性、符合利益原则、收入不易发生周期性波动原则。[①] 基于新一轮税制改革的要求，学者提出构建地方税主体税种的不同方案。有的主张将消费税划为地方税主体税种，征收环节从生产环节后移至商品零售环节，并扩大征收范围至所有零售商品。[②] 有的主张在商品零售环节停征增值税、改征销售税，并将其作为地方主体收入。[③] 还有的主张完善房地产税（或财产税）。[④] 也有学者认为，应统合几种税种以构建主体地方税，如营业税、房地产税、城乡维护建设税。[⑤] 笔者以为，我国正在推行改革的房地产税可以成为地方政府的主体税种，应以房地产税为主体、以相关财产税为辅助，构造地方政府的主要财源和财力。

从房地产税的内在属性看，其地方税的属性非常明显，符合作为建构地方税的基本要求。从房地产税的税收规模看，尽管目前房产税收入规模占地方财政收入的比重不大，但未来的房地产税是在整合开发、建设和保有环节税费基础之上新设立的一个税种，它融合了房产税、城镇土地使用税、契税、土地增值税等。随着税基的扩大和征管的加强，房地产税的收入规模必将大幅度增加，具备作为主体税种的财政基础。此外，《关于全面深化改革若干重大问题的决定》及《深化财税体制改革总体方案》均将“房地产税”作为税制改革的重点，提出“加快房地产税立法并适时推进改革”，将其作为完善地方税体系、提高直接税比重的重要环节，也奠定了其作为地方税主体税种的政治

---

① 张学诞：《中国房地产税：问题与探索》，北京：中国财政经济出版社，2013 年，第 93 –94 页。

② 江苏省苏州工业园区地方税务局课题组：《完善消费税成为地方主体税种的思考》，《国际税收》，2014 年第 10 期；长春市地方税务局国际税收研究会课题组：《完善我国地方税体系的前提、原则及具体设想》，《国际税收》，2014 年第 10 期。

③ 郭庆旺、吕冰洋：《地方税系建设论纲——兼论零售税的开征》，《税务研究》，2013 年第 11 期。

④ 胡洪曙：《构建以财产税为主体的地方税体系研究》，《当代财经》，2011 年第 2 期；倪红日：《我国地方税制度的改革与完善》，《涉外税务》，2012 年第 1 期；长春市地方税务局国际税收研究会课题组：《完善我国地方税体系的前提、原则及具体设想》，《国际税收》，2014 年第 10 期。

⑤ 浙江省国际税收研究会课题组：《构建地方税体系，促进地方经济发展》，《国际税收》，2014 年第 10 期。

基础。[①] 在一些地方政府的财税改革方案中，房地产税就已经被作为主体税种。如2014年《广东省深化财税体制改革率先基本建立现代财政制度总体方案》提出，调整省级以下政府间财政关系，尝试将房地产税培育成为市县级政府的主体税种。[②]

笔者认为，结合党中央和国务院的改革思路，房地产税如欲承担起构建地方税体系及作为地方税主体税种，其改革应从以下三个方面予以推进。

（一）整合房地产的租、税、费，凸出房地产保有环节的地位

我国房地产存在着税、费、租并立的局面，尤其在房地产开发和交易环节。推进房地产税改革，要处理好房地产中税、费、租的关系，即明租、清费、正税。正如财政部部长楼继伟所言，要坚持积极稳妥的方针，认真总结房产税改革试点经验，在充分论证的基础上立税清费，适当减轻建设、交易环节的税费负担，提高保有环节的税收。[③] 例如，房地产开发环节的城镇土地使用税和耕地占用税具有地租性质，是土地使用人获取土地使用的对价支付。[④] 我国对土地使用权出让既收取出让金，又开征土地使用税和耕地占用税，这是一种重复的负担。[⑤] 因此可以考虑取消两税，或在房地产开发环节中免征两税。此外，房地产行业的各种收费异常繁多，大大小小有好几十项，应减少设费事项、避免乱收费，清“费”立“税”，将属于政府按政治权力征收的“费”改为“税”，为保有环节的房地产税腾出空间，有利于充分发挥税收的经济社会调控功能。

我国房地产税体系历来“重开发和交易、轻保有”，不仅不利于房地产市场和土地有偿交易市场的健康发展，而且使房地产税难以承担起完善分税制财政分权体制、构建地方税体系的使命。房地产税如欲成为地方税主体税种，有赖于建构一套完善的保有环节房地产税制，而不是倚重开发交易环节的房地产税制，故新一轮房地产税制改革的侧重点是保有环节的房地产税改革。为此，首先可以考虑取消土地增值税。这是因为，土地增值税本身属于利得范畴、理应纳入所得税范畴。更为重要的是，开发交易环节的土地增值税税负过高，无疑挤占了保有环节房地产税的改革空间。加之，土地增值税在征管上面临诸多困境，难以发挥其“反暴利税”的调控功能。另外，契税类似于房地产交易的营业税，在征收营业税的情况下再征收契税，存在重复征税之嫌疑。[⑥] 因此，一旦开征房地产税，契税也可以考虑取消。至于耕地的利用和保护，宜通过行政管制加以

---

① 涂京骞、王波冰、涂龙力：《房地产税立法与改革中几个重要问题的破解思路》，《国际税收》，2014年第4期。

② 严丽梅：《广东财税体制改革：县市级税收将瞄准房地产税》，《羊城晚报》，http://news.xinhuanet.com/house/gz/2014-11-14/c_1113236484.htm，2014年11月14日。

③ 楼继伟：《建立现代财政制度》，《人民日报》，2013年12月16日。

④ 谷成：《财政分权与中国税制改革研究》，北京：北京师范大学出版社，2012年，第146-147页。

⑤ 熊伟：《房产税改革的财政动因与法治约束》，李林主编：《中国法治发展报告（2012）》，北京：社会科学文献出版社，2012年，第173页。

⑥ 郭晋晖：《谢旭人谈简并房产税种　专家建议废止契税》，《第一财经日报》，2012年12月5日。

解决，没有必要征收耕地占用税。这种税不仅达不到保护耕地的目的，也缺乏必要的财政效果，还会破坏税收的内在逻辑。

（二）保有环节房地产税的改革方向：房地一体

保有环节房地产税改革是未来我国房地产税改革的中心，在价值观念上宜将其作为改革中央与地方财政分权体制、完善整体税制改革的关键环节。具体而言，应按“房地一体”模式，对房屋和土地合并征税，将现有保有环节的城镇土地使用税与房产税合并，作为一个新税种开征“房地产税”。

首先，从物理属性上看，房与地具有天然的一体性，且房屋的价值很大程度上取决于其所处的物理位置，从税制设计的角度，房地可以考虑统一为一个课税对象。其次，就我国目前保有环节的房地产税制设计看，采取房、地一体课税模式可以解决重复征税问题，推动税制的公平合理。《房产税暂行条例》第三条规定，房产税依照房产原值一次减除10%至30%后的余值计算缴纳……房产出租的，以房产租金收入为房产税的计税依据。事实上，作为房产税计税依据的“余值”本身就包括对土地使用权的价值，“租金”不仅是房屋使用权的对价，也内含了土地使用费在内。因此，采取房地一体的课税模式，按房屋和土地共同价值一体予以评估征税，可以有效解决重复征税问题，落实税制的公平合理。最后，考察多国房地产税的设计，尽管征税模式各有不同，既有仅对房屋或土地之一课税的模式，也有对土地和房屋同时课税的模式，其中，同时课税的模式又包括对土地和房屋分离课税、对土地和房屋统一征税两种具体模式，但从总的发展趋势看，选取房、地一体的课税模式是各国房地产税税制设计的主流选择。[①]

事实上，党的十八届三中全会《关于全面深化改革若干重大问题的决定》及党中央《深化财税体制改革总体方案》提出“加快房地产税立法并适时推进改革”，从官方立场以及学界主流观点看，此处的“房地产税”即为独立税种，即改革房地分离的课税模式，采取房地一体的税制模式，合并现行的城镇土地使用税与房产税，设立一个独立的新税种“房地产税”。

（三）拓宽房地产税的税基，夯实地方财政基础

房地产税欲成为地方税主体税种，必须有坚实的财力基础为保障。房地产税改革应兼顾结构性减税的思路，在保障整体税负稳定基础上有增有减，避免对纳税人构成过重的负担。[②] 在减并开发、交易环节房地产税、租、费后，可以考虑扩充房地产税的税基，加强保有环节税收收入的比重，夯实其作为地方主体税种的财政基础。

---

① 蔡红英、范信葵：《房地产税国际比较研究》，北京：中国财政经济出版社，2011年，第139－142页。

② 熊伟：《房地产税改革的法律逻辑》，《税务研究》，2011年第4期。

首先，房地产税的征税范围应从城镇地区扩充至农村及其他非城区，构建城乡一体的房地产税制。《房产税暂行条例》第一条规定，房产税在城市、县城、建制镇和工矿区征收。《城镇土地使用税暂行条例》第二条规定，在城市、县城、建制镇、工矿区范围内使用土地的单位和个人，为城镇土地使用税的纳税人。可见，现行房产税和城镇土地使用税的适用范围仅为城市、县城、建制镇和工矿区，存在征税范围过于狭窄、优惠过多等问题，所赋予的政策目标和调控功能难以有效发挥，更难以构筑作为地方主体税种的财力基础。因此，未来我国开征的房地产税应扩大其征税范围，从城镇地区扩充至农村及其他非城区，构建城乡一体的房地产税制。

其次，房地产税的征税范围应从经营性房地产扩展至非经营性房地产，构建针对普通纳税人的公平一体的房地产税制。按《房产税暂行条例》第五条规定，我国现行房产税仅针对经营性住房征税，将国家机关、人民团体、军队自用房产、由国家财政部门拨付事业经费的单位自用房产、宗教寺庙、公园、名胜古迹自用的房产、个人所有非营业用的房产等非经营性房产纳入免税范围，征税范围过小过窄，房地产税难以承担为地方政府筹集财政收入的重任。值得注意的是，2011 年 1 月上海、重庆推行的房地产试点，曾将房产税的征税范围扩充至非经营性房地产，[①] 这无疑代表了房地产税改革的走向。

再次，将房地产税的征税范围从增量房地产扩充至存量房地产。从性质上看，房地产税属于“存量税”，房地产税也只有按“存量税”的思路设计，才能更大程度地筹集财政收入，进而扩大其税基、夯实其作为地方主体税种的财政基础。上海、重庆试点推行的房地产税仅针对增量房地产课税，而不涉及对存量房地产的征税，难以发挥其应有的政策效应，这充其量只是一种商品税属性的房地产税，而不是真正意义的房地产税。[②] 有鉴于此，从发挥房地产税应有的政策目标，尤其是改革中央与地方财政分权体制、建构地方主体税种的角度，房地产税应回归其存量税的事物本性，将其征税范围从增量房地产扩充至存量房地产。

当然，房地产税的扩围改革势必触动诸多既得利益，也有赖于征管制度的完善和技术配套，故改革可以考虑由易而难、分步推进。此外，从量能课税之税制公平角度出发，考虑到城镇与农村纳税人、经营性房地产与非经营性房地产纳税人的税收负担能力有所差异，可以考虑设计豁免性的税收规则，给予特定纳税人相应的照顾，以体现实质公平。

三、房地产税改革中的地方财政自主权

房地产税改革中如何贯彻地方财政自主权，这是一个有待认真审视的问题。1993

---

① 《重庆市关于开展对部分个人住房征收房产税改革试点的暂行办法》《上海市开展对部分个人住房征收房产税试点的暂行办法》。

② 谷成：《财政分权与中国税制改革研究》，北京：北京师范大学出版社，2012 年，第 158 页。

年，国务院发布《关于实行分税制财政管理体制的决定》，将税种统一划分为中央税、地方税和中央地方共享税，中央税、共享税、地方税的立法权集中于中央。该《决定》及其后续的一系列改革塑造了我国当前的集权型财政体制。[①] 房地产税要成为改革央地财政分权体制、构建地方税主体税种的重要支柱，必须赋予地方政府相应的财政自主权，核心是关于房地产税的立法权或决策权。

从理论上说，地方政府享有财政自主权具有法理和逻辑的正当性。无论是地方自治理论，抑或是公共产品分层供给理论，还是地方政府具有的信息优势及政策效率等角度，中央应赋予地方一定的权力，地方政府宜享有一定的财税自主权。[②] 从推进法治的角度看，财政分权有助于构造地方对中央的分权制约机制，有助于充分保障基层民众的公共产品获取权、基本公共服务平等权等人权，也有利于促进地方自治和基层民主，这些是一国法治的基本要素和根本诉求。[③] 从各国的财政分权体制看，极少有财权绝对集中于中央的情况，也少有财权绝对分散于地方的情况，中央与地方间的适度分权是主流，只是各国分权的幅度、范围基于政治、经济、历史及传统文化的差异而不同。[④] 中国也不应例外，深化分税制改革应坚持中央对地方的适度分权。

结合房地产税的制度设计，笔者认为，可以按以下思路贯彻地方政府的财政自主权：

首先，正确处理房地产税制中的中央与地方立法权的关系。在中央占据立法主导权的前提下，地方应享有一定程度的立法权，实现集权与分权的平衡、中央统一管控与地方自主性的平衡。[⑤] 在房地产税的分权建制方面，尽管中央的统一领导不容否定，但地方的主动性和积极性也不能被忽视。《宪法》关于国家机构之间民主集中制的原则，在房地产税的立法权限分配上有必要得到体现。

其次，在制度设计上，中央与地方的立法权分配可以考虑下述方案设计：一种方案是中央基本法—地方细则法方案，即中央政府出台《房地产税法》，从立法层面确立“房地产税”这一新税种，同时规定房地产税的若干基本税制要素，其他事项则授权由地方政府结合本地区经济社会发展情况制定操作细则。中央仅制定关于房地产税法的基本法，规定若干基本事项，地方在此基础上享有较大的自主立法空间。另一种方案是中央标准法—地方选择法方案，即由中央制定《房地产税法》，较为详细具体地规定房地产税的课税要素如税种开征、纳税人、征税对象、税率、计税依据、税收征管、收入归

① 刘剑文、熊伟：《税法基础理论》，北京：北京大学出版社，2004 年，第 47 页；张千帆：《中央与地方财政分权——中国经验、问题与出路》，《政法论坛》，2011 年第 5 期；叶姗：《税权集中的形成及其强化——考察近 20 年的税收规范性文件》，《中外法学》，2012 年第 4 期。

② 靳东升、李雪若：《地方税理论与实践》，北京：经济科学出版社，2008 年，第 19 – 34 页。

③ 刘剑文等：《中央与地方财政分权法律问题研究》，北京：人民出版社，2009 年，第102 – 106 页。

④ 徐阳光：《财政制度改革：中央与地方如何分权》，《团结》，2008 年第 6 期。

⑤ 白彦锋：《地方税权约束论》，《涉外税务》，2005 年第 10 期。

属等事项，但为照顾地方的财政自主，《房地产税法》关于上述事项的规定均采取弹性设计，赋予地方一定的选择空间和调整幅度。地方可以出台实施细则选择引入哪些税收优惠措施，或者在中央立法中规定的税率幅度范围内确定具体税率。相对于第一种方案，第二种方案的地方税收立法权较小。

再次，在分权形式上，中央授权地方立法权或地方获得独立的立法权可以采取多种形式：第一种形式是立法授权，即在《房地产税法》中设置一定的授权性规范，特定事项留给地方自主确定。第二种形式是专门授权，即由中央出台专门的授权立法，或者发布专门授权的命令或决议，赋予地方政府在房地产税建制中享有一定的立法权。

最后，在目前的条件下，地方享有立法权应仅限于省级政府这一层次，市、县级政府不享有任何的房地产税立法权，以保障房地产税制在灵活性与统一性之间的平衡协调。

四、房地产税改革应遵循法治原则，先立法、后改革

房地产税改革应遵循基本的法治原则，通过合法形式予以推动改革。一方面，房地产税改革涉及我国整体税制改革，是整体税种改革的关键部分，必须遵循税收法定主义，先立法、后改革。另一方面，房地产税改革系中央与地方财政分权的重要环节，牵涉分税制财政体制的调整，属于财政与税收基本制度，应遵循法定原则由立法明确规定。这是落实宪法私人财产权保障、《立法法》立法权规范配置的基本要求，是践行《关于全面推进依法治国若干重大问题的决定》之必然结果，也是十八届三中全会决定关于倡导“落实税收法定原则”的要求和具体化。

我国目前中央与地方、地方政府间的税权划分主要由党和政府的政策性文件予以规定，缺乏立法化、权威性，随意性强，导致实践中中央逐渐上收财权、下放事权，成为当前诸多经济社会问题之根本症结。还需要提及的是，作为“房地产税”改革的前身，上海、重庆两地“房产税”试点改革曾遭遇合法性困境和质疑。笔者曾联名提出上海、重庆两地房产税试点存在合法性缺陷，质疑国务院同意在部分城市进行对个人住房征收房产税改革试点的做法，建议全国人大常委会对其合法性加以审查，并督促国务院依照法律规定，完善相关法律程序，以合法的形式推动房产税改革试点。① 可以说，房产税试点的合法性问题以及由此导致的社会舆论压力无疑是房产税试点未能继续推广的一大原因。有鉴于此，后续我国房地产税的改革、政府间税权的分配宜通过立法形式予以展现，以保障改革顺利推进。

正因为此，《关于全面深化改革若干重大问题的决定》以及《深化财税体制改革总体方案》均提出，加快房地产税立法并适时推进改革。未来房地产税改革应遵循基本的法律形式，保障改革依法而为。结合前述关于房地产税的改革方案，笔者建议废止现行

① 熊伟主编：《税法解释与判例评注》（第2卷），北京：法律出版社，2011年，第1页。

的《房产税暂行条例》和《城镇土地使用税暂行条例》，由全国人大或其常委会正式出台《房地产税法》，设立“房地产税”，并对税种开征、纳税人、征税对象、计税依据及税收征管作出明确规定，同时明确规定相关的授权事项、内容、目的、期限等。除此之外，法治原则还应贯彻至房地产税改革的所有环节，特别是开发、交易环节，建议废除《土地增值税暂行条例》《契税暂行条例》。此外，有关房地产的税、租、费关系调整上也应通过法律形式予以改革，所涉税种和规费应由全国人大及其常委会或国务院制定法律或行政法规予以规定。

【作者简介】

熊伟，武汉大学法学院教授、博士生导师。

论房地产税法的功能定位*

刘剑文

一、问题缘起

自21世纪初以来，中国房地产市场的波动成为深刻影响法律与公共政策制定、地方政府行为、民生发展水平与资本市场、劳动力市场走向的重要因素，牵动着全社会的敏感神经。我国的房地产税法律制度改革源于2003年党的十六届三中全会通过的《中共中央关于完善社会主义市场经济体制若干问题的决定》，该决定明确提出“实施城镇建设税费改革，条件具备时对不动产开征统一规范的物业税，相应取消有关收费”。在随后的十余年间，房地产税问题数次被列入中央高层的改革计划中，但相关立法迟迟未果。2013年，十八届三中全会通过的《中共中央关于全面深化改革若干重大问题的决定》再次明确提出“完善地方税体系，逐步提高直接税比重，加快房地产税立法并适时推进改革”。2014年，十八届四中全会提出“全面推进依法治国，建设社会主义法治国家”。2015年，十二届全国人民代表大会第三次会议通过的《立法法》使得税收法定原则在法律层面得到更为清晰、明确的确立，也使得包括房地产税在内的财税领域立法广受关注。在此背景之下，当前社会呈现出一种对房地产税法功能作用的强烈期待，认为其出台可以解决与房地产相关之诸多社会政治经济问题，如挽救地方财政困境、平抑房价、实现社会公平正义、推动城镇化发展等。诚然，对制度革新的不当期待将绑架法律理性，使得房地产税法律制度的设计可能陷入无所适从的境地。因此，厘清一部法律本身所固有的功能与其在特定历史时期所应发挥的效应两者的界限，意义重大。

* 本文系国家社会科学基金重大项目“促进收入公平分配的财税法制创新研究”（13&ZD028）和国家社会科学基金重点项目“公共财政监督法律制度研究”（12AFX013）阶段性成果。原载于《广东社会科学》2015年第5期。

房地产税法的功能理论，实际上是要回答在现代治理语境（而非传统管理模式）下“中国需要什么样的房地产税法”这一问题。准确定位房地产税法的功能，是明确房地产税立法宗旨的前提与基础，对当前房地产税改革与法律制度重构具有引领、推动、规范与保障的作用。因而，从法律功能理论的视角[①]探究一部已被反复提及多年却迟迟出台困难的房地产税法自身的功能属性，进而回归我国实际，考察在我国当前改革不断深化的话语体系内房地产税法之功能的认识是否偏离其本质属性，及其差异和关联是否构成利益博弈无果与法律规范困难的背后动因，或将起到正本清源之功效。

二、功能解构：房地产税法的三重功能

房地产税法的功能当属法学本体论范畴，具有内在的、固有的、稳定的、整体性的功用特点。“本体论范畴是对法的存在及其本质的认识和概括，反映法是什么，不是什么，何以是此而非彼，法内部的构成要素和结构形式，法的存在形式，法的调整机制，法的基本功能。”[②] 我们认为，对房地产税法功能规律的讨论应遵循以下分析路径。首先，应在服从于功能概念之固有属性基础上进行发现而非创设。从逻辑关系看，内在功能决定外在作用效果；从政策制定看，制定者从政策功能定位出发，通过制度设计以期达到特定作用效果，但会受到房地产税内在功能的约束。其次，对房地产税法的功能理解应服从于上位财税法的功能，在财税法功能理论的规范框架下进行探讨。[③] 房地产税法本身所具有的功能是相对稳定的，对房地产税法抱有超越其自身功能属性的期待，不但会使房地产税法成为一部短视的、政策性的、有悖于财税法理论体系逻辑与法治理念的法律，更会增加房地产税的立法难度，混淆社会公众视听，将本应由其他公共政策承担的职责不当转嫁到房地产税法之上。最后，对房地产税法功能的分析不应建立于传统

① 在当前的社会转型与政治、经济、法律深刻变革的背景之下，考虑到财税法日益承担起国家治理现代化的历史重任，及其保障私人财产权与纳税人权利的本质，这样的理论思考与概念辨明，更倾向于一种接近功利主义法学的思维，关注个人的最大利益与人道主义的法律精神，坚持理性的批判意识和务实的改革思想相统一的法律改革论，重视实际问题的研究，鼓励为社会和法律改革提供可操作性的方案。

② 张文显：《论法学范畴体系》，《江西社会科学》，2004 年第 4 期。

③ 根据学界通说，对财税法包括房地产税法，可以从政治、经济与社会三个角度进行理解：财税法具有以法治方式规范理财行为、实现资源优化配置的政治功能，这体现在财税体制层面的预算约束与预算控制层面的财税收入、支出、监管；财税法具有促进公平的社会功能，而优化税制结构、财政支出结构、促进收入分配公平与加大社会保障投入是其功能实现的主要手段；财税法具有保障经济发展的经济功能。后文对房地产税法功能的讨论也将遵循此理论框架。

财政学与经济学的国家形态与理论模型假设之上，[①] 而应当符合我国财税法正从权力本位走向权利本位，从“行政主导”转向“立法主导”，从“治民之法”转向“治权之法”的法治精神，并在此框架下进行理论挖掘与视域拓展，全面展现房地产税法功能的时代特点与多维面向。我们认为，房地产税法具有政治、社会、经济三重功能（见图1）。

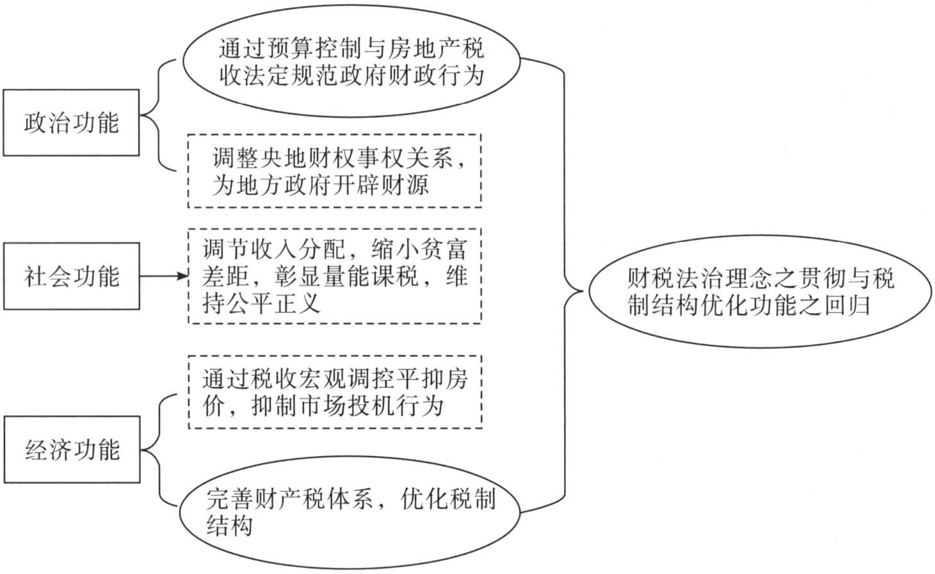

图1　房地产税法的三重功能

（一）政治功能

对房地产税法政治功能的讨论，应避免只从经济层面考虑财税职能和只从外在层面考虑财税法的效果，而是要从国家治理与公民财产权基础理论角度进行理解和认识。

房地产税法的政治功能表现在通过国家预算获取财政收入、理顺财税体制，以实现国家长治久安的政治目的。增加地方政府收入常常被认为是房地产税法的首要功能。作为一种公共财产法，财税法的直接功能就是理好公共之财，既要“定纷止争”，又要

① 在不同的国家形态之下，财政形态、财税职能与功能各不相同，并成为国家组织形态的演进、变迁与转型的重要推动力量。但无论是在财产税思想形成的古典经济学时期、财产税理论迅速发展的新古典经济学时期，还是政治学、经济学与社会学对财产税理论研究趋同的情况下，对其研究都局限于比较严苛的理论前提假设与经济发展阶段之下。我国作为世界第二大经济体的非英语国家、非西方国家，回归本土才可以理解财产税理论发展之独立性与复杂性。

"物尽其用"。[①] 符合利益交换原则是房地产税发挥此项功能的正当性基础。[②] 现代国家的主要职能是向公民提供公共产品和公共服务，并为私人产品的有效提供创造良好的社会法制环境，这需要各级政府事权与财权相匹配，使得每一级政府机器得以正常运转。而房地产税所具有的区位特征明显、对经济的扭曲程度小、便于地方税务机关征收、收益补偿、税源稳定、具有一定的收入规模等特征，使其可以成为构建地方财源的重要组成部分。通过建立法治化的政府间财政关系，来明确划分理财行为权责归属、构建科学的中央与地方间财政关系、实现地方政府财政收支平衡。

房地产税法具有规范地方政府财政行为、实现对财政收支法定控制的功能。房地产税法在政治层面的重要功能之一是规范土地寻租行为，控制地方政府的财政风险，将地方政府的行为纳入法治轨道。土地资源是一种稀缺的生产要素，国家土地权包括对土地规划、定价和使用的权力，土地权的过分集中和高度垄断为相关政府机构提供了巨大的寻租空间，房地产企业不得不通过寻租手段获得土地的开发权，并通过房地产市场将寻租成本转嫁给消费者。一些地方过分依靠土地出让收入的土地财政，一方面使得土地的资源配置效率低下，另一方面也将地方政府暴露于巨大的财政风险之下。[③] 房地产税法可以将与土地、房屋相关之收入全部纳入税制框架，一方面，遏制省级行政主管部门在现行框架下越权或擅自行使财政立法权[④]；另一方面，可以通过控制财政收入与支出，限制和规范国家征税权的行使，纵向规制不经生产劳动的社会财富转移，进而保障私人与政府间的利益平衡。

（二）社会功能

房地产税法的社会功能主要表现为调节收入分配，彰显量能课税精神。房地产税法

---

① 刘剑文、王桦宇：《公共财产权的概念及其法治逻辑》，《中国社会科学》，2014 年第 8 期。

② 对房地产课税的"利益说"起源于洛克和休谟的社会契约论与边沁等功利主义法学派所主张的"最大幸福原则"，并被古典经济学时期和新古典经济学时期的财产税理论所支持。比如古典经济学派奠基人亚当·斯密认为，地租是土地所有者凭借所有权获得的收入，对地租课税前后，土地上劳动的产出，即人们的真实财富与收入不会发生变化，因此针对土地课税的超额负担是比较小的。对财产税理论产生重大影响的新古典经济学家亨利·乔治也认为对土地价值的税收是所有税收中最公平和均等的，因为土地税可以对源自地方公共支出的土地溢价产生回收效应，这与财产税"受益论"的理论基础殊途同归。马歇尔也认为，由于土地供给的无弹性，直接加在土地价值上的土地税是不容易转嫁的，因而从效率的角度来看是一项良税；而从土地税是对社会发展所导致的土地升值的一种正当分享来看，土地税又体现了公平原则。

③ 目前我国虽然实施城市国有土地有偿使用制度多年，但纳入有偿使用的土地多是城市增量土地以及旧城改造土地，旧有存量仍然在旧土地使用框架内，行政性配置的参与使得市场的调节机制无法充分发挥，同时由于市场无法全面反映土地资源所发挥的生态功能，使得耕地、林地、草地等得不到合理的配置和利用。财政风险则更多体现在土地资源本身的稀缺性对地方经济发展的遏制，以及以地养市制度将地方政府暴露在巨大的房地产市场波动的风险敞口之下。

④ 刘剑文：《地方财源制度建设的财税法审思》，《法学评论》，2014 年第 2 期。

可以通过社会功能发挥收入分配效应。一方面，作为征税对象的房地产本身具有财富聚集效应，在市场经济条件下，由房地产市场决定的分配机制将使得高收入者通过房地产投资来取得财富，加剧社会财富向少部分人集中的过程，造成静态财产价值的“贫者越贫，富者越富”现象，这在客观上要求通过房地产税调节功能的发挥，缩小这种收入差距。另一方面，房地产税法类归财产税法，而财产税本身对收入分配机制的调节比流转税和所得税更有效率。流转税是间接税，税负归宿不够明确，对收入分配的调节非常有限，世界各国一般不将流转税作为调节社会贫富差距的税种。与所得税相比，“财产税是对一切积累的财产、生产资料、生活资料甚至资源课税，具有直接税的性质，税负不易转嫁，在一定程度上弥补了所得税不能对资产增值和存量财富课税的缺陷，发挥了调节收入和财富分配的功能”①。从量能课税的角度考虑，房地产价值是衡量有产者纳税能力的重要标准和尺度，“量能课税原则以纳税人的负担能力分配税收，旨在创设纳税人与国家间的距离，以确保国家对每一国民的给付无偏无私，不受其所纳税额的影响”②。通过对房地产税基本要素进行合理的立法设计，可以调整相关分配主体的利益关系，缓解社会财富分配不公带来的矛盾，最大限度地实现社会公平正义。

近些年来，房地产税法社会功能的发挥受到来自财产税课征理论变迁的挑战。由于在社会经济生活中，财产税实质上与所得税形成重复征税，并且在法定评估技术上存在争议，因此，德国等一些经济发达国家已开始对于是否适宜课征财产税提出质疑。③ 而对财产税课征的理论基础，也由量能课税原则转为对价或填补原则（das Aquivalenz-Prinzip），即“关于土地税及事业税之课征的正当性，不再建立在财产孳息较诸劳务收入有较大之负税能力，所以得先对之课征财产税，而后就其税后孳息再课征所得税的观点上，而改从不动产之开发或用益会产生负面外部性的观点，论述有必要将该外部性所产生的社会成本，透过财产税或房地产保有税等的课征予以内部化”④。也有观点认为，那种通过所得税和财产税对收入分配不公进行调节进而增进社会福利的看法，是一种被误读的、过时的理论，现代财税理论已不认为税收能够在没有福利损失或以较小的福利损失代价下实现对收入分配不公的调节。⑤ 如若上述观点得以成立，则课征财产税的主要目的将仅局限于弥补地方政府用以支付为土地开发、外围道路兴修等地方基础设施建设所付出的对价，其税基本质更接近中性。

（三）经济功能

房地产税法的经济功能，可以从房地产市场宏观调控与平衡税制结构以提高经济效率两方面进行认识。

---

① 陈少英：《论财产税法收入分配调节功能之强化》，《法学》，2011 年第 3 期。
② 刘剑文、熊伟：《税法基础理论》，北京：北京大学出版社，2004 年，第 130 页。
③ 目前德国已废止一般财产税，但保留土地税、事业税等特种财产税。
④ 黄茂荣：《不动产价格之狂飙及其管制》（下），《交大法学》，2012 年第 2 期。
⑤ 夏商末：《房产税：能够调节收入分配不公和抑制房价上涨吗》，《税务研究》，2011 年第 4 期。

在对房地产市场的宏观调控上，经济手段优于行政命令。税收政策、财政支出政策等财税政策，利率政策、法定存款准备金率和再贴现率等货币政策，以及土地储备制度与城市规划、土地用途管理等土地政策分别作用于房地产调控的不同领域和范围。房地产税宏观调控的特点在于具有相机抉择的权宜性，伴随经济周期的变动与政策取向的转变，运用宏观调控手段所进行的政策操作往往在短期内能取得相对良好的效果。① 更重要的是，通过税收政策进行的宏观调控往往在既有财税体制内进行，着力于在不突破现行制度框架的基础上实现供给需求总量的平衡，因而如果安排得当，更可与税制改革的长期规划相衔接，缓冲制度迅速变迁带来的压力。

最优税制是兼顾效率与公平的。合理优化的税制结构可以带来促进经济增长，提高资源配置效率，降低中低收入人群“税收痛苦”② 等综合效应。一般来说，这种税收经济效应在直接税比例较低、间接税比例较高的发展中国家体现得更为明显。房地产税为直接税，一方面通过调节直接税与间接税之间的比例，达到优化税制结构、破解经济结构的深层次问题等经济激励效果，进而推动市场活力回归与经济的内生性增长；③ 另一方面，可以同时下调由流转税所推升的通胀水平，使经济向高产出与低物价的利好方向调整，通过影响总需求与总供给实现经济稳定增长。④

三、现实检视：我国当前房地产税法功能定位之异化

一部成文法律可以发挥的外部效应，在客观上具有局限性，理应服从于法律本身的固有属性，房地产税法亦无法超越其财产税法层面所承担之应然功能。但在我国当前改革的大背景之下，房地产税法因其对房地产市场可能产生的重要影响，而被人们赋予了更多无法承载的期待，房地产税法的宏观调控之经济功能与调节收入分配之社会功能被无限夸大，成为一剂试图安抚地方政府、平抑房价、稳定民心的“万能药”；而原本应当通过预算控制与税收法定规范政府收支行为、优化税制结构这些基本功能的发挥却反而被不当忽视。此两者的区别是，前者追求的是显性的、短期的、结果导向的外化效果，后者关注的则是隐性的、系统的、过程导向的作用方式。过分关注功能结果的后果是，理论上难以从理性法学的视角界定房地产税法的正当性，无法构建周延融贯、逻辑自洽的财产税法功能理论，实践中受制于多重目标与多方利益掣肘而无法及时出台，实

---

① 但不可否认的是，税收与土地政策的作用机理相对间接，而专门针对房地产市场的货币政策的效果往往更直接迅速，比如美国政府曾通过买卖住宅债券调节房地产开发和消费市场的货币供应量来达到平衡房地产市场供求之目的。

② 贾康：《再谈房产税的作用及改革方向与路径、要领》，《国家行政学院学报》，2013 年第 4 期。

③ 有学者曾在国家层面对税制结构与经济增长之间的关系进行研究，认为降低间接税与直接税的比例有利于经济增长，而当间接税占税收总收入平均比重约为 35% 时，真实 GDP 会提高 17%。参见 Johannah Branson，Knox Lovell，A Growth Maximising Tax Structure for New Zealand，*International Tax and Public Finance*，2001（8），pp. 129 – 146.

④ 张念明：《基于税制优化的结构性减税政策研究》，《中南财经政法大学学报》，2012 年第 3 期。

施效果上亦因对其抱有超越自身功能的不当期待、房产税“试点”行为欠缺合法性等诸多问题而饱受诟病。

我国当前房产税法的功能定位异化突出表现在以下三个方面：

（一）政治功能之定位偏差

从基于受益原则的财产税理论角度考量，房地产税确实具备良好的地方税特征，如税源可靠、税基稳定等。通过税法规范的矫正，可补足地方政府履行事权存在的财力缺口，使得地方政府事权和支出责任相适应，同时改变地方政府短期行为，提升地方政府公共服务水平。这是房地产税法理顺中央与地方收入划分、弥补财税体制缺陷之政治功能的应有之义。房地产税成为地方主体税种、解决地方土地财政问题应当成为我国房地产税法功能的长期目标。但是，考虑我国的现实，需要与经济社会发展、配套制度完善的客观进程相适应，分阶段逐步实现这一目标。

这是因为从我国房地产税法的政策历史来看，目前，尚未将获取地方财政收入作为房地产税立法的宗旨与主要目标。以房地产“五税”[①] 中的房产税为例，现行房产税的法律依据是 1986 年 9 月 15 日国务院颁布的《房产税暂行条例》，其背景是 20 世纪 80 年代工商税制的全面改革，设计初衷是调节固定资产投资和加强房产管理，并非为取得财政收入。随着我国市场经济体制改革的不断深化，现行的房产税有关规定越来越不能适应财政体制的要求，2003 年 10 月 14 日《中共中央关于完善社会主义市场经济体制若干问题的决定》明确提出“实施城镇建设税费改革，条件具备时对不动产开征统一规范的物业税，相应取消有关收费”，这成为我国房产税改革的起始，但这一时期的改革实际上仍然以理顺税费关系为主要目的，自此至 2010 年间，房地产税收政策重点逐渐向调控房价与保障民生方向倾斜。《中共中央关于制定国民经济和社会发展第十二个五年规划的建议》中提出的“研究推进房地产税改革”，沪渝两地经国务院同意，开始对部分个人住房征收房产税，但从其对税收要素与减免规则的具体规定不难看出，此次“试点”更多作为调控房地产市场的政策工具，并未以取得房地产税收入为主要目的，其后对“试点”效果的考察也佐证了这一点。

根据近些年来对我国地方政府财政收支失衡问题的实证分析，地方政府土地财政依赖格局的形成是当前分税制基础框架、土地权益机制的二元化格局、土地出让方式的“招拍挂”改革、地方政府行政管理体制中激励约束机制的缺陷等因素综合作用的结果。

“土地性财政收入的迅速发展，实质上归因于分税制对中央与地方的财力格局下地

---

① 我国现行房地产税制起始于 1986 年 9 月 15 日国务院颁布的《房产税暂行条例》，基本框架形成于 1994 的税制改革，涉及五种直接以房地产为课税对象的税种和六种与房地产紧密相关的税（费），前者包括房产税、城镇土地使用税、耕地占用税、土地增值税和契税，后者包括城市维护建设税、企业所得税、个人所得税、印花税、营业税及教育费附加。一般都以前“五税”作为考察房地产税收对地方政府财政收入影响的测算基础。

方政府主动调整和适应的结果。"[①] 纵观2003—2013年，与土地财政相关的土地出让金收入与"五税"收入在地方财政收入中的比重呈现稳步上升趋势，从2003年的19.7%上升至2013年的48.5%，10年内涨了一倍多，几乎占据了地方财政总收入一半的来源，而这其中主要是土地出让金收入（见表1）。房地产"五税"收入虽呈逐年递增趋势，但在2013年达到峰值时也只占比23.16%（见图2）。

表1　2003—2013年地方政府房地产税收入总额及其占地方税收入比重

单位：亿元

年份	房产税	契税	城镇土地使用税	耕地占用税	土地增值税	"五税"合计	房地产税收入占地方税收入的比重
2003	323.86	358.04	91.57	89.90	37.28	8 413.27	10.71%
2004	366.33	540.10	106.23	120.10	75.04	999 9.60	12.08%
2005	435.96	735.14	137.34	141.85	140.31	12 726.73	12.51%
2006	514.87	867.70	176.81	171.12	231.47	15 228.21	12.88%
2007	575.46	1 206.26	385.48	182.04	403.10	19 252.12	14.31%
2008	680.34	1 307.53	816.91	314.41	537.43	23 255.11	15.72%
2009	803.67	1 735.04	920.98	633.07	719.59	26 157.43	18.40%
2010	894.10	2 464.85	1 004.01	888.64	1 278.29	32 701.50	19.97%
2011	1 102.40	2 765.71	1 222.26	1 075.46	2 062.06	41 106.74	20.02%
2012	1 372.49	2 874.00	1 541.71	1 620.71	2 791.06	47 319.08	21.41%
2013	1 708.76	3 844.00	1 719.01	1 808.01	3 294.01	53 432.24	23.16%

资料来源：①中经网统计数据库；②国家统计局，http://www.stats.gov.cn/；③中华人民共和国中央人民政府，http://www.gov.cn/。

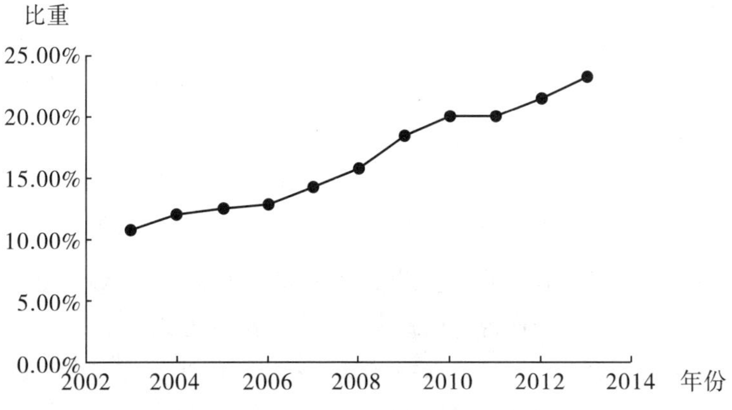

图2　2003—2013年房地产税占地方税比重

---

① 李升：《土地财政与财政体制关系研究：基于数量的分解》，《中央财经大学学报》，2015年第1期。

当我们期待一个税种能成为解决地方财政收入问题的主体税种时，至少包含两层含义：第一，该税种在地方财政收入中至少占有一半以上的比例；第二，该税种受经济波动或政策影响较小，能给地方带来相对稳定的财政收入。但可以看到，房地产税要成为地方主体税种的这两个条件在我国当前都得不到满足，前者受制于财税体制与“土地财政”问题现实，后者受制于财税法治发展的水平。

无论从房地产税法的功能本质还是从国际社会的经验来看，保障地方政府财政收入的稳步增长确实是房地产税法的主要功能，但在我国这是一个需要分阶段逐步实现的长期目标。当前，解决我国土地财政问题与地方政府财政收支失衡问题，不能只依靠与房地产税相关的几个税种的改革，而应该是一揽子改革，包括预算制度的透明公开，土地出让金制度的退出，增加中央政府对地方政府的转移支付的力度，等等。因此，对房地产立法的制度设计应有长远的考虑与全局的视野，将一场系统性财政改革寄托于一部非主体税收法律，短期内是不具有可行性的。

（二）社会功能之多重局限

房地产税法社会功能的发挥，既受制于其自身调节收入分配功能的局限性，又受制于其他现实的影响因素，如房地产税收规模、房地产市场的复杂性与我国经济发展方式、城市化进程等宏观变量。

不可否认，经济规模与经济效果会影响房地产税社会功能的发挥。前者与房地产税收入规模相关，只有房地产税收入规模达到足以影响地方财政收入的情况下，房地产税的收入分配功能才能有效发挥。目前，我国地方政府房地产税收入绝对规模和相对规模都比较小，这也是制度发展受制于历史条件的必然。对于后者，需要从与房地产税相关的一个经济学概念来理解。房地产税发挥调节收入分配功能的基础具有累进性，如果是累退的，不仅不能调节贫富差距，还会加剧这种差距。无论是经济学界还是各国财税法制实践中，对房地产税是否具有累进性一直存在争论。财产税累退论认为，财产税会通过提高商品的价格将部分或全部税负转嫁给消费者，消费者负担的税款与其消费的数量成正比。由于低收入者的住房消费支出占其总收入的比重高于高收入者，因此财产税占低收入纳税人收入的比重更大。财产税累进论者则认为，由于全国资本的总供给是缺乏弹性的，资产所有者通过转让资产或变更资产形式并不能有效逃避税负，因此在短期内，课征于资本的全国统一资产税将以减少资本净报酬的方式归于资本所有者头上，而高收入家庭拥有房地产财富的总量要高于低收入家庭，因此具有明显的累进性。[①] 这两

---

① ［美］费雪著，吴俊培译：《州和地方财政学》，北京：中国人民大学出版社，2000 年，第 230 页。

种观点的争论焦点在于，是将房地产税视为商品税还是资本税。① 若按古典税收理论的观点将其视为商品税，具有较小的需求弹性，则房地产税具有累退性；但若将房地产视为资本品并具有较强的供给弹性，则税负由供给者负担，房产税因此具有累进性（见表2）。

表2　房地产税社会功能发挥的影响因素

<table>
<tr><td colspan="2">征税对象</td><td>土地</td><td>房屋</td><td>附着在土地上的房地混合体</td></tr>
<tr><td colspan="2">理论前提</td><td>资本品要素税</td><td>双重属性，既是生活必需消费品，又是储存财富的资本品</td><td>资本品要素税</td></tr>
<tr><td rowspan="2">经济发展水平</td><td>高</td><td>累进性</td><td>累进性</td><td>累进性</td></tr>
<tr><td>低</td><td>累进性</td><td>累退性</td><td>累进性</td></tr>
<tr><td rowspan="2">评估价值</td><td>高于房屋实际价值</td><td colspan="3">虽会产生累进性，但评估价值高于房屋实际价值的情况在现实生活中几乎不存在</td></tr>
<tr><td>低于房屋实际价值</td><td colspan="3">评估价值不能反映实际价值，高房价占有者并没有依法缴纳更多的税，因此产生累退性</td></tr>
<tr><td rowspan="2">贫富差别</td><td>富人住房消费占总收入比重小于穷人</td><td colspan="3">累退性</td></tr>
<tr><td>富人拥有房屋财产多于穷人</td><td colspan="3">累进性</td></tr>
<tr><td colspan="2">税式支出效应考量</td><td colspan="3">若纳税人缴纳的房地产税与享受的公共服务质量成正比，则此种累进性不具有调节贫富差距的作用</td></tr>
</table>

如表2所示，从房地产税发挥调节收入分配功能的经济影响因素考虑，我们至少可以得到三个结论：第一，虽然从财产税角度看，房地产税无疑具有一定的调节收入分配效应，但同时，房地产税社会功能的发挥受经济发展水平、具体税制设计、消费模式与税式支出效应等多重因素的影响；第二，根据征税对象不同（对土地征税、对房屋征税，还是对附着在土地上的房地混合体征税），房地产税对收入分配公平的影响因素亦十分复杂；第三，对减免税和特别消费税的规定、对土地和土地改良物性质的考虑等，都会影响到房地产税调节收入分配功能的大小。

当然，国家宏观因素的变化也会影响房地产税社会功能的发挥。比如，当今社会财富形式丰富多样，富有者拥有的房产价值可能只占其全部资产的一小部分，对房屋课税

---

① 1972年，Mieszkowski用一般均衡分析方法得出与传统观点全然不同的资本税观点，认为这种税收将扭曲资本的有效配置，即使将房地产税作为地方受益税，同样也弊大于利。Peter Mieszkowski, The Property Tax：An Excise Tax or a Profits Tax?, *Journal of Public Economics*, 1972 (1), pp. 73 –96.

不一定能起到对收入分配的调节作用。[①] 此外，房地产税作为按年征收的直接税，一次性征缴数额大，又由纳税人直接缴纳，很容易引起纳税人的税痛感与抗拒心理，而房地产税又存在评估成本高、征管困难等问题，纳税人的避税心理与房地产税征管对技术要求高的特点相结合，将进一步降低收入分配功能的发挥。结合对近些年财产税社会功能理论变迁之考虑，社会对房地产税收入分配功能的理解，应当更为审慎和节制。

（三）房价调控之实效微弱

为服务我国过去特定历史时期的转型目标，包括房地产税法在内的财税法经济功能中的宏观调控功能被过分强调和夸大化，原本属财税法附随功能、异态功能的调控功能被不当异化，进而掩盖、忽视了财税法的应然功能（例如，房地产税法的主要功能是政府依法保障组织财政收入），从而导致一系列法理逻辑难以自洽，实践应用争议不断的问题。房地产税法平抑房价的宏观调控功能，只能是房地产税的附带效果，绝不会成为房地产税法的主要功能。

房价上涨由收入、人口、城市化进程等多重因素决定，房地产税无法解决基本经济趋势问题。[②] 大部分学者都对房地产税抑制房价的宏观调控功能持保留态度，比如有学者认为，我国房价上涨的根本原因是中国城市化进程的需求拉动，而按照现在的城市化率计算，在未来几十年这种由需求推动的房价上涨趋势将不可逆转。[③] 还有学者通过对1980—2009 年 23 个 OECD 国家的住房市场数据的考察，认为地方政府一般不会通过大幅提高房产税率来降低房价，因此，房地产税对房价的抑制作用具有局限性。[④] 现行试点的“沪渝”两地房价不降反升的结果亦证明通过房地产税调控房价收效甚微。对房地产税调控房价功能的期待，主要来自政府或者说来自基本住房需求得不到保障的低收入纳税人。与其说这是社会对房地产税抑价功能的期待，不如说是对保障民生基本面、提高政府公共服务水平的诉求，这更是一项需要在法治框架内财税体制改革的系统工程。

相比之下，房地产税法填补税制体系中的不足与空白似乎具有更重要的制度意义。自 1994 年分税制改革以来，我国大体保持了以间接税为主体的税制结构，1996—2012 年全国间接税收入占总税收收入的比重大致维持在 60%～70%。[⑤] 这一税制结构与改革

---

① Raymond L. Richma, The Incidence of Urban Real Estate Taxes under Conditions of Static and Dynamic Equilibrium, *Land Economics*, 1967, 43 (2), pp. 172 – 180.

② Philip H. Cornick, The Real Estate Tax, *American Journal of Economics and Sociology*, 1967, 26 (3), pp. 251 – 260.

③ 贾康：《开征物业税，促进房地产市场健康发展》，《科学发展》，2010 年第 7 期。

④ 况伟大、朱勇、刘江涛：《房产税对房价的影响：来自 OECD 国家的证据》，《财贸经济》，2012 年第 5 期。

⑤ 常世旺、韩仁月：《经济增长视角下的税制结构优化》，《税务研究》，2015 年第 1 期。

开放以来我国一直致力于增长和发展的经济效率目标相关。但一般认为，当一国经济实力达到中等发达水平后，应当对存量财富定期课征一定比例的财产税。当前我国已按照公共财政的原理建立起新分级财政体制和税制框架，若想进一步发挥财政对经济结构调整与经济效率提升的推动作用，优化税制结构是应有之义。

四、结论：房地产税法功能的理性回归与进路展望

衣食住行乃民生之本，对房地产税法功能的诉求在本质上是对其背后承载的诸多利益与问题的权衡与表达。根据上述对房地产税法功能理论的解构与功能异化问题的分析，对我国房地产税法功能的理解和认识应当回归理性，并在此基础上加快房地产税立法，实现房地产税领域的“良法善治”。

在房地产税立法过程中，我国应遵循世界房地产税法的客观发展规律，将房地产税定位为地方主体税种，其主要功能是为地方政府筹集财政收入，这是最合理与最具有长远效益的方案。但同时应当明确的是，房地产税法强化地方政府财政收入的功能，受到财政分权基础框架、地方政府行政管理体制、地区经济发展程度、土地权益机制的二元化格局、房地产评估制度、税收征管水平等相关配套制度的综合影响。[①] 因此，地方税制结构的完善需要一个过程，可以分短期、中期与长期几个阶段逐步推进，短期内微调房地产税在地方税收体系中的比例，中长期配套落实其他相关制度的改革，小步快走，逐渐实现其功能目标。此外，还需要警惕的是，近几年房地产税法的宏观调控功能被过度夸大，并且出现了明显的“泛化”现象。一般来说，宏观调控应该着眼于经济总量平衡，这在房地产税领域更多体现为对税制结构比例的调整。但房地产税的宏观调控的范围却被不断地作“广义”理解，甚至与“政府干预”相等同，宏观调控的范围在事实上拓展到了整个经济干预方面。在社会上，也形成了一种思维惯性，只要局部地区或局部行业出现了房地产价格波动、供求失衡等状况，就动辄呼吁政府加强宏观调控平抑房价，针对这种明显不符合税收法定原则的行为，我国财税法学界早已提出批评。新《立法法》第八条第六项明确规定“税种的设立、税率的确定和税收征收管理等税收基本制度”只能制定法律，这有利于发挥房地产税法的真正功能，加强对政府宏观调控权力的规范和控制，以求有效保护纳税人的合法权益。

《中共中央关于全面深化改革若干重大问题的决定》《深化财税体制改革总体方案》从国家治理的高度定位了财税法在国家治理现代化中始终发挥的基础性、制度性、保障性作用，这有助于我们从更深层次理解和认识房地产税法的本质属性和功能。以房地产税法之政治功能为例，房地产税的开征必然伴随着政府间财政关系的调整，但这种调整

---

① Lawrence G. Holmes, Appraising Real Estate for Tax Purposes: The Income Method, *The Journal of Land & Public Utility Economics*, 1938, 14 (4), pp. 452–454.

应当是一种“质”的综合提升，而非“量”的片面积累，是一种撬动治理方式转型的“杠杆”，而非破坏社会秩序的“大棒”。为展现房地产税法的这种功能，我们可以从两个层次理解：一是在法治框架内调整政府间财政关系与深化税制改革，房地产税的开征将影响地方政府的收入规模，意味着中央将重新思考地方政府财政收入的构成，以及流转税与所得税在中央与地方之间的分配比例，是对如何促进、完善中央与地方政府间事权与支出责任相适应制度的重新考量。不仅如此，将这种考虑下达至基层政府，通过将房地产税定位为地方税种，可以将地方筹集的收入与政府提供的基本服务紧密对应，加强地方政府与其所提供公共服务的对象，即纳税人之间的联系。这种紧密的对应机制可以重新定位税收与政府公共职能行使二者之间的关系，因为税收征纳与财政支出的对应关系将激励纳税人表达其对公共服务内容的偏好与要求，从而监督地方政府更好地履行职责。二是这一过程需要通过公共预算来有效实现，基层政府需要进一步提高预算行为的透明度，需要将与房地产税相关的全部预算过程与预算结果公开，接受纳税人的监督。为促进地方政府对房地产纳税基础的评估与征管，建立与纳税人之间的良性互信关系，应当建立完善的不动产信息公开制度、专业的房地产价值评估体系和机制。

上述进路尽管只展现了房地产税法功能的几个面向，但是整合起来可以看出，包括房地产税法在内的财税法律是以一种温和的、渐进的、底层切入的方式作用于优化政府间财政关系、规范政府财政行为乃至提升国家治理方式的。对房地产税法功能的认识和理解，也应沿着这样的思路进行。推行房地产税法，必须要考虑的一个问题是其在“政治上的可接受性”①。在法治民主国家，政治上的可接受性仅指该政策的正当性、合法性和合理性，即政策是否获得人民的广泛认可与支持。在我国，房地产税法的制定显然涉及中央政府与地方政府关系的协调与平衡，富有阶层纳税人与中低收入阶层的纳税人对此的理解等多重对立主体的利益冲突与博弈。如果过分强调房地产税法宏观调控功能之显性的、短期的、结果导向的外化效果，那么不但会为这部法律的制定带来重重阻碍，也不符合房地产税法功能理论之内涵和实现房地产税法的立法宗旨。因此，只要我们理性地从作用方式的角度认识和发挥房地产税法的政治、社会和经济功能，房地产税法改革之成本低、社会震荡小、隐蔽性强的作用就能突显，从而实现我国系统性与目标性的改革。这既是我国新的历史时期制定房地产税法的客观要求，又是全面落实税收法定原则的重要举措。

【作者简介】
刘剑文，北京大学法学院教授、博士生导师。

---

① ［英］肯耐斯·戴维著，滕忠勤等译：《地方财政》，武汉：湖北人民出版社，1989 年，第 92 页。

金融法二元规范结构的协调与发展趋势

——完善金融法体系的一个视点*

王保树

在社会主义市场经济发展中，金融的地位与作用已被人们广泛关注。同样，完善金融法体系也已成为完善社会主义市场经济法律体系的重要课题之一。为此，我们需要讨论：现有金融法律有哪些不适合？还需要制定哪些金融法律？其实，我们还可以从另一角度提出问题：如何从规范结构上认识金融法，如何通过金融法不同规范的协调影响金融法的完善？无疑，回答和解决这一问题对完善金融法是很重要的。

在许多场合，甚至在一些专业场合，人们经常会说，金融法就是监管法。果真如此吗？我们很难对此作出赞同的回答。如果我们将金融法仅视为金融监管法，那就势必将金融监管法律规范以外的规范排除在金融法之外。而实际上，现行的主要金融法律包括金融监管法律规范、金融交易（服务，以下相同）法律规范和金融组织法律规范。而且，现代金融交易是现代商行为典型而重要的组成部分，因而如在部门法上把握现代金融交易法，它本身也不是一个法律部门，而是现代商法（特别是商行为法）的一个重要组成部分。① 同样，金融组织属于商事组织，② 现代金融组织法也无疑是商法（特别是商事组织法）的一个重要组成部分。如果从金融总体上把握金融法，就不可避免地包括金融交易法和金融组织法，而不是排斥金融交易法和金融组织法。然而，金融交易法和金融组织法不是金融监管法，这是不言而喻的。

同样，金融法就是交易法、组织法吗？也难以作出肯定的回答。虽然，金融交易法、金融组织法在金融法中居重要地位，但它毕竟是其中的一部分，如果将此等同于金融法，则势必忽视金融监管法律规范的存在和它所发生的积极作用。所以，试图以构成金融法的部分规范的性质与特征把握整个金融法，是很难取得科学的结论的。

---

* 本文原载于《广东社会科学》2009 年第 1 期。

① ［日］酒卷俊雄、庄子良男编：《商行为法》，东京：青林书院，1995 年，第 197 页。

② 王文宇：《控股公司与金融控股公司法》，北京：中国政法大学出版社，2003 年，第 10－12 页。

实践已经表明，将商业银行法、证券法、票据法、保险法、信托法等视为金融法律，已成为人们的一种共识。而这些法律无不呈现二元规范结构，既包括金融交易、金融组织法律规范，也包括金融监管法律规范。就这一意义而言，二元规范结构一直主导着金融法的发展，国外如此，国内也是如此。

因此，我们在讨论完善金融法体系时，不能忽视金融法规范结构的影响。全面认识金融法的二元规范结构，寻求它们各自的地位，关注其间的协调与发展，应该成为完善金融法体系的一个重要视点。基于此，本文拟讨论金融法二元规范结构的表面成因与内在成因，二元规范结构的实态与功能性协调，并从中探讨金融法完善的趋势。

一、金融法二元结构的形式原因

随着社会经济生活的复杂变化，法律现象也变得丰富多彩。常见的一种现象是特定的法律规范群呈现为一个法律部门。譬如人们在讨论法律体系时，认为“以宪法为核心，法律为主干，包括宪法以及宪法相关法、民法、商法、行政法、经济法、社会法、刑法、诉讼与非诉讼程序法等七个法律部门，法律、行政法规、地方性法规等三个层次法律规范构成的中国特色社会主义法律体系已经基本形成”①。这里的法律部门是人们认识法律规范的一个入径。常见的另一种法律现象是以事项为参照标准的法律规范群，呈现为一个法的领域，或简称为“法域”。这里，“事项”是人们认识法律规范的一个入径。如近几年出现的“房地产法”，它不是一个法律部门，而是以“房地产”事项为参照的一个“法域”。本文欲讨论的“金融法”也是一个以“金融”事项为参照的重要“法域”。

作为“法域”存在的法与作为法律部门存在的法是不同的。按照法理学家的观点，法律部门的划分与存在均根据两个标准：一是根据法律调整对象，即法律所调整的社会关系来划分法律部门；二是根据法律的调整方法来划分法律部门。② 然而，每个法律部门并不仅采用一种调整方法，一种调整方法也并不仅适用于一个法律部门，或者说，不同的法律部门也有采用相同调整方法的。因此，调整方法似很难作为一个单独的标准，充其量只能作为辅助的标准。相反，“法律是调整社会关系的行为准则，任何法律都以特定的社会关系为调整对象，这种社会关系的内容决定着法律规范的性质”③。换言之，法律所调整的社会关系的单一性，是我们正确认识不同法律部门的标准。认识“法域”的法则应采用另外的标准，即以一定的“事项”划定法律规范的范围，而不强调法律所调整的社会关系的单一性质，凡是依某个特定“事项”划定的范围的法律规范都可归于一个“法域”。所以，“法域”是可以并且基本上是调整两种以上的社会关系的法，

---

① 新华社：《我国着手清理现行法律》，新华社通讯，2008 年 7 月 31 日。

② 张文显：《法理学》，北京：中共中央党校出版社，2002 年，第 221 页。

③ 张文显：《法理学》，北京：中共中央党校出版社，2002 年，第 222 页。

而金融法恰恰就是这样的“法域”，它不仅调整金融交易关系、金融组织关系，还调整金融监管关系。前者，如信贷关系、外汇买卖关系、证券交易关系、期货交易关系、商业信托关系、保险关系和商业银行组织关系、证券公司组织关系、保险公司组织关系等；后者，如银行业监管关系、证券业监管关系和保险业监管关系等。

毫无疑问，法律规范结构是适应社会关系的调整需要的。有多少种社会关系，就需要多少种法律规范。在特定的“法域”中，社会关系的多元结构决定了该法域的多元。金融法与其他“法域”一样，它调整的社会关系的二元结构决定了规范构成的二元体制。并且，由于金融交易关系、金融组织关系和金融监管关系根本性质的差别无所谓主次之分，因而金融法呈现一种均衡结构，而不是一种偏正结构。

二、金融法二元结构的实质原因

金融法以“法域”形式展现在人们面前，这是金融法规范二元结构的形式原因。然而，这种形式只是表现本质的，金融法二元结构的实质原因才具有最根本的意义。

（一）金融业者的两面性

从表面层次上，金融法规制的对象是金融商品，但这种规制如同其他法律一样，无论在交易法、组织法意义上还是在管理法意义上，它既非表现其目的性，也没有反映其本质内容。就本质而言，更重要的是通过对金融商品的规制调整金融关系。而调整金融关系无疑应以规制金融业者为中心。因此，金融业者的两面性就成为影响金融法规范结构的重要因素。

一方面，金融业者是依据商法设立，以经营金融为业的商人。依据公司法和其金融业法，金融业者不采用自然人形式，而主要采用公司形式。“它们在我们的日常生活中起着重要的作用。这些公司储藏着我们个人的大部分财富，它们还是大多数公司和个人信用的主要来源。除了其金融媒介作用之外——把储蓄人与借贷人连接起来——金融机构还提供许多对经济活动至关重要的服务。”① 在充当融通资金的中介中，它们显示出商人地位与资格。而这种资格的取得首先来源于工商管理机关的登记，即因登记的完成并被颁发营业执照而取得营业资格，成为商人。同时，它们取得金融监管机关颁发的金融资质证书而成为以金融为营业的商人。金融业者的商人性和它采用的商业组织形式都使它成为商法的规制对象，金融组织的设立、运营和终止中所发生的社会关系，属于平等主体之间的商事关系，其调整需求不可避免地由金融法中的商法规范满足，而金融法的这类规范属于私法的范畴。

---

① ［美］哈威尔·E. 杰克逊等编著，吴志攀等译：《金融监管》，北京：中国政法大学出版社，2003 年，第 1 页。

另一方面，金融业者不是一般的商人，而是具有明显公共性的商人。在充当融资中介与在各种各样的金融、其他交易中充当顾问和代理的同时，金融业者在执行许多公共政策中也扮演着特殊的角色。比如，从收入再分配到倡导民权、从保护消费者到信用拨款，金融机构大范围地推进社会目标。它们在对政府诸如货币政策等项目的影响中处于一个非常好的位置，或者说是不可或缺的地位。[①] 这样，影响金融法规范的则不仅是经济，还有诸多其他因素。后者，要求金融法的规范体现再分配和其他公平准则，注意政治经济的考虑和对金融业的某些结构性控制。在满足这些要求中，金融法不可避免地为公法规范保留了空间。

（二）金融交易是现代商事交易的重要组成部分

金融交易是一种信用交易，信用是该种交易所产生的特殊的债权债务关系的最重要的特性。自有人类以来，商事交易经历了不同的发展阶段，包括以物易物、银货两清的即时交易、信用交易。信用交易是商品经济发展的高级阶段。在市场经济条件下，不可能所有的交易都是银货两清的交易。相反，大量的交易是信用交易。所谓信用交易，即一方同意他方延期偿还债务的一种交易。在这种交易中，授信者基于对受信者履行义务的态度和能力的信任，愿意在目前交付标的物，而同时同意受信者所作的在未来偿还债务的承诺。而受信者同意目前取得标的物，承诺在未来一定期限内偿还债务。信用交易有三个特点：一是标的物移转伴随信用借贷关系发生。二是信用交易须有时间间隔的因素。信用仅在未来偿还债务时发生，而未来偿还债务均有时间间隔。以上即时清结的交易，不会产生信用。三是信任是信用的基础。易言之，信用须债权人对债务人履行义务的意愿及履行义务的能力有信心。[②] 当我们对金融交易进行考察时不难发现，金融交易属于信用交易，且最明显地反映出信用交易的特征。

金融交易是一种信用货币的交易。金融大多以货币为对象，金融交易首先是信用货币的流通。在现代市场经济中，信用已与货币流通融为一体。在金融交易中，无论是货币借贷、企业债券、商业保险、票据交换、委托理财等，无不是与货币流通紧密联系的。因此，金融交易不是一般的信用交易，而是信用货币的交易。它移转的标的是货币，交易中发生的法律关系是围绕货币发生的。

还必须强调的是，金融交易是发生在营业之中的。如前所述，在我国，作为金融交易当事人一方的金融业者必须是在工商行政管理机关登记并取得营业资格的商人，其所从事的金融营业都是经过金融监管机关行政许可的。从事放款、吸收公众存款、开展信托业务需经银行业监督管理委员会批准，从事证券和期货业务需经证券监督管理委员会

---

① ［美］哈威尔·E. 杰克逊等编著，吴志攀等译：《金融监管》，北京：中国政法大学出版社，2003 年，第 5 页。

② 王保树：《商法的改革与变动的经济法》，北京：法律出版社，2003 年，第 60 - 61 页。

批准，从事商业保险业务需经保险业监督管理委员会批准。并且，这些金融业者提供金融商品都是采用营业形式并在营业中进行的。未经批准不得从事金融营业，未采用营业形式不得提供金融商品。

总之，金融交易不仅是一种信用交易，而且是采用营业形式的货币信用交易。和以物易物的商业交易、银货两清的商业交易相比，它显然是一种现代的商业交易。而在鼓励金融交易、促进金融交易、保护交易安全上，商法所建立的秩序是不可或缺的。

（三）金融服务的公共政策性

在经济发展中，金融服务业主要扮演三种角色：维持金融体系稳定，为其他产业融通资金，维持国民经济产业结构均衡发展。① 显然，维持金融体系稳定和维持国民经济中产业结构均衡发展不属于商事交易，而是具有公共性质的服务。这种服务与其他服务不同，它往往需要体现某种公共政策。

银行服务在金融服务中处于重要地位，而银行服务也最鲜明地表现了公共性。它通过其营业吸收公众存款和满足借款者的需求，都不单单是适应商人和消费者的需要，而还要通过融通资金，贯彻货币政策要求，实现对国民经济的宏观调控。商业银行连接着中央银行、消费者、投资者，资金融通的过程就是货币政策运用和发生作用的过程。在中央银行运用法定存款准备金制度时，商业银行因此而用于贷款的资金增加或减少，其放款规模相应扩大或收缩。同样，在中央银行变动再贴现利率、增加或减少对商业银行贷款或进行公开市场业务时，也可以起到调节货币流通量，改变货币市场吞吐基础货币的比重，影响商业银行贷款业务的作用。

（四）金融监管之必要

上述金融业者和金融业务的双重性质带来两个方面的问题：一是金融为高度风险的领域，金融业者具有冒高度风险的偏好，不可能仅依靠金融业者自律而控制风险，而这一风险又影响到整个国民经济；二是金融服务公共性的实现已不是为了金融业者的个别利益，而是为了实现社会公共利益。这一背景使带有公共管理性质的金融监管成为必要，而在下述意义上则更是如此。

1. 保护公众投资者

投资者虽有投资的能力，但大多数投资者不是以金融为业的投资家。他们不仅缺乏金融的知识，更缺少对称的必要信息，很难预防金融业者风险给他们造成的伤害，因而在与金融业者进行金融交易时，始终处于不利的地位。所以，“公众投资者（即储户、

---

① 姚战琪：《现阶段我国金融服务业的结构、效率及公共政策》，《国际贸易》，2006 年第 3 期。

保险单持有者以及互惠基金股东）需要某种程度的保护，免受金融直接的风险”①。而这种保护由于上述原因，很难由投资者自助，而需要通过必要的政府管理来实现。

2. 维护金融安全

在市场经济条件下，金融处于国民经济的重要地位。不仅金融服务业是现代服务业中生产率增长最为迅速、现代信息技术使用密度较高的产业之一，在第三产业各行业中处于领头羊的位置。而且，更为重要的是，金融媒介是全社会的资金媒介和中枢。所以，邓小平1991年在视察上海时指出“金融很重要，是现代经济的核心。金融搞活了，一着棋活，全盘皆活”②。正因为金融在国民经济中有重要的地位和作用，金融安全就显得非常重要。并且，金融安全也是整个国民经济安全的核心。一旦金融安全发生了问题，也必然危及整个国民经济的安全。亚洲金融危机和从次贷危机开始的美国金融风暴都已清楚地说明了这一点。无疑，以商业动机从事金融业的金融业者们所关心的主要是效率，而不可能关注整个金融的安全。并且，一旦出现金融危机，金融业者个体是无能为力的。所以，维护金融安全的责任必然落到金融监管者的身上。换言之，良好的监管不可避免地成为金融安全的一个重要因素。

金融安全不仅成为国家经济安全的核心，甚至也成为国家安全的重要组成部分。所以，人们对金融安全的考虑远远超出对经济的考虑，而进入政治的考量领域，即“政治的因素导致对金融服务业的其他结构性的控制”③。这一点，不仅表现在发展中国家中，也表现在发达国家中，禁止外国金融业者在一定范围参与金融服务业的国家很常见。

不论是确认金融服务的公共性还是确认与规范金融监管，都不属于金融法的商法规范的功能。相反，由于这两方面需要政府和其他公共组织的作用，因而不得不依赖于金融管理规范。

总之，金融业者的双重性，金融服务的私人性与公共性，金融交易、金融组织与金融监管相伴存在，都使金融带有“二元”的属性，而这种“二元”性所表现的法律调整需求，必然要求金融法以“二元”规范结构满足。

三、金融法二元结构的实态

（一）金融组织与金融交易的私法规制

围绕上述金融组织、金融交易，包括为民事主体、商人提供金融服务而发生的社会

① ［美］哈威尔·E. 杰克逊等编著，吴志攀等译：《金融监管》，北京：中国政法大学出版社，2003年，第5页。

② 《邓小平文选》（第3卷），北京：人民出版社，1993年，第366页。

③ ［美］哈威尔·E. 杰克逊等编著，吴志攀等译：《金融监管》，北京：中国政法大学出版社，2003年，第7页。

关系，都是平等主体发生的社会关系。这些平等主体主要包括：以金融为业的商人，即我国分业经营、分业监管的体制下的金融业者，包括商业银行、证券公司、保险公司、信托公司和其他非银行金融机构，它们从事的具体金融业务不同，但都是从事金融商品交易和金融服务的；非商人对金融领域的投资者，包括储户、保险单持有者、股票投资者、公司（或金融）债券投资者，以及基金出资者等，它们之间尽管存在差别，但均以获得投资利益为目的；贷款者，包括消费信贷和商业信贷的贷款人，诸如住房抵押贷款者、企业流动资金贷款者等。其间的社会关系包括金融交易关系和金融组织设立、运营、终止中发生的关系。在这些社会关系中，其任何主体都不具有公权力，也不是被授予公权力者。因此，金融法调整这些社会关系的法律规范只能具有私法性质。

（二）金融监管的公法规制

而围绕着金融服务公共性和金融监管所发生的社会关系则不同于金融组织关系和金融交易关系，该种社会关系参加者的构成有别于金融交易关系的参加者的构成。如上述，金融服务公共性的突出表现是围绕着货币政策发生的，而货币政策的制定者和实施者均是中央银行（在中国，则是中国人民银行）；就其他监管而言，虽然其监管主要不是行业监管，而是特定市场的监管，并且，其监管主体不是行政序列的政府部门，而是国务院的事业单位，但它们无一不是被授予公权力者。因此，金融监管关系不论是发生在银行领域中的银行监管关系，发生在证券领域中的证券市场监管关系，还是发生在保险领域中的保险市场监管关系，都属于非平等主体之间的社会关系，调整该社会关系的金融法律规范只能是公法规范。

（三）规制金融交易的强制性规范：是私法中的游戏规则还是公法规范

无疑，在金融法规范中有一种规则，既非任意性规范，也非上述的监管性公法规范。这种规则，就其根本属性而言，即“凡法律规定之内容，不许当事人之意思变更适用者”，而不是可“由当事人之意思自由变更或拒绝适用者”[①]。它是私法中作为与任意性规范相对称的“强制性”规范或“强制性”规定[②]，或表述为“强行性”规范和“强行性”规定[③]。譬如：商业银行法中的“贷款和其他业务的基本规则”“财务会计”；证券法有关“证券发行”“证券交易”“上市公司收购”“证券交易所”“证券公司”“证券登记结算机构”“证券交易服务机构”“证券业协会”等规定中的非监管性规则；

---

① 梁宇贤：《公司法论》，台北：三民书局，1997 年，第 9 页；赖源河教授六秩华诞祝寿论文集编辑委员会：《财经法专论》，台北：五南图书出版公司，1997 年，第 4 页。

② 江平：《公司法从 19 世纪到 20 世纪的发展》，郭锋、王坚：《公司法修改纵横谈》，北京：法律出版社，2000 年，第 21 页。

③ 赖源河等：《新修正公司法解析》，台北：元照出版公司，2002 年，第 2 页；梁宇贤：《公司法论》，台北：三民书局，1997 年，第 9 页。

保险法中“保险公司”“保险经营规则”等规定中的非监管性规则，等等。显然，这些规则是与任意性规范有别的强制性规范。但无论是任意性规范，还是强制性规范，它们都是支撑私法自治的。即使是强制性规范，它所调整的社会关系中并无公权力者或被授予公权力者，且“并不‘管制’人民的私法行为，而毋宁是提供一套自治的游戏规则”，仍不抵触私法自治的理念。① 因此，不能简单地将金融法中的强制性规范作为公法对待。无疑，公法规范均具有强制性，但它的根本特征不在于其强制性，而在于该规范调整的社会关系中至少有一方参加者是公权力者或被授予公权力者。而上述规范则不具有这一特性。因此，将金融法中的强制性规范一律视为公法规范，是违反设置强制性规范目的的。

四、金融法规范发展趋势：功能性协调

以上表明，金融法规范呈现的二元结构，不仅表现为私法规范，即金融组织规范、金融交易规范（主要是商法规范）和公法规范，即主要是监管规范；还在私法规范中，表现为任意性规范和强制性规范。而且表明，这种规范结构不仅适应调整当前金融关系的需要，也适应调整今后金融关系的需要。而不论哪一个层级的二元结构，其趋势可能不是此消彼长，而可能会是一种功能性协调。

（一）金融组织规范、金融交易规范与金融监管规范的协调

从我国金融的实践来看，由于金融组织曾长期是国有独资企业，它们的自由度并不大。就这一意义而言，仍应鼓励金融业的自由，并应受到法律保护。现在并不存在金融自由过度的问题，所以规范、保护金融交易和金融自由的交易规则仍需进一步完善。但是，当某一个金融业者的自由侵害了金融秩序时，则属于金融监管应解决的问题，所以确认和规范金融监管的法律规则也需要完善。可以说，两者的意义，很难有主次之别。基于这一点，两者都需要改革、完善，而不是金融法中的公法规范“化”掉私法规范，也不是金融法的私法规范“化”掉公法规范，所可取的只能是在金融法现代化进程中的功能性协调，即在保护和促进金融交易与保护金融自由的基础上充分发展金融法的私法规范。同时，在有效监管，实现金融服务公共性上，充分发展金融公法规范。之所以如此，是因为两者没有根本性矛盾。两者都需要效率，只不过私法规范追求的是金融业者的个别效率，公法规范追求的是金融业的整体效率，进而实现整个国民经济的效率。两者都需要自由、公平竞争的金融秩序，只不过金融私法规范追求的是金融业者的私益，金融公法规范追求的是社会公共利益。需要强调的是，充实、加强公法规范与金融规制缓和没有矛盾，规制缓和不是减少必要的监管，而是着眼于规制的更新与改革，着

---

① 苏永钦：《走入新世纪的私法自治》，北京：中国政法大学出版社，2002 年，第 17、20 页。

眼于为良好的商事秩序，提供更多的机能与资源，使其监管更科学、更有效，使被监管者更乐于接受。

（二）金融私法中自由与强制的协调

在商法上，一般是在交易法和组织法的不同意义上考察商法的自由与强制，即“从历史角度看，有关企业活动法部分，因属行为法，主要在规范企业活动中特定人相互间行为，本应尊重当事人意思，并以自由与迅速为依归，故大都采任意性规定；至于有关企业组织法部分，因属组织法，而企业组织健全与否，直接、间接影响第三人利益及社会安全，应以严格与确实为必要，故多采强行规定”①。这是对商法实践的经验总结，但它不是绝对的。金融交易是现代的商事交易，它依赖于特定的金融市场，投资者的公众性突出，较一般交易更注意安全。因此，反映在交易中，自由与强制的侧重适用领域与一般交易有别。当某种金融交易仅涉及交易双方的利益，不涉及第三人利益时，更需要强调自由；当交易不仅涉及当事人利益，还涉及第三人利益，尤其是面向公众投资者时，则应强调交易安全，因而强制性规范的适用是必然的。

正如自由与管制并不是对立的一样，自由与强制也不是对立的，它们不是简单的此消彼长关系，而是一种互动关系。如上述，金融交易既需要便捷，也需要安全，因而既需要自由，也需要强制，两者是统一的。与此相适应，规范结构与实践相互协调，任意性规范和强行性规范相协调，这是一个不能避免的趋势。

【作者简介】

王保树，中国商法学研究会会长，清华大学法学院教授、博士生导师。

---

① 引自赖源河教授六秩华诞祝寿论文集编辑委员会：《财经法专论》，台北：五南图书出版公司，1997 年，第 4 页。

法律体系形成后的民法典制定*

王利明

党的十五大提出的到2010年形成中国特色社会主义法律体系的战略任务，如今已经基本实现。目前我国已经构建起以宪法为核心、法律为主干，包括行政法规、地方性法规等规范性文件在内的，由七个法律部门、三个层次法律规范构成的中国特色社会主义法律体系，为市场经济构建了基本的法律框架，保障了社会经济生活的正常秩序。这一体系适应了我国社会基本经济制度和社会生活的需要，涵盖了社会政治生活、经济生活、文化生活、社会生活和人与自然的关系等各个领域。就民法而言，《民法通则》《合同法》《物权法》《侵权责任法》等一系列基本民事法律的诞生标志着我国民事立法进入了完善化、系统化阶段，为我国社会主义民法典的制定奠定了基础、开辟了道路。

一、中国民法体系化必须走法典化道路

法律体系形成的标志是我国的法律制度已完整，突出表现为起着支架性作用的法律已经制定，但这并不意味着我们的法治建设就功德圆满、万事大吉，因为法律体系是动态的，需要不断发展完善、与时俱进；而且，在民事立法领域，尽管我国已经制定了《民法通则》《合同法》《物权法》《侵权责任法》等基本民事法律，各项法律之间基本上也保持了一致，但在形式上却因为没有民法典而体系化程度不高，这既与民法作为市场经济基本法的地位不符，也与刑法、诉讼法等其他基本法律的法典化形态不匹配。由此可知，在我国法律体系形成后，立法层面上，一项首要的任务就是制定一部民法典。

我国民法的体系化需要制定民法典，这不仅出于立法形式上的考虑，更重要的是，

---

* 本文原载于《广东社会科学》2012 年第 1 期。

法典化是实现私法系统化的一个完美方法。① 大陆法系国家的民事立法经验已经充分说明了这一点，对此无须赘言。值得注意的是，虽然近些年来大陆法系国家出现了所谓的“去法典化”现象，② 但并不表明法典重要性的减弱，而只是反映了单行法对民法典中心地位的冲击现象。然而，由于我国没有民法典，所以此种情形在我国根本就未曾发生过，因此，我们不能以“去法典化”现象来否定法典化在中国立法实践和国家秩序中的重要功能，也不能简单地据此来否定我国对民法法典化道路的选择。结合我国的实际情况来看，通过制定民法典来实现民法体系化，既有确保民法规范逻辑自洽、科学合理的系统化效用，还能充分满足法官依法公正裁判民事纠纷案件的实际需要，故而，中国民法体系化必须走法典化道路。

（一）法典化是实现中国民法体系化的最佳途径

法典化的灵魂在于体系性，从形式体系而言，法典化融合了形式的一致性、内容的完备性以及逻辑自足性，由此使法典在特定价值引导下有统一法律术语、法律制度和法律规则，并在法典内部以及法典与单行法之间形成一般与特别、指引与落实等顺畅的关系。可以说，只有通过法典化，才会形成科学合理的法律制度安排，否则往往会浪费立法资源，而且事倍功半，我国在此方面已有不少的经验教训。体系性的民法典还统一了市场法则，能保障法制统一，避免民法规范与行政法规、地方性法规等的矛盾冲突，可有效地防止政出多门，进而给交易主体带来确定的预期，保障市场经济的正常运行。法典的体系性还要求其内容的全面性，即包含了各种有效的控制主体的法律规则的完整性、逻辑性、科学性，③ 这对民法典尤为重要。作为市民社会的一般私法以及百科全书，民法典必须通过合理的架构为民事活动提供各种基本准则，为交易活动确立基本的规则依据，为法官裁判各种民事案件提供基本的裁判规则。不过，强调全面性，并不是说民法典必须面面俱到，它作为民事基本法律，只宜规定民事领域最重要的法律制度，为民事活动提供基本的方向性指引，这决定了它要有节制地规制社会生活，应当体现出波塔利斯所言的“立法者的谦卑和节制”④。要做到这一点，民法典势必要借助抽象术语进行表述，必须要对社会生活中反复出现的、具有一定普遍性的规则进行抽象，能在较长时间里保持一定的稳定性，不因社会变迁乃至国家政策调整而随意改变。

---

① Karsten Schmidt, Die Zukunft der Kodificationsidee: Rechtsrechung, *Wissenschaft und Gestzgebung vor den Gesetzswerken des geltenden Rechts*, 1985, S. 39.

② 张礼洪：《民法典的分解现象和中国民法典的制定》，《法学》，2006 年第 5 期。

③ Loginger, Ccodification, in 2 Encyclopedia of the social sciences 606, at 609 – 10 (1930, Reissued 1937).

④ Valérie Lasserre-Kiesow, L'esprit scientifique du Code Civil, in *Droits*, n° 45, 2005, PUF, pp. 58 – 59.

体系化的另一个层面就是价值层面。这就是说，价值体系是指在制定法律时立法者所秉持的价值取向，其体现在法律背后立法者所追求的宗旨和目的。具体到我国的民法典制定，仍要秉持体系性的核心特性，应在坚持和弘扬传统私法中的平等、自由和安全价值基础上，体现市场经济所要求的效率价值以及现代民法所要求的“人的全面发展价值”，并围绕这些价值进行全面有序的制度安排。价值体系保持一致，才能够保证法律相互之间的和谐一致，保证形式体系的形成。在我们的民事立法中，确实存在某些规则背后所体现的价值不一致甚至冲突的现象。比如说《合同法》第五十一条关于无权处分的规则，是把它作为效力待定的行为来规定。该条所体现的价值，实际上强化的是对原权利人的保护。但是《物权法》第一百零六条规定，在符合善意取得的情况下，受让人可以取得所有权，它所体现的是对交易安全的保护。所以同样是无权处分行为，根据《合同法》第五十一条可能因权利人未追认而无效，但根据《物权法》第一百零六条，权利人即便不追认，也可能是有效的。这两个条款之所以发生了冲突，主要原因在于价值体系上就是冲突的。而保持价值的统一和一致性就必须要制定民法典。

（二）民法典是法官依法公正裁判案件的保障

作为整合私法制度的统一体，民法典还将统一民事审判的司法规则，能最大限度地限制法官的恣意裁判，[①] 换言之，民法典为法官提供了处理民事案件的基本裁判规则，这对于保障司法公正极为重要。民法典作为体系化的产物，将对法官正确适用法律提供重要的保障。这主要表现在：

第一，在体系性的框定下，民法典具有毋庸置疑的权威性。这不仅在于民法典源自国家最高立法机关之手，在权力来源上有至高的权威性，同时其属于在民事法律体系中处于中心地位的基本法律，[②] 位阶仅次于宪法，其他行政法规、部门规章、政策命令、司法解释等均不得超越民法典；更重要的是，它有统一的价值指引，并涵括了民事活动的基本规范，可以说，民法典是成文法的最高形式，法官寻找处理民事案件纠纷的依据，必须首先从民法典的规则中去寻找。[③] 我国《侵权责任法》第二条规定，侵害民事权益应当依据本法承担民事责任。这就表明了未来民法典组成部分的侵权责任法是处理各种侵权纠纷的裁判依据。在我国制定民法典后，大量单行法仍继续存在，除非民法典没有规定，否则民法典就应当优先于其他法源而得以适用。这就是说，法官在裁判任何一个民事案件时，首先应当适用民法典，只有民法典没有规定时，才能适用其他法律。比如，“汽水瓶爆炸伤人案”是一个因产品缺陷伤人的普通案件，但现实中有许多法官

---

① ［德］阿图尔·考夫曼、温弗里德·哈斯默尔主编，郑永流译：《当代法哲学和法律理论导论》，北京：法律出版社，2002年，第271页。

② 张春生主编：《中华人民共和国立法法释义》，北京：法律出版社，2000年，第24页。

③ 李开国：《法典化：我国民法发展的必由之路》，《重庆大学学报》，1997年第4期。

经常遇到找法的困惑，即究竟应当适用《产品质量法》《消费者权益保护法》，还是《侵权责任法》或《合同法》？各个法院的判决所适用的法条很不一致。如果将《侵权责任法》和《合同法》作为我国将来民法典的有机部分，则它们应优先适用。显然，与其他规范相比，经由体系化而产生的民法典具有更高的权威性，能方便地为法官找法提供正确的路径。

第二，民法典作为体系化的产物，集中规定了法官裁判案件的基本规则。这便于法官找法，即优先适用民法典中明确规定的裁判规则，其他法律处于候补适用的地位。① 所以法典化的一个重要优势在于“资讯集中”。同时，与数量众多、价值不一致的单行法相比，民法典的体系性确保其内容和谐一体，且相对抽象简化，无论查询成本、学习成本还是适用成本均比较低。② 可以说，法官只要有一部民法典在手，并通过领略其规则和精神，就可以找到民事裁判的主要依据。概括而言，民法典的权威性和简化性，有助于“降低法律适用者搜寻成本，同时减少裁判恣意”③。

第三，民法典作为体系化的产物，不仅便于法律适用，还有助于法律适用的一致性。法典化势必综合既有的法律经验和法学理论，概念、规则和观念都更精确，④ 能为法官提供更有操作性的方案，可确保同一规范适用统一，这也是法律可预期性延伸出来的法律适用的可预期性。同时，民法典是完整统一的信息系统，为那些需要应用法律和解释法律的人提供了一个基本的参照体系，⑤ 这不仅实现了类似案件的类似处理，也使得当事人可以预见法院的判决结果。正因为法律适用具有一致性，法官的自由裁量权将在规范的约束下进行，保障法官平等地、统一地对不同案件作出判决，实现判决结果的可预测性，符合“类似情况类似处理”的要求，从而实现法的安定性。⑥

第四，民法典作为体系化的产物，可以消除各项规则和制度之间的冲突和矛盾，保障法官可以正确适用法律。从我国民事立法来看，由于没有制定民法典，存在某些缺陷，这突出地表现在每个新的法律制定之后，都需对以前的立法进行修改，但是没有在新的立法中具体指出来，在哪些条款中进行了修改，从而给法官适用法律带来了很大困难。如果制定了民法典，就可以在民法典中进行明确的规定，保证法官正确地适用法律。例如，《物权法》于2007年通过，但迄今为止，在一些地方法院，针对有关担保物权的纠纷，仍然援引《担保法司法解释》等规定。其中一个重要原因就是《物权法》

---

① Reinhard Zimmermann, Codification: History and Present Significance of an Idea, *European Review of Private Law*, 1995 (3), p. 103.

② 谢哲胜：《民法法典化的几种选择》，张礼洪等主编：《民法法典化、解法典化和反法典化》，北京：中国政法大学出版社，2008 年，第 369 页。

③ 苏永钦：《民事立法与公私法的接轨》，北京：北京大学出版社，2005 年，第 51 页。

④ 石佳友：《民法法典化的方法论问题研究》，北京：法律出版社，2007 年，第 67 页。

⑤ Christian Wolff, Institutiones juris naturae et gentium, p. 62.

⑥ 梁慧星：《中国民法典编纂的几个问题》，《人民法院报》，2003 年 4 月 30 日。

在制定时，没有说哪些地方对《担保法》作出了修改，所以法官对此并不清楚。那么，如何解决这一大问题？笔者认为，最重要的就是提升民事立法的体系化程度。或者说进一步强化民事立法的体系性。

第五，民法典作为体系化的产物，可以培养法官体系化的思维方式。民法典既然是法官找法的首要对象，法官就必须理解民法典的价值、规范以及协调这两者的逻辑，只有这样，法官才能正确地适用民法典。一方面，法官在处理任何一个民事案件时，并不能简单局限于对某一个规范的考察，而应当将其置于体系化的规则中进行考察，寻找与案件最密切联系的规则，这样才能找到最为妥当的案件处理依据。所谓请求权基础的分析方法，其实就是一种对请求权的体系进行全面考察而寻找最准确的基础的方法。另一方面，民法典是民法基本规范的有机整体，其基本架构为总分结构，法官即应按此逻辑和系统进行适用，法典是按照总分结构来安排的，它使得法官容易理解法典的逻辑和系统，了解各个规则在适用时的效力层次，了解民法典内部各个制度之间的关系，如分则中的制度优先于总则中的制度来适用。法官应当按照特别法优先于一般法的规则来适用法律。例如，出现了保险合同纠纷以后，法官首先要查找保险法中关于保险合同的规定，因为保险法属于特别法，如果保险法没有规定，则可以适用合同法总则的规定。如果合同法总则没有规定，可以适用债法总则的规定。如果债法总则没有规定，则应当适用民法总则的规定。

民法法典化以后，法官应当尽可能按照法典来进行裁判，并且要对其援引法典某个条文的理由，法典的价值取向，规则的确切含义进行说明，从而强化判决的说服力。在法典无明确的具体规定时，法官必须依据法典中的基本原则和精神进行裁判，但必须说明裁判的理由。这也是法典对裁判过程约束的一个重要方面。①

二、我国民法典的体系构建

在构建我国民法典体系时，必须要确定其中的核心制度，即所谓“中心轴”。围绕着这条“中心轴”，民法典中的各项制度和规范将形成逻辑统一体。该“中心轴”究竟是什么，理论上存在不同的看法。一是意思表示说。此种观点认为，民法典应当以意思表示为自己的中心轴。例如，德国学者温德沙伊德认为，意思表示和意思自治贯穿于民法的各个领域和环节，整个民法典应当以意思表示和意思自治为核心加以构建。② 二是民事权利说。此种观点认为，民法就是权利法，因此民法典体系的构建应当以民事权利为中心而展开。此种学说来源于自然法学派的思想，我国也有学者认为，民法是以人为

---

① ［德］阿图尔·考夫曼、温弗里德·哈斯默尔主编，郑永流译：《当代法哲学和法律理论导论》，北京：法律出版社，2002 年，第 279 页。

② 金可可：《论温德沙伊德的请求权概念》，《比较法研究》，2005 年第 3 期。

本位、以权利为中心、以责任为手段对社会关系进行调整的，这种关系的逻辑结构就是人—权利—责任的结构，而不是单纯的人—物对应的结构或总—分对应的结构，因此，民法典的结构应按照人—权利—责任这一结构来设计。① 三是法律关系说。此种观点认为，应当依法律关系为基础来构建民法典的体系，在这种编排方法中，法律关系被作为整理法律和展示法律的技术工具，而且成为体系构建的基本方法。② 萨维尼以法律关系为中心，从理论上构建了一个民法典的体系，该体系反映出的编排方法被后世学者称为“萨维尼编排法”。③ 潘德克顿学派将整个法律关系的理论运用到法典里面去，构建了一个完整的潘德克顿体系结构（Pandekten system）。采纳德国法系的国家大都接受了这一体系。④

笔者认为，我国民法典应当以法律关系为中心来构建，主要理由在于：

一方面，法律关系是对社会生活现象的高度抽象和全面概括。“法书万卷，法典千条，头绪纷繁，莫可究诘，然一言以蔽之，其所研究和所规定者，不外法律关系而已。”⑤ 法律关系是根据法律规范建立的一种社会关系，⑥ 是对社会生活关系的一种法律归纳和抽象，反映了社会关系的一些共同特征。另一方面，法律关系是对民法规范逻辑化和体系化的基础。法律关系编排方式被大多数学者认为是科学的编排方式，民法的诸制度都是围绕民事法律关系而展开的，法律关系包含主体、客体、内容三项要素，三项要素可以完整覆盖民法典的各项内容。还要看到，法律关系编排方法适应了民法发展的需要。民事关系纷繁复杂，但是把握住了民事法律关系的脉络，就把握住了民事关系的核心。具体来说，以法律关系为中心来构建民法典，民法典应当首先设立总则，总则之中应当包括法律关系的基本要素，即主体、客体、法律行为、责任。民法典的分则以法律关系的内容（即民事权利）为中心展开，分则部分包括人格权法、亲属法、继承法、物权法、债权总则和合同法、侵权责任法。

按照此种体系来整合我国现行法律，笔者建议民法典的制定应当从如下几个方面着手：

第一，通过修改补充《民法通则》，将其改造为民法典的总则。《民法通则》虽然不是以法典形式颁布，但其调整的都是基本的民事制度和民事权利；尤其是《民法通则》基本涵盖了所有民法典总则的内容，只不过基于现实需要在其中增加了部分民法分则的内容（如所有权、债权）。在某种意义上，它的确发挥了民法典的部分功能，并且

---

① 麻昌华、覃有土：《论我国民法典的体系结构》，《法学》，2004 年第 2 期。

② ［葡］平托著，法律翻译办公室、澳门大学法学院译：《民法总则》，1999 年，第 5 页。

③ ［葡］平托著，法律翻译办公室、澳门大学法学院译：《民法总则》，1999 年，第 5 页。

④ ［葡］孟狄士著，黄显辉译：《法律研究概述》，澳门：澳门基金会、澳门大学法学院，1998 年，第 78 页。

⑤ 郑玉波：《民法总则》，台北：三民书局，2003 年，第 63 页。

⑥ 张文显主编：《法理学》（第二版），北京：高等教育出版社，2003 年，第 131 页。

其大部分内容仍然可以适用于我国的现实情况。因此，应该对其进行进一步的修改和整理，将其纳入民法典的相应部分。[①] 换言之，在制定民法典时，不宜彻底抛弃《民法通则》，而应剥离其中的民法共性规范，作为民法典总则的蓝本。

第二，通过整合完善《合同法》《物权法》《侵权责任法》《婚姻法》《继承法》等民事法律，将它们统一纳入民法典并分别作为分则的各编。需要注意的是，这些法律在制定时，重视各自的体系性与完整性，并未按照民法典的体系进行系统的设计，例如，《物权法》关于保护物权规定中，既包括了物权请求权，也包括了侵权的请求权等，忽视了与《侵权责任法》的协调，故而，在制定民法典时，应当对各部法律进行适当的修改，而不能简单地、原封不动地纳入。

第三，应当在分则中设立独立的人格权编。传统大陆法系民法典不存在独立的人格权编，本身是有缺陷的，因为民法本质上是权利法，民法分则体系完全是按照民事权利体系构建起来的，民事权利主要包括人身权与财产权两大部分，后者分为物权与债权，它们均独立成编，人身权主要是以人格权为主，却未单独成编，其规则或规定在主体制度中，或散见于侵权责任制度之中，这就造成了一种体系失调的缺陷。可以说，传统民法过分注重财产权，反映其“重物轻人”的不合理性。要消除这一缺陷，人格权即应在民法典中独立成编，这也符合人格权保护在现代民法中的发展趋势：一方面，除了姓名权、肖像权、名誉权、生命健康权等，各种新型的人格利益被上升为人格权并受到法律严格的保护，如自然人的隐私权等；另一方面，一般人格权观念得到了立法和司法的承认与保护。而且，现代化进程中以及高科技发展过程中所提出的人格权保护问题，也需要通过我国民法典人格权编的完善来应对。例如，对个人生活情报的收集和泄露、对个人身体隐私的窥探、对生命信息和遗传基因的保护、对环境权的保护等，都是我们所必须面临的新课题。同时，市场经济的发展所引发的有关信用、商誉、姓名的许可使用以及名称的转让、形象设计权的产生等都是我们在人格权制度中必须加以解决的问题。此外，还要看到，在我们这个有着几千年不尊重个人人格的封建传统的国家，对人的关注与保护愈发重要。如果在民法中设立独立的人格权编，进一步对人格权予以全面的确认与保护，并确认民事主体对其人格利益享有一种排斥他人非法干涉和侵害的力量，同时也使个人能够据此同一切“轻视人、蔑视人，使人不成其为人”的违法行为作斗争，这必将对我国民主与法制建设产生极其重要的影响，还能体现民法是人法，以对人的终极关怀为使命的普遍价值。

第四，应当在分则中规定独立的侵权责任编。大陆法系一直将侵权责任法作为债法的一部分而体现在民法典中，但是由于现代社会发展及民主法制建设的客观需要，侵权责任法所保障的权益范围已不断拓展，其在传统债法体系中所负载的功能显然已不足以适应时代的需求。因此，侵权责任法应当从债法体系中分离出来而成为民法体系中独立

---

① 梁慧星：《为中国民法典而斗争》，北京：法律出版社，2002年，第22页。

的一支。侵权责任法的独立成编是完善我国民法体系的重要步骤，也是侵权责任法得以不断完善发展的重要条件。中国立法机关已经于 2009 年 12 月 26 日通过《侵权责任法》，实际上是采纳了侵权责任法独立成编的观点。侵权责任法将来要作为民法典的一编。侵权责任法通过构建科学合理的多元归责原则体系，既对私权利形成了更加周密的保护，又为侵权责任法未来的发展留下了足够的空间。

第五，应当设立债法总则编。法国学者达维德指出，“债法可以视为民法的中心部分”①。一方面，债权总则有利于整合债法自身的体系，它不仅适用于合同之债，还可以适用于非合同之债，能使不当得利、无因管理、缔约过失等债的形式在债法中找到其应有的位置，确立相应的法律规则。另一方面，债是市场经济中最活跃的因素，一旦新类型的债超出了现有规范，债权总则即起到拾遗补阙的作用，在此意义上，债权总则有利于完善民事权利的体系。在大陆法系体系中，民法典中债法的典型模式是将侵权行为、合同、不当得利、无因管理等都纳入债的范畴，以至于《德国民法典》等法典中的债权总则内容十分复杂庞大，从立法的科学性上说，其中许多内容并不都真正属于债权总则的内容。② 故而，我国民法典体系不一定要借鉴此种模式的经验，债权总则并不需要追求形式上的完整性，关键是有真正的总则意义，尤其是需要确定债的概念和债的效力、分类以及消灭事由，从而使其真正能够直接适用于各种具体的债的关系。

第六，涉外民事关系法律适用法应独立成编。从国际上看，关于涉外民事关系的法律适用的立法模式有单独立法与纳入法典两种；在我国，1986 年《民法通则》第八章较为系统地专门规定了对涉外民事关系的法律适用问题，2002 年民法典草案第一稿将涉外民事关系的法律适用单独作为民法典的最后一编（第九编）加以规定。2010 年 10 月 28 日立法机关通过了《涉外民事关系法律适用法》，在该法中确立了当事人可以依照法律规定来选择涉外法律适用的规则，如果法律没有特别规定，适用于与该涉外民事法律关系最密切联系国家的法律。我国民法典可以该法为基础将其作为独立的一编。

第七，知识产权法的主要内容可以在民法典之外规定。知识产权法无疑是民法的重要组成部分，但这并不意味着它应成为民法典的独立一编，因其内容非常庞杂、非常复杂，且随着科技的进步需要频繁进行修改，应当将其在民法典之外作为特别法单独规定。不过，我国民法典有必要对知识产权的类型和内容予以概括性、原则性的确认和界定，确认知识产权的共同规则，或仅在民事权利的客体中确认知识产权客体。这样有两个作用：一是宣示知识产权为民事权利，尽管知识产权兼具人身性和财产性，但其本质上仍属于民事权利的范畴，是私法上财产权利和人身权利的结合。民法典作为调整人身关系和财产关系的私法，应当对这一重要的权利类型予以确认和界定。在发生知识产权

① ［法］勒内·达维德著，漆竹生译：《当代主要法律体系》，上海：上海译文出版社，1984 年，第 79 页。

② 梁慧星：《为中国民法典而斗争》，北京：法律出版社，2002 年，第 47 页。

纠纷后，如果知识产权法未作出特别规定，可以适用民法典的规定。例如，侵害知识产权的责任，在知识产权法中缺乏规定时，可适用侵权责任法的规定。二是共性的规则在特别法中不宜分散规定，可以放在民法典中规定。

三、民法典制定中的若干重大问题

早在清末新政时，修订法律大臣俞廉三对制定《大清民律草案》的宗旨概括为四项，即“注重世界最普遍之法则”“原本后出最精确之法理”“求最适于中国民情之法则”和“期于改进上最有利益之法则”,[①] 这对当今我国民法典的制定仍有启发，即我国民法典的制定应当立足于中国国情，面向未来，借鉴两大法系的先进经验。本着这一宗旨，笔者认为，以下重大问题在我国民法典制定中应值得重视。

（一）民法总则制定中的若干重大问题

尽管我国具有支架性的民事法律已经制定出来，但因缺乏具有普适性的总则，导致我国民法体系性程度不是太高，极大影响了民事立法的科学化和适用上的合理性。故而，加快民法典的制定步伐，首先应当尽快制定民法总则，并重点解决以下问题：

第一，完善民事权利体系。在《民法通则》中民事权利是独立的一章（第五章），这种做法在今天来看仍然是值得肯定的，在未来的民法典中也应当保留这种立法技术。但是，民事权利本身是个发展的体系，《民法通则》中关于民事权利体系的列举性规定仍有完善的必要，例如，其中未规定物权概念，也未构建物权体系，现在看来显然不合时宜。尤其应当看到，随着社会经济的发展，出现了一些新型的民事权利，如环境权、公开权、成员权等权利，它们是否应规定在民法总则中，需要认真探讨。早在20世纪90年代，谢怀栻教授就提出社员权应该独立，不仅因为公司法中的股权（股东权）已非财产权所能包容，还因为民法从个人法向团体法发展的形势要求这样做。同时，他认为，有一些不具独立性质的权利（如选择权、解除权）、有一些期待权（如继承开始前的继承权），虽然从实质上看，与一些独立的、实定的权利不同，仍应将之归入整个民事权利体系之中。[②] 笔者认为，这些观点至今仍然具有非常重要的指导意义，在民事法律体系形成之后的民事立法活动中，也应到继续贯彻和实现。此外，还有一些新型的利益，例如，胎儿的权益、网络虚拟财产权、商业秘密、死者人格利益、特许权等等也需要在法律中作出规定。

第二，完善法人制度。《民法通则》对法人的分类以所有制为出发点，如将企业法人分为全民所有制企业、集体所有制企业等，并受制于现实而采用了企业、机关、事业

---

① 侯宜杰：《二十世纪初中国政治改革风潮》，北京：人民出版社，1993年，第409-410页。

② 谢怀栻：《论民事权利体系》，《法学研究》，1996年第2期。

单位和社会团体的法人分类。这显然不符合社会发展的需要，我国民法典在此方面应当借鉴大陆法系成熟的经验，采用社团法人和财团法人的分类方法，以便于解决和落实基金会法人、仲裁委员会、宗教团体、寺庙等主体地位。此外，还要规定法人的概念、性质、条件、类别、能力、设立、法定代表人、机关、终止、责任等制度。

第三，完善合伙制度。《民法通则》虽然规定了个人合伙和法人合伙，但并没有从总体上承认合伙企业作为公民和法人之外的第三类主体，也没有规定主体的一般规则和条件。笔者认为，民法典应当承认合伙企业的独立主体地位，将其和一般的合同式的合伙区分开来，这样，尽管合伙企业对外承担无限责任，但它能设立账户、订立合同，并有独立财产，可以独立承担责任。尤其是有限合伙的发展，使其已经具有了一些公司的特点，独立主体的资格性很强，因此应当承认其主体地位。

第四，完善法律行为制度。应当看到，《民法通则》关于法律行为的规定仍然存在缺陷，例如，在法律行为的概念上，民法通则借鉴了苏联学者的观点，将法律行为视为合法行为，且把意思表示从中舍去。这一概念显然不够严谨，因为法律行为也包括了非法行为（如意思表示包含了欺诈的意思表示），法律行为是指能够产生当事人预期法律效果的意思表示。法律行为不同于意思表示在于其能够产生法律效果，法律行为没有合法与违法之分，违法行为也可能产生法律效果。例如，欺诈行为只要不侵害国家利益，受欺诈者愿意接受欺诈后果的，也可以产生当事人预期的法律效果。在法律行为制度中，不仅要规定有关法律行为的概念、生效条件以及无效法律行为的类型、未生效的法律行为等，也需要规定意思表示的概念、效力的发出、到达、解释以及意思表示不真实等各种情形。[①]

第五，完善代理制度。《民法通则》关于代理制度，只规定了直接代理，未规定间接代理。但是，《合同法》适应市场交易的需要，在第四百零二至四百零三条中规定了间接代理，并在其总则第四十九条规定了表见代理，不过，代理不限于合同领域，可以适用于整个法律行为，故间接代理、表见代理均应纳入民法典总则之中，但一旦它们纳入总则，就需要重新构建代理制度，因为现有的代理制度是基于直接代理而形成的，如何理顺它们与间接代理制度的关系，就需要深入的探讨。笔者认为，未来民法典中的代理制度应当规定直接代理，间接代理应当作为直接代理的特别形式加以规定。

第六，完善民事责任制度。我国《民法通则》对民事责任作出了统一的规定，这种方式具有明显的中国特色，也为《侵权责任法》所继承和发展。因此，有关责任制度独立规定的结构应当坚持，但是《民法通则》有关违约责任和侵权责任的具体规则已经被《合同法》《侵权责任法》所涵括，不宜再规定于民法典总则部分，该部分只宜规范可共同适用的民事责任规范。

第七，完善时效制度。《民法通则》中的普通诉讼时效期间为二年，学理和实务上

---

① 梁慧星：《为中国民法典而斗争》，北京：法律出版社，2002 年，第 57 页。

普遍认为时间太短，不利于保护债权人，且特殊时效的列举过少，更多地分散在各个单行法中，不利于法官裁判，查找极其不便，有必要集中起来在民法典总则中加以系统规定。

（二）人格权法制定中的若干重大问题

尽管人格权法是否应在民法典中独立成编存在争议，但基于强化对公民的人权保护、完善民法的固有体系、弘扬民法的人文关怀精神、保持与侵权法等法律的衔接等原因，笔者认为人格权法有必要独立成编。

在人格权法中，要完善一般人格权制度。尽管《民法通则》对于宣示和确立我国人格权制度具有重大意义，但由于立法时理论研究不够、审判经验不足等影响和人格权不断发展这一特点的制约，《民法通则》关于人格权的规定仍然存在一些缺陷和不足，例如，《民法通则》没有规定一般人格权，一些具体规则也不尽合理。最高人民法院于2001年3月10日发布的《关于确定民事侵权精神损害赔偿责任若干问题的解释》，全面总结了保护人格权的经验，丰富和发展了《民法通则》所确立的人格权制度。例如，该解释第一条第二款规定："违反社会公共利益、社会公德侵害他人隐私或者其他人格利益，受害人以侵权为由向人民法院起诉请求赔偿精神损害的，人民法院应当依法予以受理。"这实际上确立了一般人格权法律制度。笔者认为这一经验是值得肯定的，因为人格权是一个不断发展的体系，在实践中存在大量的人格利益受到损害，急需加以救济的情况，这就需要我们对人格利益设置兜底条款，使得任何类型的人格利益在受到损害时，都能够找到救济的依据。但一般人格权主要还是对新的人格利益的开放式的规定，应当适用利益保护的规则。对一般人格权的具体内容可以表示为：人格尊严、人身自由和人格平等。比如，强迫某人住进精神病医院接受所谓精神治疗，就严重侵犯了受害人的个人自由和人格尊严。

在人格权法中，要完善具体人格权制度。在此方面，除了进一步规定并完善《民法通则》所确认的生命健康权、名誉权、肖像权、姓名和名称权、婚姻自主权等人格权之外，还应当重点规定以下三种权利：

1. 隐私权

隐私权是公民享有的私生活安宁与私人信息依法受到保护，不被他人非法侵扰、知悉、搜集、利用和公开等的人格权。[①] 简单地说，隐私权就是指个人对其私生活安宁、私生活秘密等享有的权利。隐私权在现代社会中日益凸显其重要性，尤其是随着高科技的发展，对公民隐私的保护显得极为迫切。例如针孔摄像机、远程摄像机、微型录音设备、微型窃听器、高倍望远镜、卫星定位技术的出现，过去科幻小说中所言的在苍蝇上捆绑录音、录像设备的技术在今天已成为现实，个人隐私无处遁身，正受到前所未有的

---

① 张新宝：《隐私权的法律保护》，北京：群众出版社，1998年，第21页。

威胁。为了公共安全和公共利益的需要，需要在公共道路、公共空间等地设置监视、监控设备，由此也带来了如何区分个人隐私与公权力之间界限的难题。为此，两大法系都已经将隐私权作为基本的民事权利加以规定，甚至上升为一种宪法上的权利加以保护。我国《民法通则》虽然在法律上第一次建立了人身权制度，但并没有规定隐私权。这是立法的一大缺陷。虽然我国有关的单行法律（如《妇女权益保障法》），都规定了隐私，但因为民事基本法没有确认此种权利，所以，极大地影响了此种权利的保护。笔者认为，未来我国人格权法中要重点确认如下几项隐私的内容：一是私人生活安宁权。自然人的生活安定和宁静也叫生活安宁权，就是个人对他们的生活安宁享有一种权利，并且有权排斥他人对他正常生活的骚扰，对这样一种权利的侵害也是对隐私的侵害。二是个人生活秘密权。个人生活秘密是个人的重要隐私，它包括个人的经历、恋爱史、疾病史等，这些隐私非经本人的同意，不得非法披露。私密信息涵盖的范围很宽泛，包括了个人的生理信息、身体隐私、健康隐私、财产隐私、家庭隐私、谈话隐私、基因隐私、个人电话号码等。每个人无论地位高低，哪怕是生活在底层的普通人，都应该有自己的私密信息，无论这些秘密是否具有商业价值，其私人生活秘密都应当受到保护。三是家庭生活隐私权。家庭生活隐私是以家族关系、血缘关系、婚姻关系为基础形成的隐私，具体包括家庭成员的情况、婚姻状况（如离婚史等）、是否为过继、父母子女关系及夫妻关系是否和睦、个人情感生活、订婚的消息等，这些都属于家庭隐私的范畴。四是通信秘密权。自然人的通信秘密不受侵害，通信秘密包括信件、电子邮件、电话、电报等各种通信中的秘密。禁止采取窃听、搜查等方式侵害他人的通信秘密。五是私人空间隐私权。私人空间是指凡是私人支配的空间场所，无论是有形的，还是虚拟的，都属于个人隐私的范畴。在私人空间中，住宅空间具有尤为重要的意义。“住宅是个人的城堡”（a man's house is his castle），这句英国法学家提出的法谚表现了空间隐私的重要性。六是私人活动的自主决定权。自主决定，就是指个人选择自己的生活方式、决定自己的私人事务等方面的自由。[①] 隐私不仅是指消极地保护自己的权利不受侵害的权利，它还包括了权利人自主决定自己的隐私，对影响进行积极利用的权能。

2. 个人信息资料人格权

个人信息资料（personal data）是指与特定个人相关联的反映个体特征的具有可识别性的符号系统，它包括个人出生、身份、工作、家庭、财产、健康等各方面信息的资料。欧美之间在用词上有些分歧，例如美国人用侵犯隐私形容在网络中泄露他人信息的

---

① Rehm 认为，自主决定的利益其实和隐私权没有什么关系，不过仍然可以把这两种利益都放在隐私权下面来保护。Gebhard Rehm, Just Judicial Activism? Privacy and Informational Self-Determination in U. S. and German Constitutional Law, *University of West Los Angeles Law Review*, 2001 (32), pp. 275, 278.

行为，而欧洲人则倾向于适用信息保护。[①] 个人信息资料权有独立的权利内涵，可以成为一项人格权。一方面，通常个人资料与某个特定主体相关联，可以直接或间接地识别本人，其与民事主体的人格密切相关。[②] 另一方面，个人资料具有一定程度上的私密性。很多个人信息资料都是人们不愿对外公布的私人信息，是个人不愿他人介入的私人空间，不论其是否具有经济价值，都体现了一种人格利益。[③] 当然，作为一种人格权，个人信息资料的保护方式与传统人格权也有所区别。其保护的重心，在于限制对个人信息资料的搜集与利用。

3. 网络环境下的人格权

互联网的发展，使我们进入了一个全新的信息时代。博客、微博的发展，使信息传播进入了新时代。据统计，目前我国已有近五亿网民、四千多万博客。如此众多的网民，在促进社会发展、传递信息方面，起到了重要的作用。但同时，利用网络披露他人隐私、毁损他人名誉等行为也大量存在。应当看到，网络环境下的人格权并非新类型的人格权，因为与既有的人格权类型相比较，其不具有独立的权利客体。但是，网络环境下的人格权又有必要在人格权法之中单独加以规定，这主要是考虑到：第一，人格利益保护的特殊性。一些人格利益在一般的社会环境中并不显得特别重要；而在网络环境下就显得特别重要。例如，在网络上，个人家庭住址的保护就特别重要。又如，在网络上披露某女明星的年龄，就导致该明星的演艺生涯受到影响。[④] 这主要是由信息在网络上传播的快捷性、广泛性以及受众的无限性导致的。第二，网络环境下，公众人物人格权的限制有特殊的规则。在网络环境下，公众人物人格权限制规则会有所变化，即便是公众人物，其在网络上的人格权也应当受到保护，如其家庭住址等个人信息不得被随意公开。第三，网络环境中更应当注重人格权保护与信息传播自由之间的平衡。在网络环境下，信息传播自由以及满足公民知情权变得非常重要。公民有在网络发布言论的自由，实现信息的自由传播，但是，一旦发布了侮辱、诽谤等言论，就会造成侵犯他人权利的严重后果，甚至并非出自故意而只是出于轻微疏忽的不实言论，也可能会导致严重的后果。例如，对某个自然人和企业的评价有所不实，一旦在网络上传播，就可能对其生活或者经营产生严重的影响。在实践中，确实多次出现利用网络诽谤和侵害其他企业信用的情形，例如造谣说某公司的产品掺入有毒有害物质，而这种言论一旦在网上传播开来，有可能引发人们的恐慌，进而攻击该企业等不理智行为，给受害企业造成的损失难以估量。第四，责任主体的特殊性。一方面，网络侵权主体具有广泛性；另一方面，网

---

① James B. *Rule and Graham Greenleaf*, *Global Privacy Protection*, Cheltenham: Edward Elgar Publishing, 2008.

② 齐爱民：《个人资料保护法原理及其跨国流通法律问题研究》，武汉：武汉大学出版社，2004年，第5页。

③ 张新宝：《信息技术的发展与隐私权保护》，《法制与社会发展》，1996年第5期。

④ 《泄漏女星年龄网站被告索赔》，《参考消息》，2011年10月19日第9版。

络服务提供者等特殊主体也要对受害人承担责任。当然，不同的网络服务提供者所应承担的责任应当有所区别。尤其是，法律上应当特别规定网络服务提供者的自律义务，要求其采取措施避免损害的发生和扩大。在人格权法中也可以规定网络服务提供者的自律，将其设定为一种义务，网络服务提供者在法定情形下有采取积极行为的义务，这是以人格权为基础而产生的法律义务。第五，责任方式的特殊性。在网络环境下，信息的传播具有快速性和广泛性，一旦损害发生，就难以恢复原状，故预防损害的发生和扩散变得尤为重要。因此，应当更多地适用停止侵害等责任方式。总之，我们认为，面对网络这种新型的媒体，立法应当对其加以规范。通过在法律上设置相应的规则，可以更充分地实现人格权的保护，救济受害人。正是因为上述特点，有必要在人格权法中对网络环境下的人格权作出特别的保护性规定。

此外，在人格权法中，有必要完善人格权行使的规则。需要解决权利行使冲突的规则，尤其是要明确人身权益的优先地位。还有必要规定一些与人格的内容和行使相关的问题，例如，保护生命健康权涉及医院是否应当对病人负有及时救治的义务，对生命权的保护涉及克隆、安乐死的政策问题，对生命健康权和隐私权的保护也涉及对于基因的采集和转基因应用的政策问题，这些都有必要在法律上作出回应。尤其需要指出的是，人格权法应当重点规范舆论监督、新闻自由与人格权保护的关系，对于公众人物的人格权是否应当作必要的限制、如何进行限制等都应作出规定。

（三）债法总则制定中的若干重大问题

如前所述，为了增强法典的体系性，完善法典的内容，在合同法和侵权责任法制定之后，还是应当制定债法总则。物权与债权的区分是大陆法系对民事权利的最经典分类方式之一，对于正确认识、理解和行使财产权影响甚大。如果债权总则不复存在，则民法典总则之中“债权”的概念就难以与民法典分则中相应的编对应，从而也会影响到整个民法典体系的和谐和体系化程度。笔者认为，在债法总则中，应重点完善以下三个问题：

第一，各种债的共性规则。如前所述，尽管《合同法》和《侵权责任法》都已独立成编，但是我们应当看到，合同之债与侵权之债还是存在着一些共同性的规则，如连带之债、按份之债、不真正连带债务等。这些规则都需要通过债法总则加以完善，以免《合同法》和《侵权法》需要分别作出类似的重复性规定。通过债权总则的设立，可以实现民法典条文的简约化，因为债权总则可以规定债法的共通性规则，这就可以减少规定“准用”“适用”之类的条文，从而减少条文的数量。甚至债法总则可以为各种债提供一套备用的规范。①

第二，完善具体的债的类型。传统上将债列为四种类型，即合同之债、侵权之债、

---

① 柳经纬：《关于如何看待债法总则对各具体债适用的问题》，《河南省政法管理干部学院学报》，2007 年第 5 期。

无因管理之债、不当得利之债。笔者认为，一方面，对这四种类型需要进一步完善。例如，无因管理在实践中运用得很少，此种制度设立的目的是鼓励人们互帮互助。但是这一制度的功能也常常可以借助受益人的补偿义务、公平责任等制度来实现。因此在司法实践中，适用无因管理的案件较少。有鉴于此，将来在债法总则中，只需要对无因管理作简略的规定即可。另一方面需要规定一些特殊类型的债。笔者认为可以考虑结合中国的实际情况，对一些特殊形式的债进行规定，主要包括如下几种：一是缔约过失责任。我国《合同法》第四十二条、四十三条规定了缔约过失责任。但严格地讲，缔约过失责任并不是合同之债。其不仅可以产生于合同订立阶段，也可以产生于合同终止后的情形。所以其与合同关系并不具有必然的联系，不应当纳入合同之中，而应当单独规定。二是单方行为。单方行为也可以产生债。例如，悬赏广告就是因单方行为而产生的债，有必要在债法中作出规定。三是税收之债。此种债务本来是一种公法上的债，但公法上只是确立了行政权的行使和公民的纳税义务，突出了其强制性特点。在实践中，也存在着欠税以后不完全通过行政处罚、行政强制的方式，也有通过民事方法来征收税款的做法。另外，税务机关请求纳税人缴税，也应当以税收债权的存在为前提。更何况，税收债权在破产法上作为优先受偿的债权而受偿。在债法中，明确税收之债的相关内容，有助于税务机关以民事方法来实现税款的征收。

第三，债法总则与传统上属于商法内容的特别法的衔接。债权制度的确立，沟通了票据法、破产法、保险法等民事特别法对民法典的依存关系，并为这些民事特别法确立了适用的一般准则。许多商事制度实际上都是债法制度的具体化和发展。例如，票据权利的设定、移转、担保证明以及付款和承兑等都是债权制度的具体化。破产制度坚持债权平等主义，保护正常的债权债务关系，通过对资不抵债的债务人宣告破产，使债权人的利益在公平分配的基础上得以实现。保险合同是具体的债的单元，保险中的投保与承保、保险的理赔与追索、海损的理算与补偿等，都要适用民法债的规定。而从债的发生基础来看，商事活动领域出现越来越多的债的类型，例如，票据行为所发生的债的关系，无法归结到合同关系，票据的背书转让不能等同于合同的移转。为了寻找到一般的规定，有必要通过债的一般规定满足商事活动的需要，提供必要的法律规定基础。① 为此需要在债法中就商法规则如何与其进行衔接设立必要的规则。

（四）婚姻家庭法、继承法的修改

《婚姻法》方面，有许多制度应当详细规定，例如，《婚姻法》中对子女的探望权问题虽然有所规定，但非常简略，实践中就探望权的问题经常发生争议。再如，关于未婚同居涉及的财产等问题，同居者的相互权利义务的规范，因为同居期间双方可能生育子女，由此引起的对子女的抚养、监护等职责如何确立。我国实行计划生育，独生子女

① 魏振瀛：《中国的民事立法与法典化》，《中外法学》，1995 年第 3 期。

较多，这也引发了新的问题，父母对子女究竟享有何种权利，现行法的规定比较笼统、比较模糊。尤其是在夫妻离婚之后，对子女的权利究竟如何确定和行使？例如探望权的主体、行使方式、探望权被侵害时的救济，颇值得研究。有学者建议，未来民法典应当赋予父母对未成年子女的居所指定权、教育权、抚养权、财产管理权等，并明确父母依法应承担的义务。[①] 此种观点也不无道理。此外，对离婚后子女的监护问题也有待进一步完善。在继承法方面，我们对遗产的范围规定得过于狭窄，对于遗嘱自由的保护应当进一步加强，法定继承人的范围也应当适当扩大（如增加第三顺位的法定继承人）。此外，对于被继承人的债权人的保护不够，实践中一些继承人通过隐匿财产、混同财产等方式逃避债务，从而在一定程度上损害了债权人的合法权益。

四、结语

制定一部面向21世纪的科学的民法典，不仅能够有效实现中国大陆民事法律的体系化并构建中国特色社会主义法律体系，这也将代表着大陆民事立法水平达到一个新的高度，也将充分表现我国法律文化达到的更高的层次。通过民法法典化的方式实现民法的体系化，不仅符合我国的成文法典化法律传统，是中国实行依法治国、完善社会主义市场经济法律体系的重要标志，也将表明我国法律文化的高度发达水平，更是中国法治现代化的具体表现。[②] 我们的祖先曾在历史上创造了包括中华法系在内的灿烂的中华文明，其内容是何等博大精深！其在人类法律文明史上始终闪烁着耀眼的光芒，并与西方的两大法系分庭抗礼，互相辉映。今天，中国民事立法和司法实践已为民法典的制定积累了丰富的实践经验，广大民法学者也做了大量的理论准备。制订和颁布一部先进的、体系完整的、符合中国国情的民法典，不仅能够真正从制度上保证市场经济的发展和完善，为市场经济健康有序的发展奠定坚实的基础，而且将为我国在21世纪的经济的腾飞、文化的昌明、国家的长治久安提供坚强有力的保障！如果说19世纪初的《法国民法典》和20世纪初的《德国民法典》的问世，是世界民法发展史上的重要成果，则21世纪初中国民法典的出台，必将在民法发展史上留下光辉的篇章！

【作者简介】

王利明，中国人民大学法学院教授、博士生导师，中国人民大学民商事法律科学研究中心研究员。

---

① 王卫国主编：《中国民法典论坛（2002—2005）》，北京：中国政法大学出版社，2006年，第91页。

② 谢怀栻：《大陆法国家民法典研究》，北京：中国法制出版社，2005年，第3页。

论民法典的制定与弱者保护*

许德风

一、谁是弱者

准确识别弱者，是任何弱者保护制度有效运作的前提。弱者的含义是相对的。在某一项特定关系中的弱者，在其他关系中，可能是强者。因此，法律保护弱者的规则，应当着眼于所涉及的法律关系，就案论案，而不是固定地将某一个或某一类特定主体看作弱者。

在常见的对弱者保护规则的批评中，首先是对有效识别弱者的质疑：以通过价格管制来保护弱者的安排为例，若强制地压低价格，必然导致人们在替代价格的机制中加大投入，最终导致财富的分配不仅无法摆脱“价高者得”的结果，还要因替代价格机制而支付额外的交易费用。① 也就是说，若不能有效地识别弱者，仅仅靠强制压低价格，并不能让真正的弱者获益。

笔者认为，弱者的识别首先可以依据一些确定的标准进行。比如，适应不同的法律关系，智力水平高低、财富多寡、身体健康与否，都可以成为界分强弱的依据。另外，就具体机制而言，可以通过三项机制的有效配合加以实现：第一、全面的事先资格审查；第二、充分的事后监管；第三、在可供选择的资格大于可供分配的财产时，以随机分配的方式实现分配公平。当然，无论是事先资格审查还是事后监管抑或随机分配，都要支出成本（我国现实中经济适用房、限价房、公租房的分配，可为典型例证）。必须

---

* 本文原载于《广东社会科学》2012 年第 1 期。本文写作得到了贺环豪、冀放、张娇的研究协助。

① 如张五常教授认为即使在租金管制的情况下，房屋仍会和在自由市场的价格机制下一样，得到“有效”配置，即得到房屋的顺序依“出价”（名义价格与各种规避成本之和）高低而定。理由是虽然租金价格机制不能自动发挥作用，但替代机制如排队、寻租等可以发挥和价格机制一样的作用。张五常：《经济解释》，北京：商务印书馆，2000 年，第 187－213 页。

设计相应的制度，有效控制这一成本，否则，即使保护弱者有必要性，保护弱者的制度也会失败在可行性上。

二、为什么法律要保护弱者

为什么要保护弱者而不是平等对待，并非显而易见。对这一问题的研究，也极其丰富。[①] 我国的学者如孙笑侠等从社会经济基础（基尼指数过高）、民众心理基础（民本、仁政为特征的政府观念）、政治基础（党的“以人为本”的执政思路）和规范基础（《宪法》第十四条第二款）论证了弱者保护的必要性。[②] 薛军教授批评了自然主义的市场观念及建立于其上的纯私法性定位的民法模式，认为民法应当反映社会政策，在当前，应当反映社会主义市场经济——尤其是其中的“社会主义”的政策需求。[③] 笔者认为，应给弱者以一定的特殊保护，主要有以下几点理由：

（一）资源稀缺是弱者保护的物质性前提

在资源稀缺的情况下，如何有效配置资源、减少浪费，至关重要。对此，市场这一“无形之手”作为配置资源的工具，能够在大多数情况下以最低的成本使之实现。不过，同样为多数社会成员所认同的是，绝对化的、“价高者得”的自由市场规则，将会导致一部分人完全无法获得必需的资源。在此背景下，若要使弱者也能分享这些资源，以实现一定的基本保障，则应对资源分配的自由市场规则进行必要的限制。

（二）弱者保护是尊重人权的需要

当然，仅从资源稀缺中并不能自然推导出弱者保护的必要性。那么，是否应适当限制自由市场规则，以保障每个人的基本生活需求呢？笔者认为应作肯定的回答。这首先是尊重人权[④]的要求。关于人权的范围与种类，见仁见智。但无论怎样，自由、尊严以及维持这二者所需的基本财产，在多数论者的眼中，被认为是属于人权范畴的。另外，应认识到，随着社会的发展进步和生产能力的提升，一些“新型”权利也逐渐被看作

---

① 某种程度上，甚至所有与“正义”“平等”有关的讨论，都与弱者保护有关。而这是自亚里士多德以降即被深入研究的哲学议题，其中，近现代以来，康德、黑格尔、罗尔斯、哈贝马斯等都有过深入而精当的研究。

② 孙笑侠等：《论政府对公民强制的“爱”》，林来梵主编：《法律与人文》，北京：法律出版社，2007 年，第 32 - 34 页。

③ 薛军：《两种市场观念与两种民法模式》，《法制与社会发展》，2008 年第 5 期。

④ 此处所用的“人权”一词，借用夏勇先生的定义，表达的是这样一种观念：“一个人，仅因为他是人，而不因其社会身份和实际能力（如出身、财产、才智、职位、机遇等）就应该享有的某些权利。”夏勇：《人权概念起源》，北京：中国政法大学出版社，1992 年，第 212 - 213 页。

人类生活的基本条件，从而人权的类型与内容也有所改变。[①] 人权的基本特征是其不可剥夺性，在弱者无法通过自力保护其人权时，法律便应介入，以强力予以保护。

（三）弱者保护是团体生产与生活的要求

面对变化无常的外部世界，从产生之初，人类便要以团体的形式、相互协作地谋生存。虽然随着人类整体征服自然和改造自然能力的增强，个体生存能力日益改善，但“合作”作为人类文明的主题，却始终如一，并且随着社会分工日益加强。[②] 在这样的团体生活中，固然“物竞天择，适者生存”有其应用的价值，但维系该团体合作的基本规范，如成员间应彼此尊重、互相照顾扶助等，仍是必须固守的。

（四）人性存在难于克服之弱点

人类的智力与眼界是有限的。例如，人们的选择，常常会为信息的“包装”（framing）所左右。[③] 对此，法律可做的工作，一方面是担当行为规范（如规定强制性的信息披露与提示义务），指引人们的选择；另一方面，是提供裁判规范，对不当利用人性弱点牟利的行为进行干预。消费信贷中的利息管制和个人破产制度，可以说都是基于此而设计的。后者不仅在人们遭受不幸等意外风险损害时提供破产保护，在因误判或不节俭而陷入困境时也同样给予保护，包括提供“重新开始”的机会。[④]

（五）弱者保护是尊重个体之必要延伸

当下的社会结构与社会状态，可用“大众社会”来描述：先进的通信、物流、建筑与生产等科技，让彼此陌生的人可以密集地聚居在一起。其表现为两方面的特征：其一，在聚居的生活中，个体的各种特定需求都因人数的众多而累加，从而形成巨大的同质化需求；其二，在社会、经济、技术条件的支持下，人对独立性、个体化的追求也日益加强。人们甚至可以主动地选择与哪些人保持匿名或陌生的状态，与哪些人保持联系，而不受诸如地域、住所等因素的影响。这就要求法律一方面应适应标准化与类型化的发展趋势，制定与大规模生产相协调的规范，承认人们为了适应标准化与类型化的交易需求而发展出来的相应规则；另一方面应尊重个体的独立，包括充分尊重每个个体的自主选择（如隐私权）和以相应的规则区分对待不同个体。这是近代法到现代法的演化过程中，私法中所关注的人“从理性的意思表示强而智的人向弱而愚的人”转变[⑤]的内在动力。

---

① 如不受限制地使用互联网络与发表言论的自由，正日益被看作“必需”之事。

② 杜宴林：《法律本体的人文主义基础论析》，《法制与社会发展》，2005 年第 4 期。

③ Amos Tversky, Daniel Kahneman, The Framing of Decisions and the Psychology of Choice. *Science*, 1981, 211 (4481), p. 453.

④ 许德风：《论个人破产免责制度》，《中外法学》，2011 年第 4 期。

⑤ ［日］星野英一著，王闯译：《私法中的人》，北京：中国法制出版社，2004 年，第 50 页。

三、为什么以民法保护弱者

民法具有“价值中立”的特征,[①] 即在这套高度发达、自成一体的概念体系里，伦理、经济和社会人类学的内容会让位于法律规则的抽象，尤其在法典制定后，往往很难再从文本本身读出其背后（尤其是立法当时）的社会状况和价值观念。很多时候，不得不承认，民法中所表达与反映的，是人类社会中的一些基本的价值观念与交往方式，其作为一种共通特征，超然地存在于各种不同的社会体制之中。这很大程度上是为什么像“民法大全”这样的法律可以历经拜占庭时代的集权与专制政体、中世纪晚期的阶层与团体制、复兴早期的货币经济和远程贸易、重商主义时期以及后来的传统的自由主义时期都得到了适用的原因，也是为什么《法国民法典》和《德国民法典》不仅在西欧、中欧得到适用，也适用于当年的苏联和部分东南亚国家，甚至对实行社会主义市场经济的中国也有深刻影响的原因。[②] 正是在这种“形式理性”的意义上，韦伯认为“对于是否应该有法律，以及人们是否应该只设定这些规则，法学（Jurisprudenz）是不闻不问的”。在这一语境下，即便保护弱者的论点可获得肯定，民法在弱者保护中占有怎样的地位，以及用民法保护弱者是否可行、能否奏效，都需要额外的论证。

幸运的是，在现实世界中，民法和民法学的发展、研究并未完全按照韦伯的定性进行。一方面，法律学者的研究，除了关注规则的文义及其相互间的逻辑关联以外，同时也进行立法论层面的思考，而未局限于释义法学；另一方面，在每一个社会阶段，民法中也都多多少少地包含了反映那个时代特征的条款，并未完全地超然于当时的社会、政治、经济体系。甚至可以认为，在近代民法发展的早期（主要是法国民法典立法前后），学者“价值中立”的主张，事实上也不是完全“中立的”，而是一种自由主义的观念，即法律不去干预私人的权利和行为空间。但随着社会经济的发展，到19世纪末期，立法及司法则愈发倾向于有意识地追求特定的价值目标。伴随着欧洲社会化哲学观念的发展，法律的着眼点逐渐转向社群共同生活的改善，逐渐凸显其社会化、道德化的属性。[③] 通过私法保护弱者的意义，主要体现在以下几个方面：

---

① 苏永钦：《私法自治中的国家强制》，北京：中国法制出版社，2005年。德国学者沃尔夫甚至对民法上诸如“善良风俗”“国民道德”和“公共秩序”等观念持极为反感的态度，认为这将赋予法官乃至心存恶意的执政者以过大的权限，扭曲法律，扰乱传统的伦理秩序，进而用以实现个人的野心。Ernst Wolf, *Allgemeines Teil des bürgerlichen Rechts*, Carl Heymanns Verlag, S. 66. 作为反例——虽然不应过分苛责——在纳粹时期，学者如拉伦茨也曾主张，《德国民法典》第一百三十八条规定的“善良风俗”，“应依德意志民族的核心世界观加以确定，尤其是纳粹的价值观和集体理念……” Larenz, *Vertrag und Unrecht*, Mohr, 1937, S. 81 f.

② Franz Wieacker, *Industriegesellschaft und Privatrecht - sordnung*, Scriptor Verlag Kronberg/Ts., 1974, S. 9.

③ 王伯琦：《近代法律思潮与中国传统文化》，北京：清华大学出版社，2005年，第44页。

（一）弱者保护是私法自治的道德底线

不可否认，私法自治是民法上最核心的基本原则。

但这种自治，并不是没有任何底线的自治。例如，若民法上实行“任何契约无论公平与否均应严守”的制度，必然导致某些显失公平的合同得以强制执行。尽管只有将合同严守作为交易活动的一般规则，才能维护合同的约束力，但人们对这一规则的普遍接受建立在这样的前提下，即被严守的合同应当符合人们最基本的容忍限度、满足人们对公正的最低要求。极端的合同严守会适得其反，不但不能保护交易秩序，反而会破坏人们对交易规则的信任。这种信任与支持是一种公共物品。个别交易主体滥用此项信任，苛求对方当事人或损害社会与邻里，是对社会中互助互济的道德观念的滥用，会激化人们的厌商情绪，最终降低经济的效率。

对此，笔者在其他论文中曾提及①：“正如康德所论，虽然人们有按照其个人意志行动的自由，但此人的自由与彼人的自由难免会有所冲突，因此总会产生各自的边界，在这样的背景下，作为一项义务，‘小店主不应以过高的价格向无经验的顾客出售商品。在交易频仍的环境下，商人也不应有此种行为，而应对所有人收取同样的价格，以便孩童与其他人可以一样地从他这里购买商品’。”② 这种道德环境，就像斯密在《道德情操论》③ 中所描述的，经济人虽然也自私自利，但同样也有同情心，有自我之爱，珍惜名誉和身份，追求幸福；或者像 Eric Posner 在探讨高利贷与违反公序良俗的合同时所总结的，“夏洛克是资本主义的威胁。资本主义需要适度，而不是过分；远见，而不是小聪明；自利，而不是贪婪”④。

出于上述原因，弱者保护的思想不仅体现于交易双方地位不对等的交易（如消费品买卖）中，还体现于交易双方身份接近（如双方都是商人）的交易中（即使双方都是商人，并不表明在该具体交易中不存在强弱的差异，如一方处于经济上的某种紧急状态）。这也是诚实信用原则、公序良俗原则、情事变更规则等一般性原则或禁止惩罚性违约金⑤、格式条款内容控制等制度在“民”与“商”的关系中均一体适用的深层基础。

（二）更有效率地保护弱者

在保护弱者的方式选择上，效率是一项重要的考量因素。例如，论者大可质疑，若

---

① 许德凤：《论利息的法律管制》，《北大法律评论》，北京：北京大学出版社，2010 年第 1 期。

② Artur Buchenau und Ernst Cassirer, Immanuel Kants Werke (Schrift von 1783 – 1788), *Band IV* (*Grundlegung zur Metaphysik der Sitten*, *Kritik der praktischen Vernunft*), Berlin, 1922, S. 253.

③ 斯密著，蒋白强等译：《道德情操论》，北京：商务印书馆，2003 年。

④ Eric Posner, The Jurisprudence of Greed, *University of Pennsylvania Law Review*, 2003, 151 (3), pp. 1097 – 1133.

⑤ Karsten Schmidt, *Münchener Kommentar*, § 348 Rn. 2, 14 HGB.

保护弱者，以社会福利等保障制度、税收等分配制度完成即可，以私法来保护弱者，会不会破坏交易的安全，损害交易的便捷？本文对此的回答是：弱者的保护，乃多种制度相互协调、共同作用的结果。作为其中一项重要的组成部分，私法上的弱者保护制度，若设计得当，在特定条件下可以更有针对性、更富效率。例如，在住房极其紧张的环境下，租赁管制的规则，相比向房屋富余者征税的分配规则，将更有助于将房屋分配给有需要的群体。因为税收的安排是一个普遍性的转分配制度，即使设置这样的税收项目，法律也无法准确地将房屋所有人的利益，直接转分配给特定地区有特定需求的承租人。例如因各地区收入水平与住房支出差异巨大，收入水平就不适合作为确定补贴数额的依据。另外，以税收形式转移支付也有成本，尤其是税收从征收到使用的各个过程都会存在不当的浪费，也会造成不同程度的无谓损失。①

（三）作为互助保险的强制性弱者保护规则

俗语说，“三十年河东，三十年河西”。弱者保护的规则本质上就是一种互助保险制度。在这一制度下，善待弱者的制度表面上是“牺牲”强者而“照顾”弱者的利益，但若长远来看，在不确定的经济与社会风险中，任何人，无论财产还是人身，都有可能遭受无法承担的损失而陷入困境。因此，那些“限制强者、保护弱者”的规则，在此地、此时保护了他人，在未来就可能成为保护自己的制度。这一“互助”的道理，是任何理性社会成员皆可单独接受的，只是让全体成员达成此协议，集体决策的成本会极高，因此，由法律将其规定为强制性规范。对于此种强制性规范的正当性，罗尔斯的论述很有道理：在一个“无知的帷幕”（veil of ignorance）下，即在任何人都不知道自己将会成为社会中的哪种角色时，他们共同接受的规则通常将是符合正义的。可以想见，如果每个人成为强者（或弱者）的可能性大致相同，“弱者应予保护”会成为普遍接受的一项制度。②

四、如何以民法典保护弱者

即便能够在弱者应予保护的问题上达成一致，如何有效果、有效率地保护弱者，仍值得深究。民法上弱者的保护，可分为事先与事后两个阶段。事先保护强调提醒、宣示乃至直接的指导；事后保护强调救济的及时、有效与充分。在这两个方面，民法典均可发挥其重要的作用，具体体现在以下几个方面：

（一）集中、有效地宣示民事权利

在“社会主义法律体系已经形成”的今日，我国的民事立法不可谓不繁密，内容

---

① 许德风：《住房租赁合同的社会控制》，《中国社会科学》，2009 年第 3 期，第 132 页。
② ［美］罗尔斯著，何怀宏等译：《正义论》，北京：中国社会科学出版社，1988 年版，第 10 页。

不可谓不完善，但其散居的状态决定了很多关于权利的规定更多地被感知为技术性规则，而非对权利的全面宣示。若可以通过一部民法典将既有规则编纂在一起，必将形成良好的体系效应，有效地宣示权利。在这个意义上，对于“人格权法”应否在未来的民法典中独立成编的问题，似乎更应作肯定的回答。在当前的社会经济环境下，这一编的宣示性意义而非其内容之多寡是其能否独立成编的关键性因素。

（二）维护合同的遵守及全面的信赖保护

在宽泛的弱者概念下，信赖使人的权益状态从自决定转变为对他人的依赖，使人的利益实现取决于对方及时有效地履行义务，因此很大程度上使人从强者转换为了弱者。在这个意义上，信赖保护制度也具有弱者保护的特征。具体而言，在私法中，信赖保护一方面体现为对“表见状态”[①] 的尊重，如在意思表示的认定与解释上逐渐地形成了从意思理论（Erklörungstheorie）向表示理论即信赖理论[②]（Vertrauenstheorie）的转型。另一方面，体现为对所谓“效率违约”的限制。如在不动产买卖中，强调以实际履行保护买受人的权益。此外，为了保护与缔约相关的信赖，沿合同法的路径，法律发展出了缔约过失责任制度（我国《合同法》第四十二条）；沿侵权法的路径，则发展出安全保障义务的规则，让宾馆、商场、银行、车站、娱乐场所等公共场所的管理人或者群众性活动的组织者承担起安全保障义务（我国《侵权责任法》第三十七条）。[③]

（三）维护交易之公平

交易之公平，必须成为民法的内在价值。以德国民法的发展为例，在《德国民法典》制定之初，正如学者所总结的：“对于合同内容是否公平、合同对价是否相当，民法典完全不加以考虑，而仅要求有关交易不违反法律和善良风俗，至于合同对当事人发生怎样的效果，完全由当事人自身，实践中主要是交易中的强者一方所决定。”[④] 随着

---

① Canaris, *Die Vertrauenshaftung im deutschen Privatrecht*, München: C. H. Beck, 1971.

② “信赖是一种脱离伦理因素的客观事实，但它并非一种纯粹的与当事人主观无关的事实，它其实是一种以他人的信任为基础的事实，保护信赖因而意味着对一种正当期待权的维护。因此，信赖概念反映了一种集体主义或福利主义的意识，在它看来，人们应当彼此得体地行动、应当互相帮助、应当互相警告可能的风险，尽管在某种意义上，他们在市场交易中彼此陌生、相互对立。”朱广新：《违约责任研究》，北京：法律出版社，2007 年，第 136 页；［德］拉伦茨著，王晓晔等译：《德国民法通论》（上册），北京：法律出版社，2003 年，第 59 – 60 页。

③ 许德风：《对第三人具有保护效力的合同与信赖责任》，《私法》第 8 卷，北京：北京大学出版社，2004 年，第 253 – 291 页。

④ Bydlinski, *Privatautonomie und Objekive Grundlagen des Verpflichtenden Rechtsgeschfts*. Wien: Springer, 1967, S. 103.

社会经济的发展，这一观念逐渐发生了变化，发展出实在法上的禁止暴利规则[①]、情势变更原则、合同补充解释等制度。

如何一方面保护弱者，另一方面又不过度损害其他主体的权利，是维护交易公平中的重要难题。对此，笔者认为，必要的情况下，可以借助上限管制与价格指导等手段。以利息管制与住房租赁合同社会控制为例，上限管制可以一方面控制市场主体的交易利润，另一方面又不至于对其财产权利造成过度的损害。上限管制的关键，是可以确定一个合适的价格，适应市场的变化而及时调整。有的管制，其上限的确定相对容易，如利息管制中利息上限的确定；而有的管制，其上限的确定需要做大量而细致的工作。例如，在以解约限制为中心的租赁控制中，既然限制了出租人的解约权，若再不允许出租人涨租金，便可能过度损害其财产权，因此需要国家制定租金调整的基准。

值得特别强调的是，对于以法律的强制性规定而不是根据当事人的自由选择确定交易之公平的现象，必须极为谨慎。就我国的法而言，格式合同制度的确立和发展常被认为是弱者保护的一个例子。表面上看，格式合同剥夺了一方当事人的自由协商权，应当加以限制，但其实未必。实际上，格式条款的存在可以降低交易中的协商成本，进而可降低企业的生产成本，这些成本的降低仍会以一定的形式转移给消费者。[②] 在市场竞争充分，产品日趋同质化，企业的利润空间有限的情况下，即便是由企业单方制定格式条款，其也会考虑到和其他企业竞争的关系而不会轻易损害他方当事人进而损害其竞争地位。从这个意义上说，规制垄断远比规制格式条款重要。从性质上说，格式条款可以被理解为是产品的有机组成部分。产品的核心要素——价格可以通过合同（格式合同）加以规定，无可置疑。产品的质量一样可以通过质量标准或保修规则加以确定。这一特征在理财产品、保险产品等以合同作为表现形式的无形产品上就体现得更为明显。由此说来，在很大程度上，法律对格式条款的管制就可以等同为对产品质量及其价格的干涉。

（四）社会化的所有权

“社会化”是所有权制度的内在要求。其一方面体现为对某些所有权权能的限制甚至剥夺，如利息管制或租赁控制所体现出来的对所有权的限制；另一方面体现为所有权

---

① Heinrich Stoll, *Die Bedeutung der Entsc – heidung des Groen Senats fr Zivilsachen ber Wucher und Berteuerung* （RG150, 1）, AcP 1936, pp. 333, 334; Reinhard Zimmermann, Civil Code and Civil Law, The Europeanization of Private Law within the European Community and the Reemergence of a European Legal Science, *Columbia Journal of European Law*, 1994/95, 1 (1), pp. 63 – 102.

② Richard A. Posner, *Economic Analysis of Law*, 6th Edition. New York: Aspen, 2003, p. 115.

人应承担所有物致他人损害的责任的制度。[①] 另须补充的是，强调所有权的社会化，并不是说只有所有权应受限制。在举重明轻的推理规则下，所有其他权利，都应根据其性质，受到相应的限制。

（五）超越“过失责任”的侵权责任法

随着社会的发展，侵权法更强调对受害人的救济。如日益增加的严格责任类型使被告没有过错也要承担责任。[②] 其背后的依据就是弱者保护的原理：此种情形下为侵权人所从事的经营带来了巨大的风险，因为无论是否有过错，他都应承担该风险所产生的责任。因为与其相比，受害人都一定程度上是弱者。实际上，在侵权法上，传统的过错责任原则也可以看作一种弱者保护的规则：与当事人本人保护自己免受外部损害所付出的精力或成本相比，行为人要支付巨大成本才能避免不对他人造成损害，因此过错责任实际上是保护了在防范损害发生上弱势的一方。

五、结论

每个人是自身利益最好的守护者。在多数情况下，我们应相信并尊重个人及个人的“联合”[③] 实现其自身利益的能力。但是，若认同社会的团体属性，若坚持人有人权，若承认人性存在弱点，在资源稀缺的现实中，法律便应当设计一定的规则对弱者给予必要的保护。私法的主要功能虽然是促进意思自治的实现，但在特殊情况下也可以直接被用来更有效地保护弱者。另外，即使强调私法自治，也应当同时确立相应的规则，以守护私法自治的道德与伦理底线。

【作者简介】

许德风，北京大学法学院副教授，博士。

---

① 例如，最初《德国民法典》强调一种利用自由的观念。只要不可量物未损害或未根本性损害他人对土地的使用，或者该种排放符合习惯的要求，即可自由排放。从20世纪70年代开始，其民法典第906条的规定被修改了20余次，要求不可量物的排放不得超过法律所规定的限度（同时通过诸如“联邦排放法”等），而不再将其仅限制于习惯或其他因素。

② 王利明：《民法的人文关怀》，《中国社会科学》，2011年第4期，第159页。

③ 未成年人与其法定代理人的关系、社团成员的关系甚至亲属、好友的关系都可以看作这种“联合”。

论作为抽象人格权的一般人格权*

杨立新　刘召成

一般人格权这个概念在十几年前从德国引进，目前已经被我国民法学界普遍接受，成为民法的基本概念。但是，近年来，随着我国人格权保护需求的不断提升，以及民法典倾向于制定《人格权法》，因而人格权法研究迅猛发展，新型的人格权不断出现，传统的一般人格权概念受到挑战。我们作为最早在中国提出一般人格权概念并进行研究的学者，对此进行了反思，并且提出了新的构想。本文就是探讨这样的问题。

一、我国现有的一般人格权制度与人格权体系不兼容

（一）我国一般人格权制度的发展与现状

我国的一般人格权制度主要是通过学说和司法实践的共同努力发展起来的。《民法通则》除了对于生命权、健康权、姓名权、肖像权、名誉权等具体人格权进行明确规定之外，也在第一百零一条对人格尊严的保护进行了规定，通过这种方法对于具体人格权以及具体人格权之外的其他涉及人格尊严的利益进行了保护。然而随着社会的发展，《民法通则》的上述体例表现出了极大的局限性，无法对新出现的不属于具体人格权和人格尊严的人格价值提供保护依据。学者借鉴德国、日本以及我国台湾地区的一般人格权制度，并结合我国立法关于具体人格权之外的其他人格利益保护的规定，以及我国宪法对于人格尊严保护的规定，发展出我国的一般人格权制度。① 这种一般人格权的认识逐渐获得学界的广泛认可。在司法实践领域，司法机关在借鉴上述学说，并总结司法实

---

* 本文原载于《广东社会科学》2010 年第 6 期。

① 杨立新、尹艳：《论一般人格权及其民法保护》，《河北法学》，1995 年第 2 期，第 6 页；姚辉：《论一般人格权》，《法学家》，1995 年第 5 期，第 8 页。

践经验的基础上，也逐渐接受了一般人格权的思想，并在最高人民法院《关于确定民事侵权精神损害赔偿责任若干问题的解释》中对其予以了确认。① 这样就基本形成了我国的一般人格权制度，对人格利益提供广泛、全面的保护，以补充具体人格权保护的不足。

一般人格权已经成为我国人格权体系中的一项重要制度，与具体人格权一起共同对民事主体提供全面的人格保护。一般认为，一般人格权是对公民和法人享有的人格利益的抽象概括，包括人格独立、人格自由、人格平等和人格尊严，② 其在人格权体系中具有解释、创造和补充的功能，③ 能够补充具体人格权对于人格保护的不足。

一般人格权是为了弥补具体人格权对于人格保护的不足而产生的，其源于人格作为人的本质的最高价值，这些价值在现代民主法治社会已经得到宪法的确认，并通过宪法影响部门法。但是民法对人的价值的保护必须通过特定的法律技术转变为民法上可以操作适用的具体制度，也就是说，民法作为一门科学，必须通过自身的制度去实现宪法上对于人的价值的保护。一般人格权作为一项民法制度，必须纳入民法的框架，这是一般人格权的宿命也是民法学者的使命。德国的一般人格权虽然源于宪法（即德国基本法，下同），是对《宪法》第一条第一款人格尊严以及第二条第一款人格发展的价值的实现，但是自其产生之日起，学界就一直努力将其纳入民法体系，寻找其请求权基础，认为一般人格权作为一种框架权利属于《德国民法典》第八百二十三条第一款的其他权利，从而通过该条获得了请求权基础。④ 与此同时，学界还通过多种方式具体化一般人格权，获得法律适用的确定性。⑤ 与此不同的是，我国的一般人格权制度尚处于概念与性质的抽象界定阶段，学界缺少将一般人格权纳入民法体系的努力，造成了我国一般人格权制度停滞不前的状态。关于一般人格权的性质，我国学界大概有三种观点：有学者认为它是一种权利，⑥ 有学者认为它是一种法益，⑦ 有学者认为它并非权利或法益，而

---

① 我国《关于确定民事侵权精神损害赔偿责任若干问题的解释》第一条对于作为一般人格权核心的人格尊严作出了规定。

② 王利明：《人格权法研究》，北京：中国人民大学出版社，2005 年，第 160 页；杨立新、尹艳：《论一般人格权及其民法保护》，《河北法学》，1995 年第 2 期，第 10 页；姚辉：《论一般人格权》，《法学家》，1995 年第 5 期，第 13 - 14 页。

③ 杨立新、尹艳：《论一般人格权及其民法保护》，《河北法学》，1995 年第 2 期，第 11 页；尹田：《论一般人格权》，《法律科学》，2002 年第 4 期，第 15 页。

④ Deutsch/Ahrens, *Deliktsrecht*, 4. Auflage, Carl Heymanns Verlag, 2002, S103. K? tz/Wagner, *Deliktsrecht*, 10 Auflage, Luchterhand Verlag, 2006, S. 67.

⑤ Jürgen Gleichauf, *Das postmortale Persönlichkeitsrecht im internationalen Privatrecht*, Peter Lang Europ? ischer Verlagder Wissenschaften, 1999, S. 67 - 71, 68.

⑥ 王利明、杨立新、姚辉：《人格权法》，北京：法律出版社，1997 年，第 26 页。

⑦ 熊谞龙：《权利，抑或法益？——一般人格权本质再探讨》，《比较法研究》，2005 年第 2 期，第 102 页。

是法律对人格予以保护的框架性条款。[①] 我们认为，对于我国一般人格权性质的讨论，必须以学界关于一般人格权的共识为基础，这就是，一般人格权是对于抽象的人格利益的保护，也就是对人格独立、人格自由、人格平等和人格尊严的保护。按照传统民法的权利观念，权利的内容必须是明确的、可以划定的，无论是物权、债权还是具体人格权都至少具有权利客体的可确定性，一般人格权并非这种意义上的权利，对于人格独立、人格自由、人格平等和人格尊严无法予以具体界定并划定范围，因此我国的一般人格权并非权利。[②]

在德国法中，一般人格权被视为一种不同于传统权利的框架性权利。[③] 而我国的一般人格权是否属于框架性权利，需要慎重考察。我们认为，我国的一般人格权制度与德国的一般人格权制度存在较大差异，不能简单移植框架权利的概念。虽然德国的一般人格权制度和我国的一般人格权制度都是对源于宪法的人格价值的保护，但是作为民法上的一项制度，德国的一般人格权并非以抽象的人格作为保护的客体，联邦最高法院一直是将人格在特定领域的表现形式而非抽象的人格作为一般人格权的保护对象，这种人格的表现形式或者是客观化了的人的表达，或者是私人领域，或者是得到固定的话语等。[④] 而且随着判决的增加，这些人格的表现形式在不断增加，所有这些都是一般人格权的保护对象。与此形成对照的是我国的一般人格权的保护客体，无论是学界还是司法实务都不存在将人格在特定领域的表现形式作为一般人格权客体的尝试，主流观点认为，一般人格权是对抽象的人格独立、人格自由、人格平等和人格尊严的保护，也就是对整个抽象人格的保护，因为无论是从哲学还是社会学的角度考查，人格独立、人格自由、人格平等和人格尊严都是人格的代名词，是对人格的全面概括。

虽然我国一般人格权关于对人格独立、人格自由和人格平等保护的论断与德国法上关于一般人格权源于宪法，是对《宪法》第一条和第二条确定的关于人格尊严和人格发展的保护的论断相似，但是相似也仅止于此。不管是有意还是无意，我国的一般人格权不存在通过人格的具体化进行权利构建的尝试，而是采用了与德国法不同的做法，通过一般人格权确立了一个转介条款，宪法上关于人格保护的价值通过该条款获得了民法上的效力，侵害人格独立、人格自由、人格平等和人格尊严的行为，可以获得侵权法的救济。因此我国现有一般人格权是一个高度抽象的概念，人格独立、人格自由、人格平等和人格尊严在民法中的具体表现及其范围尚有待确定，尤其是人格自由作为整个民法制度的基础价值，特别表现为民事行为能力与合同自由。在这种民法框架内，作为一般

---

① 马俊驹：《人格和人格权理论讲稿》，北京：法律出版社，2009 年，第 200 页。

② 更加详细的关于一般人格权并非权利的讨论，请参见熊谞龙：《权利，抑或法益？——一般人格权本质再探讨》，《比较法研究》，2005 年第 2 期，第 26 页。

③ Münchener Kommentar, *Bürgerliches Gesetzbuch*, *Band* 1, Verlag C. H. Beck, 2001, S. 225.

④ 这三种人格的客观表现是联邦最高法院分别在“读者来信”案、“骑士”案、“录音”案中确立的。

人格权保护内容的抽象的人格自由到底能扩展到何种程度，恐怕是一个不可回避的问题。不管学者的态度如何，民法的各种法律制度必须是具体的，抽象的概念只能作为民法的原则而不能成为制度，在德国，通过学者的努力，一般人格权已经发展为一种中等抽象的概念，我国的一般人格权如何从宪法价值的转介条款具体化为一种民事权利，是需要学界认真对待的问题。

（二）现有的一般人格权制度与具体人格权存在矛盾

我国现有一般人格权与具体人格权的关系可以说是“剪不断，理还乱”，其复杂程度远甚于德国法上一般人格权与具体人格权的关系。一方面，大多数学者认为，一般人格权是各种具体人格权的概括，也是各种具体人格权产生的基础。① 但是，另一方面，又认为已经为法律确认的具体人格权的利益，不应当包括在一般人格权中。② 我们认为，由于我国一般人格权制度的特殊构造，造成了一般人格权与具体人格权的矛盾关系，主要表现为：

第一，我国现有一般人格权的高度抽象性，使得具体人格权丧失了独立性。一般人格权的保护客体具有高度的抽象性，是抽象的人格独立、人格自由、人格平等和人格尊严，而具体人格权的客体是各种具体的人格要素，正是这种抽象与具体的关系形成了一般人格权与具体人格权的区分。但是问题并非如此简单，如果人格独立、人格自由、人格平等和人格尊严是对民事主体全部人格利益的抽象概括，而具体人格要素又是民事主体人格利益的表现，那么具体人格要素自然被人格独立、人格自由和人格平等所吸收，具体人格权将成为一般人格权的权能，那么具体人格权则丧失了作为独立权利的资格。如果要坚持具体人格权的独立性，从而认为一般人格权不包括具体人格权的人格利益，那么又会造成与一般人格权是对主体的人格利益予以全面保护的界定的冲突，进而产生逻辑上的矛盾。

第二，在一般人格权对具体人格权的解释与补充功能上两者也存在着矛盾。例如我国《民法通则》第一百条规定的侵害肖像权的行为仅限于以营利为目的，显然不利于权利人人格的保护，应当通过一般人格权对此进行补充，那么以非营利方式使用肖像的行为应当属于对一般人格权的侵害。但是由于我国的一般人格权所保护的是抽象的人格独立、人格自由、人格平等，并非具体的人格要素，而这里所针对的是作为具体人格要素的肖像，因而又不能归属于一般人格权。这就造成了既要通过一般人格权进行保护，而按照一般人格权的概念又无法保护的困境，这说明我国的一般人格权概念本身存在缺陷。在德国，由于一般人格权是以人格在特定领域的表现为保护对象，这样的一般人格

---

① 王利明：《人格权法研究》，北京：中国人民大学出版社，2005 年，第 177 页。另外请参见魏振瀛：《民法学》，北京：北京大学出版社，2000 年，第 638 页。

② 王利明：《人格权法研究》，北京：中国人民大学出版社，2005 年，第 160 页。

权已经获得了具体化，因而不会产生这样的问题。例如对于姓名的保护，《德国民法典》第十二条对于作为具体人格权的姓名权仅规定了排除他人争夺和无权使用的情况，这里主要是防止姓名归属上的混乱。通过其他方式使用姓名的行为不属于该条规定的对姓名权的侵害，而属于一般人格权的保护范围，德国联邦最高法院在其判决中对在广告中单纯提及某人姓名的情况，通过一般人格权予以救济（这里并非使用他人姓名进行广告，而仅仅是在广告中提及该姓名）。[①]

（三）现有的一般人格权制度与人格商业利用权关系复杂

人格中的财产价值应当予以保护已经成为两大法系主要国家的共识，由于法律传统以及法律体系的不同，表现为不同的制度构造，美国法是通过公开权制度进行保护的，[②] 德国法是通过一般人格权进行保护的。[③] 我国学者对于人格中的财产价值应予保护也已经形成了共识，但是如何将其纳入我国的人格权体系中则存在障碍。我们在《人身权法论》一书的第三版中，将人格商业利用权（人格商品化权）放在一般人格权一章中论述，表现的就是这种障碍以及对此的困惑。[④] 按照我国的人格权体系，具体人格权是对各种得到法律承认的具体人格要素的保护，一般人格权则是对于具体人格权不足的补充，那么，所有具体人格权未规定而确有保护必要的人格利益都应当通过一般人格权来保护，因而人格商业利用权应当作为一般人格权的一部分。但是由于我国的一般人格权被构建为对于抽象的人格独立、人格自由和人格平等的保护，而人格商业利用权则表现为对于具体的人格要素的财产价值的利用，因而不能被一般人格权的概念所容纳。人格商业利用权就因此成为一种游离于具体人格权和一般人格权之外的制度，从而破坏了学界公认的由一般人格权和具体人格权构成的人格权体系。而且由于一般人格权的高度抽象性，随着社会发展产生的新的需要保护的具体的人格利益也不能纳入其中，这样会不断产生游离于体系之外的权利，使得人格权体系杂乱无章，丧失逻辑性。

（四）现有的一般人格权制度与人格权概念存在矛盾

我国现有的一般人格权制度与人格权概念也存在重大矛盾。一方面，我国的一般人格权被界定为是对于全部人格利益的抽象概括保护，那么一般人格权与作为对主体的全部人格利益予以保护的人格权存在混淆的可能，因为两者都是以人的全部人格利益为保护对象的。另一方面，由于一般人格权包括各种具体人格权，因而一般人格权是具体人格权的上位概念，那么人格权的体系就是垂直结构，即从人格权到一般人格权再到具体

---

① BGHZ30，7.

② Nimmer，The Right of Publicity，*Law & Contemporary. Problem*，1954（19），pp. 203，216.

③ Gerhard Wagner，*Neue Perspektiven im Schadenser - satzrecht—Kommerzialisierung*，*Strafschadensersatz*，*Kollek - tivschaden*，C. H. Beck Verlag，2006，S. 37.

④ 杨立新：《人身权法论》（第三版），北京：人民法院出版社，2006 年，第 370 页以下。

人格权这样的递进结构，而非学界所公认的人格权包括一般人格权和具体人格权这样的树形结构。

（五）我国的一般人格权制度与人格权体系矛盾的根源

之所以会产生一般人格权与人格权体系的上述矛盾，最根本的原因是我国现有的一般人格权未经法律技术处理转变为民法上的制度，德国法上的一般人格权经过学界和法院的共同努力，从抽象的概念转变为中等抽象的概念，从而作为框架性权利成为民法中的制度，因此不存在上述矛盾。我国的一般人格权制度不能停留于宪法价值在民法中适用的转介条款的阶段，它必须以此为基础完成其民法化进程。一般人格权的概念停留在对于人格独立、人格自由、人格平等和人格尊严的保护这样的层面是远远不够的，这样的界定损害了一般人格权本来应当具有的功能，因为在社会生活中出现的需要得到保护的人格利益总是具体而非抽象的，不仅如此，这样的一般人格权构造还进而造成了人格权体系的混乱。我国的一般人格权制度必须完成其痛苦的蜕变过程，真正成为一项民法制度，与其他人格权制度相配合，构成逻辑融洽、功能完整的人格权体系。

二、以具体人格权为基础构建一般人格权

（一）德国法中一般人格权具体化的借鉴

人格权的观念在《德国民法典》制定之时并未被广泛接受，立法者认为，人格利益不应归属于主体性权利，不要试图超越刑法的规范去保护它们。[①]《德国民法典》第一草案立法理由书认为，虽然基于故意或过失通过违法行为侵犯生命、身体、健康、自由和名誉等法益，对此应承担损害赔偿义务，但这并不表明认可了对于人本身的权利，关于这一问题还是交由法学界探讨后决定。[②] 而且对此的保护有部分原因是出于与刑法协调的需要。[③] 一般人格权产生之后，司法机关通过一般人格权对人的人格尊严和人格发展进行全面保护，人格权观念也得到了学界的广泛支持，人格权才真正得到了确立。但是通过一般人格权理论对于人格的保护能够扩张到何种程度，尚存在疑问，对于通过司法实践发展起来的一般人格权，理论界不能放弃对其体系化的努力，并尝试将其纳入民法典体系。这种体系化和具体化的努力是通过对既有判决关于人格保护的具体化与明确化，形成相对具体化的具体人格权实现的。从一般人格权向具体人格权的转变是必要

---

① Enneccerus, *Nipperdey*, *Allgemeiner Teil des Bürgerlichen Rechts*, 15. Aufl. 1959, S. 841.

② *Motive zu dem Entwurfe eines Bürgerlichen Gesetzbuches für das Deutsche Reich*, Amtliche Ausgabe, Berlin Guttentag, 1888, Bd. Ⅰ, S. 274.

③ Nehlsen－v. Stryk Karin, *Schmerzensgeld ohne Genug-tuung*, JZ1987, 124.

的并值得期待的发展，只有通过具体人格权的构建，该特别领域的人格才能获得具有法律确定性的保护。① 尼佩戴教授更加鲜明地指出，一般人格权必须通过从它本身流淌出来的得到限定的具体明确的具体人格权得到保护。② 针对这种具体化，学者提出了领域说，一般人格权可以具体化为个性领域、私人领域以及私密领域。③ 个性领域是指在社会环境中表现出来的人的特征；私人领域是指家庭、住宅以及其他私人生活领域；私密领域是指人的内在思想、主观感受，以及它们的外在表现，例如私密信件和日记，除此之外还有健康状况和性生活的记录。④ 通过这种努力，具体人格权逐渐形成，虽然在到底具有哪些具体类型上还存在不同的看法，但是对于一些主要的具体人格权类型已经基本形成了共识，主要包括姓名权，对肖像的权利，对名誉的权利，对私人领域的权利。⑤ 其他的具体人格权仍在逐渐形成之中。一般人格权具体化的主要困难在于部分人格特征不够典型与明确，以致无法形成与人格明确分离的客体，具体人格权的形成与发展需要法学发展出将这些人格领域予以明确界定的法律技术。可见，德国一般人格权的体系化是通过具体化一般人格权的保护领域，形成新的具体人格权实现的。由一般人格权向具体人格权的发展，有利于实现法律的确定性与安定性。在这种框架下，一般人格权并非最终的目的，司法机关通过一般人格权不断积累对于新的人格领域保护的经验，待其成熟之后再通过具体人格权予以固定。一般人格权源于法典关于具体人格权的规定对人格保护的不足，并最终促进新的具体人格权不断形成。

（二）应当以我国具体人格权制度为基础构造一般人格权

法律的安定性以及一般人格权功能的实现都要求一般人格权的具体化，并进而形成具体人格权，我国的抽象的一般人格权制度已经不能适应人格保护的需要。至于我国应当建立什么样的一般人格权，必须从一般人格权的功能出发。由于一般人格权是具体人格权对人格保护的不足的补充，因此具体人格权的结构是一般人格权构造的基础，应当以我国具体人格权为基础构造一般人格权。

由于我国《民法通则》制定于20世纪80年代，且在此后不断发展，在比较法上的一般人格权理论已经发展到了成熟阶段，通过我国台湾、日本以及德国学者的著作，我们对人格权的认识远远超越了《德国民法典》制定之时，我国的具体人格权制度已经

---

① Deutsch/Ahrens, *Deliktsrecht*, 4. Auflage, 2002, S. 103.

② Nipperdey, *Das Allgemeine Persönlichkeitsrecht*, UFITA, 1960, 8.

③ Heinrich Hubmann, *das Persönlichkeitsrecht*, 2 Au - flage, B? hlau Verlag, 1967, S. 175ff. und 268ff.

④ Jürgen Gleichauf, *Das postmoratale persönlichkeitsrecht im internationalen privatrecht* peter Lang Europ? ischer verlagder wissenschaften 1999, S. 68.

⑤ Jürgen Gleichauf, *Das postmortale Persönlichkeitsrecht im internationalen Privatrecht*, Peter Lang Europ? ischer Verlagder Wissenschaften 1999, S. 68.

部分吸收了一般人格权的发展成果，尤其是一般人格权具体化的成果，不但具体人格权的类型甚至具体人格权的内容都比《德国民法典》规定的具体人格权丰富。

在具体人格权的类型上，《德国民法典》明确规定的具体人格权只有姓名权，德国《肖像艺术和摄影作品著作权法》对肖像权进行了规定，生命、身体、健康和自由虽然被视为权利予以保护，但对于它们是否属于人格权，法典有意予以回避。[①] 而在我国的《民法通则》中，得到明确规定的人格权有生命权、健康权、姓名权和名称权、肖像权以及名誉权，身体权和人身自由权虽然未被《民法通则》所规定，但是经过学者努力也已经成为重要的人格权，在新近颁布的《侵权责任法》中，又增加了隐私权。因此，在权利类型上，至少肖像权、隐私权和名誉权作为具体人格权是吸收了德国一般人格权具体化的成果，尤其是关于名誉权的规定，表现出了比较高明的立法技术。名誉权在德国没有作为一种人格权予以规定的原因，除了将名誉视为生命、通过决斗予以维护名誉的民族传统之外，名誉作为一种客体予以明确界定也存在一定的困难。而我国通过自清末以来的长期的学说发展，将名誉通过社会评价这一方法予以客观化，为名誉权作为一种具体人格权提供了重要的理论前提。

在具体人格权的内容上，《德国民法典》规定的姓名权仅包括排除他人争夺和无权使用的情况，对于姓名的其他的自我决定和利用的能力是通过一般人格权保护的。而我国《民法通则》关于姓名权的规定不但包括排除他人争夺和无权使用的情况（干涉和假冒），而且包括广泛的决定、使用和改变姓名的权能，而且有学者主张《民法通则》关于姓名的盗用包括了德国通过一般人格权发展出的在广告中对于姓名自我决定的内容。[②] 由此，我国《民法通则》对于姓名权规定了颇为广泛的权能，将德国法中通过一般人格权对姓名的保护也纳入了姓名权中。另外，德国《肖像艺术和摄影作品著作权法》对于肖像权仅规定了肖像的传播和公开展览需要得到肖像权人的同意，对于肖像的制作的同意则是通过一般人格权予以保护的。而我国的肖像权则全面包括了肖像的制作、使用和传播，学者认为，肖像权是指自然人对自己的肖像享有再现、使用或许可他人使用的权利，包括形象再现权、肖像使用权以及不作为请求权。[③]

由此可见，我国的人格权立法以及理论研究利用后发优势，通过具体人格权理论继受了比较法上尤其是德国法关于一般人格权的发展成果，将通过一般人格权发展出的新的人格利益具体化为各种具体人格权，并且将各种具体人格权的权能进行了全面的概括，能够容纳针对该具体人格要素产生的新的利用权能。这种人格权发展的思路也符合德国法上一般人格权具体化的发展趋势，因此我国的一般人格权制度的构建应当秉承这

---

① *Motive zu dem Entwurfe eines bürgerlichen Gesetzbuches für das Deutsche Reich*, amtliche Ausgabe, Berlin: Guttentag, 1888, Bd. Ⅰ, S. 274.

② 陈龙江：《德国民法对姓名上利益的保护及其借鉴》，《法商研究》，2008 年第 3 期，第 112 页。

③ 马俊驹、余延满：《民法原论》，北京：法律出版社，2005 年，第 108 页。

一传统，并在此基础上进行。

我国的具体人格权已经通过类型增加和权能扩充，部分地实现了一般人格权的功能，因而我国的一般人格权完全不需要再是一个内容非常广泛的制度，这是不必要的，也是无意义的。而且完全抽象的对于人格予以全面概括的一般人格权也根本无法予以法律适用，这一点不但可以从本文关于我国一般人格权与人格权体系的矛盾予以证明，而且也可以从德国法一般人格权的具体化得到证实，因为对于人格的保护必须落实为各种至少是相对具体的人格要素类型，对于抽象的人格的保护在违法性、损害以及因果关系的判断上都存在巨大困难。

因此，我国一般人格权的构建应当以我国的具体人格权为基础，将一般人格权的保护对象限定于基于目前的立法技术尚无法与人格明确分离的非典型的人格要素，主要表现为我国具体人格权尚未规定的人格要素的保护，这些非典型人格要素基于人格尊严和人格发展而成为人格的必要组成部分，应该得到一般人格权较具弹性的保护，由司法机关在实践中根据案件的具体情况进行利益衡量及构成要件判断。

三、一般人格权作为一种抽象人格权

（一）一般人格权的概念和性质

按照上述思路构建的一般人格权，是指权利人对基于人格尊严和人格发展作为人格的必要组成部分但无法与人格明确分离的非典型人格要素的自主决定的权利。一般人格权的保护对象是未得到我国具体人格权规定的不确定的人格组成部分，由于这些组成部分基于目前的认识和立法技术尚无法与人格予以明确分离，因此具有很强的主观性，主要表现为意志对于人格的自主决定。

因此一般人格权保护的不是人的外在的表现形态，该外在形态只是使得一般人格权获得可以识别的标志，其核心的价值是对于意志的自我决定的保护，这种意志的自我决定是人格尊严和人格发展的核心，使得人能够成为自己人格发展的主宰，自己决定自己人格的发展方向，形成自己独特的人格个性。因此一般人格权属于抽象人格权，作为一种抽象人格权，一般人格权不是一种主观权利，不具有独立的权利地位，它是一种权能，但是具有一定的独立性。

（二）一般人格权保护的价值

科学技术的发展，为人格发展提供了更多的选择与可能性，很多以前不可能展现在公众面前的人格个性获得了为人们识别的可能，比如人的肖像、声音以及基因构成等，而且随着科技的创新，会有更多展现人格的可能性。在这种情况下，这些人格个性是否要向社会公众展现，或者其中的哪些要向社会展现，以什么样的方式展现，在何种范围内展现，都关涉一个人的人格个性和人格发展，因此，主体对于这些方面的自主决定成为人格尊严和发展的关键，也是人格权发展的动力。在这种情况下，人的物理性的静态存在丧失了其在人格中的主导地位，意志针对自己人格的自我决定成为人格的核心，因为人格个性的大多数方面以及人格的发展是由意志的自我决定表现与控制的，而且对于人格的侵害并不局限于对人格的物理性存在的损害，更多表现为违反主体的意志对其人格予以展现，或者歪曲地展现了其人格个性。个人的哪些人格个性要向社会展示，在多大范围内展示，以及是否展示也都是一个人人格的本质，应当由每个人自己决定。比如有的人人格个性比较张扬，希望向公众展示自己多方面的人格特性，而有些人则比较内敛，希望将自己的大部分人格个性控制在一个亲密的朋友圈内，而不愿意将其向公众展示，对此法律必须予以尊重，并向其提供法律上的工具实现其意志。

一般人格权作为一种法律工具保护的是以意志决定自由为核心的人格的自我发展，通过对于人针对其人格的意志决定自由的保护，为人格的表现和发展提供了更加周到与细致的保护，也为人格的多层次表现创造了可能，比如权利人可以仅将自己对某一问题的看法在某个亲密小范围内予以表达，其他人不得非法知悉，或者将自己的某种人格特性在某一范围内表现，而将另外的人格特性在另一领域表现，从而实现人格的层级式表达，极大地解放了人的个性，促进了人格的发展。

（三）一般人格权在抽象人格权体系中的地位

抽象人格权是对人针对其人格表征的意志决定自由予以全面保护的工具，一般人格权只是抽象人格权体系中的一种权利，除此之外还有自我决定权与人格商业利用权。

法律对于抽象的人格没有能力进行保护，只有获得表现的人格特性才能够得到法律的保护，随着社会的发展，新的科学技术提供了增加这种表现的工具，从而实现更多的人格特性与人格分离的可能，这也是现代社会人格权发展的根本原因，比如在基因技术产生之前，基因信息是无法与人格相分离成为人格表征从而获得人格权保护的。但是人的人格表征的范围与人格的范围一样难以界定，我们可以大概地将人格表征作如下分类：社会公认的典型的人格表征、非典型的人格表征以及能够与主体相分离并获得独立地位且可以予以商业利用的人格表征。

社会公认的典型人格表征存在时间较长，已经获得比较成熟的认识，并被法典作为具体人格权的客体，非典型人格表征则是随着新技术的发展出现的，而且对于它们是否属于人格表征并应当予以保护尚需要判断，而判断又往往涉及社会的传统、习俗以及价值观念。之所以对两者进行区分，是因为对这两类人格表征予以法律保护需要的技术不同，典型人格表征已经获得法律的认可，成为具体人格权的客体，意志针对它们的决定自由应当获得保护是没有疑问的，我国的人格权立法将这种意志决定自由作为具体人格权的权能。但是非典型的人格表征是否应当获得法律保护以及其保护的程度都需要具体的个案衡量，在法律技术上不同于典型人格特征。因此我们将意志针对非典型人格表征的决定自由构建为一般人格权，而意志针对典型人格表征的决定自由构建为自我决定权。

将能够与主体相分离并获得独立地位且可以予以商业利用的人格表征予以独立的必要性在于，对于人格表征的商业利用是一种独立的价值，其不同于人的人格个性的发展，在比较法上具有相对独立的地位。例如在美国法中，它是作为不同于隐私权的公开权获得保护的；在德国法中，对于人格的商业化利用是否属于一般人格权尚存在争议，有学者认为一般人格权是对于人的尊严和个性的保护，并不包含财产价值，[①] 因而人格的商业化利用与一般人格权是两种并列的制度。虽然德国联邦最高法院确认了一般人格权包含人格的财产价值，但是却认为其并非源于《宪法》第一条和第二条，而是源于民法。[②] 因此，在德国法中人格的商业化利用与一般人格权还是存在一定的差异的。而具体到我国的法学理论和实践，一直以来也是将人格的商业化利用作为一种独立的制度予以构建的，因此，获得独立地位且可以予以商业利用的人格表征具有独立的地位，应当予以独立规定，从而作为抽象人格权的一种，为人格商业利用权。

但是需要注意的是，一般人格权的独立只是基于法律技术以及我国具体人格权现状的需要，随着对非典型人格表征的研究的深入以及社会观念的认可，尤其是法律技术的提升，某些非典型的人格表征能够获得比较明确的界定，获得与人格相分离的独立地位，则应当作为典型人格表征对其进行规定，以获得明确的可预期的法律地位及法律效果，这样就实现了从一般人格权到具体人格权的转变。

四、一般人格权在人格权体系中的功能

当新出现的人格表征无法与人格相分离获得独立的地位，因而不能得到法律的明确规定作为一种具体人格权予以保护，但是却存在保护的必要之时，需要一种法律制度对其进行具有弹性的保护，这种保护是不确定的，要根据个案的具体情况进行判断，一般人格权就是这样的制度。由于不具有明确的权利客体，一般人格权所保护的人格利益主要表现为意志对人格表征的决定自由，对这种人格利益的侵害也主要表现为违背权利人的决定自由对人格表征予以使用。这里的使用采用广义的概念，包括了违背权利人意志的针对人格表征的各种行为，包括对其的制作、公开以及各种目的的使用。通过对这种意志决定自由的保护，司法实践以及理论界都在积累经验，并采用各种方法将这种人格表征予以具体化与明确化，以获得法律适用的可预见性与确定性，并最终将其作为一种具体人格权予以规定。因此，一般人格权是在为具体人格权做准备，在针对某种人格要素的具体人格权产生之前先提供部分保护，而这种保护最终会被纳入具体人格权之中作为其权能。从这一角度来说，一般人格权是未来的具体人格权的内容，因此，为了体系

---

① Heinrich Hubman, *Das Perönlichkeitsrecht*, 2 Auflage, Böhlau Verlag, 1967, S. 134.

② BGH, WRP 2008, 1527 - 1530.

的融洽，我们将一般人格权也作为具体人格权的一种权能。

在这样的人格权体系中，具体人格权是根本，对于人的人格要素的保护主要是通过具体人格权进行的。这种做法之所以可能，是因为我国的具体人格权已经吸收了比较法上一般人格权发展的最新成果，在权利类型及权利内容上都具有高度的完善性，这种人格权体系具有高度的人格保护的可预见性，是学界所努力追求的目标，德国一般人格权具体化的努力正是致力于人格保护的明确性与可预见性。在这种体系中，一般人格权具有补充性，一般人格权对于新出现并具有保护必要的人格要素提供个案的保护，以弥补为具体人格权立法的滞后性，通过判决的积累以及学界的努力，最终促进新的具体人格权的产生。这样的人格权体系是结合了我国的具体情况，对德国法上的一般人格权进行了具体化，是德国法上具体化一般人格权思路的一种选择。为了实现法律的安定性，将德国法上的一般人格权的大部分内容具体化为具体人格权，将暂时无法具体化的人格利益纳入一般人格权予以保护，经过如此构造的一般人格权既保持了德国法上一般人格权对人格保护的创造性与概括性，能够对新出现的人格利益进行及时保护，又能够最大限度地实现法律的安定性和可预见性，是在我国目前的人格权成果的基础上符合具体实际的一种构建。

【作者简介】

杨立新，中国人民大学民商事法律科学研究中心研究员、博士生导师；刘召成，中国人民大学法学院博士生，德国波恩大学访问学者。

我国涉农民事权利入《民法典》物权编之思考*

陈小君

随着《民法总则》① 在2017年的颁布和实施，《民法典》的立法工作重点开始转向各种民事单行法的修订整合。党的十九大报告指出，“农业农村农民问题是关系国计民生的根本性问题，必须始终把解决好‘三农’问题作为全党工作重中之重”，并提出“巩固和完善农村基本经营制度，深化农村土地制度改革，完善承包地‘三权’分置制度。保持土地承包关系稳定并长久不变，第二轮土地承包到期后再延长三十年。深化农村集体产权制度改革，保障农民财产权益，壮大集体经济”的工作任务和目标。在此背景下，物权法修订中涉农民事权利的规定尤为引人注目。涉农民事权利，是指以农民集体及其成员为主体，以集体所有财产为客体，以集体土地所有权为基础，派生出土地承包经营权，集体建设用地使用权，宅基地使用权，地役权，自留山、自留地使用权和债权性农地使用权的权利体系。本文选取农民集体所有权、土地承包经营权、宅基地使用权三种与“三农”问题最为密切之农地权利，拟明确其立法路径和具体的制度设计方案，以期对涉农民事权利入民法典物权编的完善有所裨益。

一、涉农民事权利入典之立法定位与目标

（一）完善农民集体所有权制度，奠定集体经济有效实现的法律基础

《物权法》确立了在国家所有权、集体所有权和私人所有权三分法下的“一体承

* 本文系陈小君主持的广东外语外贸大学土地法制研究院2017年科研招标课题（231－X5217353）阶段性成果。原载于《广东社会科学》2018年第1期。

① 全称为《中华人民共和国民法总则》。本书为行文表述方便，法律名称采用简称。

认、平等保护”原则，[①] 并将集体所有权分为农民集体所有权和城镇集体所有权。《物权法》立法技术上的统一规定体现了“一体承认、平等保护”的立法精神，但具体条文中却降低了农民集体所有权的独立品格及其在构建农地权利体系中的核心地位。农民集体所有权的相关规定分散在《宪法》《物权法》《民法通则》《土地管理法》《农村土地承包法》《村民委员会组织法》中，其内容分散且对农民集体所有权制度的重要内容规定不足，最终阻碍了农村集体经济的有效实现。

以农民集体所有权制度中的主体制度为例，主体制度对农民集体的运作及其利益的分配至关重要，但现行法律制度对农民集体的组织形式缺乏明确的规定，《民法总则》第九十九条仅明确了集体经济组织这一种，显然无法满足日益丰富的农村集体经济发展实际。从农民集体的运行实效来看，因所有权主体的虚位，作为村民自治组织的村民委员会在历史上一开始就攫取了村集体经济组织的地位，[②] 农民集体的独立人格无法彰显。因农民集体和集体成员内部治理与意思表示形成制度缺失，农民集体意志无法有效实现和表达，作为集体成员的农民个人意志难以体现，成员权权能受损，进而造成其经济权益受损。此外，在农民集体所有权的财产权制度上，因农民集体主体角色的缺失，农民集体日益失去管理集体土地的权利，法律层面强化承包经营权、弱化土地所有权的做法实际上也剥夺了农民集体作为集体土地所有权主体应当享有的法律权利。[③] 近年来，我国农村统分结合的双层经营体制在实践中面临着只“分”不“统”、重村民个人轻集体组织的困境，“统”的功能弱化甚至缺失，集体经济组织缺乏独立性，村委会没有清晰的法律人格，多数村庄集体经济缺乏实力，无力提供基本公共产品和公共服务。造成这种局面的原因之一是法律和政策对集体土地所有权及其主体利益的一定程度的忽略甚至漠视。[④]

我国农村集体经济的有效实现与农民集体所有权制度的完善密不可分：农民集体所有权的主体制度的明晰是构建农村集体经济有效实现制度的基点和农村集体经济组织回归私法性质的前提，也是保障村民集体经济组织利益的有效途径；以农村集体土地所有权为基础的农地权利体系及其权利实现，是农村集体经济有效实现的前提和实质；包括集体农用地、集体建设用地与集体企业的经营运作在内的集体土地经营运作制度是农村集体经济有效实现的基础与核心。[⑤] 鉴于此，物权编在修订时必须提高农民集体所有权

---

① 孙宪忠：《再论我国物权法中的“一体承认、平等保护”原则》，《法商研究》，2014 年第 2 期。

② 陈小君：《农村土地制度的物权法规范解析——学习〈关于推进农村改革发展若干重大问题的决定〉后的思考》，《法商研究》，2009 年第 1 期，第 4 页。

③ 陈小君、陆剑：《我国普通农村集体经济的运行现状与法律规制——基于 12 省 38 个普通村的实证研究》，《海南大学学报》（人文社会科学版），2013 年第 2 期，第 64 页。

④ 陈小君、陆剑：《论我国农村集体经济有效实现中的法律权利实现》，《中州学刊》，2013 年第 2 期，第 53 页。

⑤ 陈小君等：《我国农村集体经济有效实现的法律制度研究——理论奠基与制度构建》，北京：法律出版社，2016 年。

的立法地位，具体而言，可将城镇集体所有权和农民集体所有权合并单列“集体所有权”一章。在内容上，应明确农民集体所有权的客体，赋予其完整权能；完善农民集体所有权的主体制度，明确并丰富农民集体的多样组织形式，构建完整的农民集体成员权制度；明确赋予统一经营和承包（分散）经营同等的法律地位，肯认农民集体统一经营的实践。

（二）构建农民成员权制度，保障农村社会民事权利有序实现

中共十八届三中全会《关于全面深化改革若干重大问题的决定》（以下简称《深改决定》）首次提出“保障农民集体经济组织成员权利”，但立法上农村集体经济组织中的成员权一直存在明显缺失，现实中农民权利易受侵害、集体意志无法有效形成，也与农民作为集体成员的主体地位不能彰显、成员权制度没有完善密切相关。[①]《物权法》第五十九条虽然明确“农民集体所有的不动产和动产，属于本集体成员集体所有”，提出了“成员集体所有”的概念，但对成员权的法律性质和内涵未予以界定和规范。[②] 因此，以《民法典》修订为契机，明确农民集体成员权的法律地位及具体内容，实属必要。

在立法路径上，基于成员权法律关系的团体法性质，应然路径是在《民法典》中就成员权的概念、内涵、性质和效力、救济作出一般规定，以对民事特别法中的具体成员权形成有效指导。[③] 即使无法抽象出具体普遍特征的成员权，亦应对社会生活中特别重要的团体组织中的成员权，在《民法典》相应的团体法篇中予以规定。较为可行的立法模式是在民法总则主体部分对农村集体经济组织予以单独规定，同时将农民成员权作为农民集体内容关系之部分。[④] 但《民法总则》并未采取上述任何一种路径，如此，农民集体成员权当下最优位置的确定当非物权编莫属。从集体所有权与农民集体成员权的关系来看，二者密不可分，互为依托：没有集体，成员身份就无从谈起；没有成员权利，集体难免成为少数人控制的谋取私利的工具。从权利性质来看，成员权系集体所有权的实体和人格要素，二者具有不可分割的整体性。从权利行使方式来看，集体所有权与农民成员权在某些方面具有同步性，其共享着一些相同的权利行使制度，分置在不同章节中不利于条文整合。且从立法现状来看，《物权法》已有涉及集体成员及成员权的条款，在对其进行修改时再系统规定并不突兀。[⑤] 因此，将农民集体成员权制度置于农

---

① 戴威、陈小君：《论农村集体经济组织成员权利的实现——基于法律的角度》，《人民论坛·学术前沿》，2012 年第 2 期，第 20 页。

② 王利明、周友军：《论我国农村土地权利制度的完善》，《中国法学》，2012 年第 1 期。

③ 章光园：《再论社员权——以其演变、意义与保护为视角》，《宁德师范学院学报》（哲学社会科学版），2007 年第 3 期，第 10 页。

④ 陈小君：《我国农民集体成员权的立法抉择》，《清华法学》，2017 年第 2 期，第 51 页。

⑤ 陈小君：《我国农民集体成员权的立法抉择》，《清华法学》，2017 年第 2 期，第 51 页。

民集体所有权中展开是目前成员权亟须立法而《民法总则》又将其缺失之下的最优选择。

除此之外，之所以将农民集体成员权置于农民集体所有权下，还因农民集体成员权是农民实现其他社会民事权利的重要基础。农民集体所有权的主体制度，涵盖了农村集体经济组织、农民个人、农户等多重主体，与曾经一度代替农民集体经济组织发挥功能的村民委员会也有多种互动关系，农民集体意志的形成和农民个人意志的表达就更加复杂。只有在农民集体所有权制度中明确了集体成员权的地位和内容，农民享有的利益分配请求权、知情权、出席权、表决权、监督权、代表诉权等农村社会民事权利才有赖以行使和实现的制度基础。农村社会权利的逐步实现，反过来也可以有效保障土地承包经营权、宅基地使用权等农地财产性权利的有效行使。

（三）精梳农地权利构造之完整体系，回应改革的立法难题

农地权利体系，是以农村集体土地所有权为基础，派生出的土地承包经营权，集体建设用地使用权，宅基地使用权，地役权，自留山、自留地使用权和债权性农地使用权的权利体系。[①] 规范有序、逻辑严谨的农地权利体系，既是物权编乃至整个《民法典》于立法质量之追求，亦是回应土地改革、保障农民合法权益之价值归属。

作为农民集体所有权的一种权利表现形式，农村集体土地所有权的权能实现和有序运作均有赖于农民集体所有权制度的完善。换言之，农村集体土地所有权在农地权利体系中的核心地位，决定了物权编在进行农地权利构造时必须以农民集体所有权的完整构造为基础：明确农民集体的私法主体资格，构建理想的农村集体土地所有权主体；构建农民集体所有权下的农民集体成员权制度，合理配置农民集体及其成员间的权利关系，推动农村集体土地所有权自公权主导回归私权自治；肯认包含农民集体统一经营的多种经营形式，扩展农村集体土地所有权价值实现的组织载体等。

将土地承包经营权分置为土地承包权和土地经营权，是我国新一轮土地制度改革的重点和亮点，如何解析“三权分置”的制度意蕴，在立法上实现制度供给，是此次物权编修订时必须回应的改革立法难题。无论是将土地经营权认定为次级土地承包经营权[②]，还是将其视为债权[③]或具有特殊效力的债权型利用权[④]，其目的均是解决分离后的土地承包权和土地经营权与“一物一权”原则的融洽问题，而忽视了农地权利体系运行机理背后的土地承包权的应然定位。必须意识到的是，土地承包权的发生不是建立在

---

① 陈小君、高飞、耿卓、伦海波：《后农业税时代农地权力体系与运行机理研究论纲——以对我国十省农地问题立法调查为基础》，《法律科学》（西北政法大学学报），2010 年第 1 期。

② 朱广新：《土地承包权与经营权分离的政策意蕴与法制完善》，《法学》，2015 年第 11 期。

③ 李伟伟、张云华：《土地经营权流转的根本属性与权能演变》，《改革》，2015 年第 7 期。

④ 温世扬、吴昊：《集体土地“三权分置”的法律意蕴与制度供给》，《华东政法大学学报》，2017 年第 3 期。

法律行为的基础上，也无须履行特定的程序，集体成员身份事实的出现即可导致该权利的产生，其基础是集体成员与村社的血缘和地缘因素。[①] 土地承包权强调的是农民集体经济组织成员初始取得承包地的资格，即有此资格方可在本集体经济组织发包时承包土地。[②] 土地承包权获得的资格限制，决定了该种权利的成员权属性，而《深改决定》将承包权和经营权分离，其目的即为协调集体成员利益保护和集体土地效能充分发挥的关系，解决成员资格的不可让与性和农地使用权自由流转的矛盾。[③] 因此，土地承包权的农民集体成员权属性的认定，是梳理所有权、承包权、经营权三者逻辑关系的关键。

除了在构建“三权分置”法律规则体系中作为重要的制度供给，农民集体成员权还是连接集体所有权和其他农地物权的重要纽带：在集体所有权之上所建构的农民成员的用益物权体系，通过身份制度将集体利益限定并分配于成员之间，使成员直接占有、使用并受益于集体财产。[④] 同时，集体财产上的非成员主体利用均需以成员权为媒介，或以成员同意、放弃优先权为基础，通过成员处获得经营权，并将之进行用益物权化构建，以解决权利人对农地使用权的自由处分问题。[⑤] 质言之，涉农民事权利入《民法典》物权编的过程，是以集体土地所有权为基础，派生出土地承包经营权，宅基地使用权，集体建设用地使用权，地役权，自留山、自留地使用权和债权性农地使用权的权利体系的过程。其实质，则是确定以农村集体土地为载体的各项财产性权益在“农民集体（集体成员整体）—农民集体成员—非农民集体成员”间的分配规则的过程。因此，集体成员和非集体成员的区分，应成为各种农地权利尤其是土地承包经营权和宅基地使用权具体制度设计的重要考量。

二、农民集体所有权立法之理性考量

不同于国家所有权、私人所有权和城镇集体所有权，农民集体所有权承载着特殊的社会保障与农地权益实现功能，包含了以集体土地所有权为基石的多层次的农地权利体系。同时，农村土地集体所有制基础上设立的土地承包权和各类用益物权，又动态构造了农民集体和集体成员、非集体成员间的法律关系。因此，农民集体所有权的法权构造更为复杂也更加强调主体制度尤其是集体成员组成下的意思表达。可以说，我国《宪法》确定的劳动群众集体所有制在物权编中的展开，决定了农民集体所有权立法应周延

---

① 孙宪忠：《争议与思考——物权立法笔记》，北京：中国人民大学出版社，2006 年，第 543 页。

② 陈小君：《我国农村土地法律制度变革的思路与框架——十八届三中全会〈决定〉相关内容解读》，《法学研究》，2014 年第 4 期，第 12 页。

③ 陈小君：《我国农民集体成员权的立法抉择》，《清华法学》，2017 年第 2 期，第 52 页。

④ 戴威、陈小君：《论农村集体经济组织成员权利的实现——基于法律的角度》，《人民论坛·学术前沿》，2012 年第 2 期，第 22 页。

⑤ 陈小君：《我国农民集体成员权的立法抉择》，《清华法学》，2017 年第 2 期，第 53 页。

农民集体所有权的含义和权能、农民集体的组织形式、农民集体成员权设置，以及作为农民集体行使集体土地所有权重要方式的统一经营等内容。

（一）农民集体所有权的客体与权能

所有权是权利人对物进行占有、使用、收益、处分的权利。《民法总则》规定了农村集体经济组织的主体地位，但没有明确农民集体所有权的客体与权能，因此应在物权法编修订立法时予以回归。农民集体所有权立法应围绕所有权的法理内涵，从农民集体所有权客体和权能入手。

在客体上，《民法通则》第七十四条、《物权法》第五十八条以“列举＋概括”的方式最大范围地明确了农民集体所有权的客体为包括土地、森林、山岭、草原等在内的不动产和动产。其他法律和行政法规中也对农民集体所有权的客体进行了规定，如《土地管理法》第八条明确了国家所有之外的农村和城市郊区的土地和宅基地和自留地、自留山，属于农民集体所有，但均未超出《民法通则》和《物权法》规定的范围。鉴于《民法通则》和《物权法》在农民集体所有权客体的规定上的周延性，物权法编予以梳理整合之延续即可。

在权能上，一是要明确农民集体所有权的完整权能。《物权法》在第四章“一般规定”中明确了所有权的权能（第三十九条），同时在第五章“国家所有权和集体所有权、私人所有权”规定了城镇集体所有权的权能（第六十一条），却未规定农民集体所有权的权能，同为所有权，在法律上却被明显地差别对待，有悖基本法理，物权编修订的当下应重视这一缺失，赋予农民集体所有权完整权能。二是要明确农民集体所有权的处分权能。在《物权法》将土地承包经营权、宅基地使用权和集体建设用地使用权用益物权化后，农民集体作为集体土地所有权主体只片面承受了所有权受限制的结果，其仅有部分形式上的处分权能，农村集体土地所有权只是名义上的所有权，不具备所有权的本质属性，即缺乏所有权的核心权能——处分权。① 明确农民集体所有权的处分权能亦为法理上的应有之义，非但不会动摇农村集体土地所有制，反而能够更好发挥农民集体所有权功用、最大限度地实现物尽其用的经济效益，同时为日后土地政策的施行留下法律空间。三是要还赋和丰富农民集体所有权的收益权能。随着2006年全国范围内农业税和农业特产税的取消，性质上属于“农民集体”对土地所有权收益的村集体“三提留”也随之取消，实质上使作为农村土地所有权的“农民集体”完全丧失了其应享有的土地利益。② 质言之，使用任何所有者的土地应缴纳相应费用是所有权权利包含的必然义理。因此，农民集体所有权的收益权能应包括向土地承包经营权人收取承包经营

---

① 陈耀东、张志坡：《农村集体土地所有权之法律反思》，《贵州师范大学学报》（社会科学版），2005年第2期。

② 高飞：《集体土地所有权主体制度研究》，北京：法律出版社，2012年，第124－125页。

费、向经营建设用地使用权人和宅基地使用权人收取土地使用费等内容。权利义务结伴而行，充分行使权利方能忠实履行义务。

（二）农民集体的组织形式

权利是民事主体之所属。作为农民集体所有权的主体，尤其是在民事基本法律未对其组织形式作统一安排的情况下，在物权编明确农民集体的组织形式尤为重要。从现行法律、行政法规来看，除宪法根据其规范特点对集体土地所有权主体的界定较为抽象外，其他法律及相关行政规章、行政解释对集体土地所有权主体的界定已趋于统一，即集体土地所有权之主体为农民集体，具有乡镇农民集体、村农民集体、村内（农村集体经济组织的）农民集体即村民小组农民集体三种形式。① 《民法总则》第九十九条规定了农村集体经济组织特别法人的主体地位，同时第二款为与法律、行政法规关于农民集体经济组织的规定预留了接口。事实上，农民集体的组织形式比较多样，由于农村合作化运动的历史影响，当前农村社会仍然存在农民集体、村民小组农民集体和乡（镇）农民集体，且这三种形式在今后相当一段时间内应该不会有根本性改变。在法律中确认此三种农民集体并存的社会现实，切合农村社会的发展现状且有助于推动不同类型农民集体的利益均得以充分实现。

此外，关于农民集体的主体形式也不能强求统一，应然做法是根据各地的具体条件采取多种形式，在立法技术上可选择“列举 + 概括”式的表述，赋予农民集体根据自身情况选择组织形式的权利。同时，《民法总则》规定了农村集体经济组织可以取得法人资格，并且实践中部分经济比较发达的农民集体——如山西大寨村、江苏华西村等——已经依据《公司法》的规定被改造为公司，物权编应认可以法人形式存在的农民集体。最后，应当认可农民集体可以上述之外的组织形式存在，为农民集体因地制宜选择组织形式提供空间，且因《民法总则》第九十九条第二款的存在，为行政法规对新生的组织形式进行规范、指引提供通道。

（三）农民集体成员权的法定化展开

因《民法总则》并未将成员权列为与财产权、人身权并列的基本权利范畴，亦未规定成员权的一般问题，使得农民集体成员权无法参照成员权的一般规则加以规制。因此，农民集体所有权下的农民集体成员权应以共性的成员权机理为核心，同时体现农民集体成员权的特性，从以下四个方面进行构建。

1. 农民集体成员资格的确认和丧失规则

农民集体成员资格的认定标准，物权编不宜规定过细，明确成员资格认定的一般原则即可，从而为地方根据当地生产经营和社会实际制定具体标准预留空间，同时兼顾集

---

① 高飞：《集体土地所有权主体制度研究》，北京：法律出版社，2012 年，第 113 页。

体自治和农民权益保护的平衡。我们认为，确定农民集体成员资格的一般原则，应包括户籍、生活保障和自然人身份三个事实要素。通常来说，集体的成员都是在该集体之中享有户籍的农民。采户籍说有利于明确成员资格的认定标准，提高认定成员资格标准的可操作性。[①] 此外，农村集体土地的保障职能使得农民集体对于缺乏务农之外之谋生能力的农村居民，提供了适宜的成员身份准入机制，凡是依赖特定农村土地为保障者均可以被赋予集体成员身份，但如何明晰成员与农民集体是否建立了保障与被保障关系，在实践中仍应交由人民法院作为裁判标准结合个案认定。[②] 再者，为提高立法的明确性和可操作性，与其他民事立法的主体内容衔接更加顺畅，强调对农民个人利益的直接保护，应将自然人作为农民集体成员的主体形态。农民集体成员资格的丧失，分为自愿申请退出和被农民集体除名两种情形。对于自愿申请退出的，应当尊重当事人意思自治，由农民集体予以确认并变更成员登记簿名单即可。对于因特定事由而被除名的，应将“户籍”和“可替代性保障”作为判断标准。户籍迁出农民集体，且已有“可替代性保障”、与原农民集体不再存在保障与被保障关系，应由成员大会自决除名。若农民本人对自决结果不符，则可向人民法院提起撤销之诉。

2. 农民集体成员权的主要内容和权利行使方式

农民集体成员权的内容主要有两个方面，即实体性的获益权和程序性的参与权。前者可分为请求权、收益分配权和经营使用权，即农民集体成员请求分配集体利益、获得集体收益、使用集体土地的权利；后者分为集体事务参与权和退出权。此外，根据“权利与义务相对等”原则，明确农民集体成员权的同时亦应对其义务进行规定，由于农民集体的组织形式不同，具体表述上不宜采取列举的方式，在参照法律法规、行政法规的基础上，交由农民集体通过具体章程自行确定即可。农民集体成员权的行使主要是请求权和收益分配权的行使。立法上应明确农民集体成员可以向集体请求承包集体农地，分配宅基地以及集体盈余、集体土地征收补偿款等集体利益。对于成员申请，农民集体应当根据法定程序作出书面决定。至于该项申请能否实际获得集体收益，则由集体财产分配现状及农民集体表决结果决定。当然，不管其满足与否，成员都可以提起相应的诉讼，交由人民法院裁决。

3. 农民集体成员权的意思表达程序

根据团体法一般构造，成员大会应是农民集体最高议事机构。成员会议按照集体章

① 王利明、周友军：《论我国农村土地权利制度的完善》，《中国法学》，2012 年第 1 期。

② 如在福建省厦门市同安区人民法院（2011）同民初字第 117 号民事判决书中，法院指出“集体组织成员资格的判断，在尊重村（居）民自治的前提下，应结合户籍因素和生活保障基础作综合考量。生活保障基础，是指村（居）民与集体组织形成较为固定的生产、生活关系，包括长期在集体组织所在地生产、生活或虽暂时不在集体组织所在地生产、生活，但其生活保障仍须依附于该集体组织等情形”。原告虽然落户在被告，但其父母均为教师，没有与被告形成较为固定的生产、生活状态，生活保障基础也不在被告处，从而认定原告不具有被告的集体成员的资格。事实上，全国各地司法机关已经将生活保障作为确定成员资格的重要标准，并得到了很好的司法运用。

程的规定行使职权，但凡涉及农民利益的重大事项，如决定集体土地的分配和调整方案，决定集体收益、土地征收补偿费等费用使用、分配方案，对新成员接纳和原成员除名等，须由成员会议通过法定程序决定。此时，为体现农民集体民主管理原则，并避免少数成员的决策损害大多数成员利益，对这些重要事项作出决策时，应设定严格的表决限制，如出席会议人数的三分之二以上加上表决同意的三分之二以上方可通过。

4. 农民集体成员权的代表诉讼制度

当农民集体的管理人员应当承担赔偿责任或者有其他违反法律、法规、章程等行为，且农民集体怠于追究时，应当允许符合一定条件的成员提起诉讼以维护农民集体的合法权益，此即农民集体成员权的代表诉讼制度。我国现行立法没有关于集体成员代表诉讼的规定，但鉴于农民集体和公司在团体法上的同构性，可以比照《公司法》关于股东代表诉讼的有关规定，明确农民集体的经营管理人员在特定条件下需要承担对农民集体的损害赔偿责任，授予农民集体成员在此种情形下书面请求农民集体管理机构向人民法院提起诉讼的权利，当农民集体管理机构拒绝或怠于提起诉讼的，农民集体成员可以直接以自己的名义向人民法院提起诉讼。此外，他人侵害农民集体合法权益并造成损失的，农民集体成员亦可依照上述规定向人民法院提起诉讼。

（四）农民集体统一经营的法律地位

农村土地经营制度是我国国民经济发展的重要保障。农村改革的成功就是确立了以家庭承包经营为基础、统分结合的双层经营体制，这是我国农村的一项基本经济制度，稳定和完善该项基本经济制度关系到我国农村经济的持续稳定发展与国民经济发展的全局。① 然而，遗憾的是，《物权法》和《农村土地承包法》均未给统分结合下的统一经营确定或留出应有的位置，造成了立法上重“分”轻“统”的倾向。从农地经营体制与农地所有权的关系上看，无论是统一经营还是分散经营都是集体土地所有权的实现方式。本人所在的研究团队在近年的田野调查中发现，我国农村实践中，富有经济活力的名村几乎都采用有组织的统一规模经营方式，较之普通村的个体分散经营具有明显的核心竞争力。因此，有必要在我国法律中明确赋予统一经营和承包（分散）经营同等的法律地位，即明确农民集体实行家庭承包经营为基础、统分结合的双层经营体制。统一经营还是分散经营，应由农民集体自主决定，这是集体土地所有权的重要权能，同时也是农村集体经济组织经营自主权的本旨所在。作为农民集体的重大事项，农民集体决定采取统一经营方式的程序应当法定化，须由成员大会表决且由参会成员的大多数（三分之二以上）同意。

① 胡康生主编：《中华人民共和国农村土地承包法通俗读本》，北京：法律出版社，2002 年，第 3 – 5 页。

三、土地承包经营权立法规制之现实针对性

党的十九大报告提出，要“巩固和完善农村基本经营制度，深化农村土地制度改革，完善承包地‘三权分置’制度。保持土地承包关系稳定并长久不变，第二轮土地承包到期后再延长三十年”，为我国农村土地制度改革作了重要战略性安排，也对土地法律制度提出了新的要求。现行调整农村土地承包经营关系的规范，主要为《农村土地承包法》和《物权法》，二者分别颁行于 2002 年和 2007 年，时过境迁，农村土地承包经营的生产实际和土地政策俨然今非昔比。从 1980 年的“包产到户”到“家庭联产承包责任制”，再到 2015 年、2016 年的“中央一号文件”明确提出的“三权分置”，土地承包经营权制度的变革对农村土地承包经营关系产生了结构性的改变，也催生了更新立法的需求。“三权分置”政策格局下鼓励农村土地经营权的放活，经营权流转加快，不同程度的规模经营必然随之形成。如何应对规模经营下日益复杂的承包经营权流转关系，缓和承包经营权流转与稳定土地承包经营关系间的矛盾，提高农村土地利用率和生产率，应是物权编修订时须思考的现实问题。

（一）对应集体所有权完整权能时承包经营权人的义务规制

根据《物权法》第五十九条，农民集体所有的不动产和动产，属于本集体成员集体所有。《农村土地承包法》第五条明确的土地承包权主体“农村集体经济组织成员”与《物权法》第五十九条的“本集体成员集体”是个别与一般的关系。因此，土地承包权的配置，是集体所有权最为重要的实现形式。①《农村土地承包法》第十三、十四、十六、十七条较为全面地规定了发包方和承包方享有的权利和应当履行的义务，但是在强调土地承包权的身份属性特别是周延集体所有权权能的前提下，物权编还应重点完善如下两项内容：

1. 对土地承包关系主体的立法术语选择

《农村土地承包法》第十三条、第十六条使用的是“发包方”和“承包方”，到了《物权法》第十一章“土地承包经营权”统一使用了“发包人”和“承包人”。我们认为，在表述上应统一采用“发包人”和“承包人”，既可以强调承包经营权对应农民集体成员的立法趋势，也将土地承包关系限定在农民集体和集体成员之间，符合“三权分置”政策后农村土地承包经营法权关系中“土地所有权人/发包人（农民集体）—土地承包权人/承包人（集体成员）—土地经营权人”的主体构造。

2. 发包人和承包人的权利、义务内容

现行法律规定在发包人的权利设置上的不足体现在发包人的收益权和监督权不甚完整。集体土地所有权一项不可或缺的重要权能就是对集体土地的收益权，反映在土地承

① 丁文：《论“三权分置”中的土地承包权》，《法商研究》，2017 年第 3 期，第 19 页。

包关系中最能体现该项权能内容的则是土地承包经营费的收取权，《农村土地承包法》在集体所有权部分权能缺失的前提下自然忽略了该项权能对应权利的设置，物权编修法时理应予以回归性赋予。当承包人在承包期内未按法定或约定用途使用承包地，或者有其他损害承包地使用价值的行为，基于物上请求权，发包人亦有权采取一定措施恢复集体土地所有权的圆满状态，即发包人对承包人的行为应当享受监督权。现行法律规定了发包人监督、制止承包人利用和破坏土地的权利，但是当承包人损害承包地的行为达到一定程度时，对发包人的收回权却未予涉及。因此，为实现集体所有权的完整权能，应当明确承包人擅自改变土地农业用途、对承包地造成永久性损害、弃耕、丧失成员资格时发包人的法定收回权。相应地，同时应明确承包人缴纳承包费、不得损害或弃耕等义务。

（二）照应农地流转之规模经营需求的现实

根据农业部全国农村经营管理统计数据，2009—2015 年，在传统承包农户经营管理的耕地中，大部分已通过购买服务、紧密合作等方式实现了不同程度的规模经营。截至 2015 年 12 月底，全国工商部门注册登记的农民专业合作社有 153.1 万家，带动农户超过 1 亿户，占承包农户总数的 42%。[①] 随着“三权分置”办法的落实，土地经营权逐渐放活，农村土地这一核心市场要素的流转和集中必然加快，农地法律制度构建逐渐从强调农村承包土地的社会保障功能转向兼顾促进土地规模经营和发展现代农业。

为应对农村规模化经营的需要，立法重点之一就是土地承包经营权的流转及其规制。从性质上看，流转是农地承包经营权的重要权能，亦是农民行使该项物权的自主意志的体现。《物权法》未能突破在先法律的限制，依然将农地承包经营权的流转方式限定为转包、互换、转让三种（《物权法》第一百二十八条），仅其他承包经营权（通过招标、拍卖、公开协商等方式承包荒地等农村土地）才可采取入股、抵押等其他流转方式（《物权法》第一百三十三条），其大大削弱了土地承包经营权的物权属性，与现实中农民对土地承包经营权的流转开禁的期望和实践中各种流转实际背道而驰。

土地承包经营权立法，一方面要丰富流转方式，统一展现各种承包经营权的流转方式，允许承包经营权人采取出租、互换、抵押、入股、继承等方式流转。另一方面要规范流转秩序，维持在大多数农村地区的土地承包经营权的社会保障目的，即在农村人地矛盾特别突出的背景下，同等条件时，明确规定农民集体成员享有承包地出租、互换、抵押、入股等方式流转的优先权，这对于缓解该矛盾和维持农村社会稳定，实属必要。流转期限不得超过承包期的剩余期限，且未经批准，不得改变承包地的农业用途；采取出租、入股等方式流转的，应报发包人备案，未备案的不影响流转效力。现行《土地承包法》有关于土地承包经营权转让须经发包人同意的规定，明显忽视了土地承包经营权

---

① 赵鲲、刘磊：《关于完善农村土地承包经营制度发展农业适度规模经营的认识与思考》，《中国农村经济》，2016 年第 4 期，第 13 页。

的物权属性，《物权法》对此未置可否，修法时应直面此问题，即统一规定土地承包经营权进行债权流转只报发包人备案即可。《最高人民法院关于审理涉及农村土地承包纠纷案件适用法律问题的解释》第十四条①则从反面解释表明了土地承包经营权流转备案规定不属于效力性强制规定，而归于管理性强制规定，所以违反这一规定并不会直接导致土地承包经营权流转合同无效，那么，备案只是为了方便农民集体行使监督权，别无他意。而对于土地承包经营权的互换、抵押等物权方式的流转，应遵循公示公信原则，经依法登记时生效；此外，在流转形式上，应强调书面形式。

规模化经营下土地承包经营权流转开禁需要面对的另一个问题是多元化流转方式下的权利登记。在“三权分置”背景下设置的土地承包经营权登记制度承载着两方面的功能属性：一是标识集体成员借由成员权获得的承包权，区别于通过流转获得的经营权；二是追踪土地承包经营权的流转状态，为规模化经营构建市场化的公示渠道。也就是说，土地承包经营权的登记制度，兼具保障集体成员的成员权和稳定农地权利流转秩序的功能。《物权法》第一百二十七条第一款、第一百二十九条，对土地承包经营权的设立和变动持意思主义，登记属非强制性登记，仅具对抗效力，与2015年施行的《不动产登记条例》确定的土地承包经营权的强制性登记冲突。在目前我国农地不动产交易趋于市场化的背景下，应将土地承包经营权的登记纳入不动产登记范畴，明确土地承包经营权的设立、变更、转让和消灭应经依法登记才可生效，其登记效力有益于日益发展丰富的农地流转交易市场的安全和依法有序管理。

（三）对中央“三权分置”重要政策的法理回应与立法设计

将土地承包经营权分为承包权和经营权，实行所有权、承包权、经营权“三权分置”并行的政策意蕴，其内核在于坚持土地集体所有权、稳定农户承包权和放活土地经营权，这是继家庭联产承包责任制后农村改革的重大制度创新，意在对我国现行家庭承包经营制度升级和完善。但其中的农户承包权和土地经营权在我国现行法上均无规定，为落实“重大改革必须于法有据”，贯彻“物权法定”原则，“三权分置”亟待入法。

根据农地“三权分置”改革方案出台情况，现行家庭承包经营制度在土地承包经营权流转出去后存在以下不足：一是受让人获得的权利如果是债权性质的，效力和稳定性较弱，不利于长期投入，无法进行抵押融资扩大生产，进而影响土地利用效率乃至农业的现代发展；二是受让人获得的权利是物权性的，虽然避免了上述问题，但农户对土地承包经营权的长久享有恐难以保证，而且受让人取得的土地经营权囿于物权法定原则，难以直接定性为物权，须通过立法加以确定。这样才有了将土地承包经营权分解为农户承包权和土地经营权的意图。同时，推进农地“三权分置”改革的关键还在于如

---

① 第十四条　承包方依法采取转包、出租、互换或者其他方式流转土地承包经营权，发包方仅以该土地承包经营权流转合同未报其备案为由，请求确认合同无效的，不予支持。

何科学处理“三权”之间的关系，厘清其权利边界。

为此，立法设计应体现上述改革精神，首先，明确土地经营权的设立前提与条件。土地经营权来源于土地承包经营权，是土地承包经营权转让的结果。依民法基本原理，土地经营权源于土地承包经营权的这一依附性，决定了其期限只能小于或等于承包期的剩余期限。根据法律规定和土地承包经营权的性质，经营地只能是农地农用，因此不得改变承包地的农业用途。此期限与用途限制的规定，应是在原相应条文基础上的强调。另外是土地经营权权利变动模式的规定。土地承包经营权转让的现象逐渐增多，已经不限于农民集体内部，即由“熟人社会”的适用语境逐渐转向“市民社会”的适用语境。因此，土地承包经营权权利变动模式应由登记对抗主义改采登记生效主义。为适应这一转变，同时为明确和保障土地经营权的物权效力，也要求通过登记予以公示，产生对抗第三人的效力。

其次，农地“三权分置”改革的目标之一就是赋予土地承包经营权流转受让人以稳定的、权能充分且有保障的物权性权利，即土地经营权。为此，增设土地经营权的流转方式，明确土地经营权的权能和物权效力十分有价值。基于经营需要，土地经营权人可以像土地承包经营权人一样转让、抵押融资以进行再生产或扩大再生产，也可以以土地经营权入股的形式打造各种新型农业经营主体开展经营活动，至于出租土地经营权更是理所当然。鉴于上述流转方式中，除了出租，其他流转方式均为物权性质，因此，根据物权变动模式及其原理，增设和明确土地经营权采取转让、互换、抵押、入股等方式流转的，经依法登记时生效，亦为必然。

最后，强调“三权分置”后对农户承包权的保护。作为集体所有权的具体实现形式和农村基本经营制度的根本，土地承包经营权对农民具有重大意义，在家庭承包经营制度中具有基础性地位，我国物权等相关立法从权利构造和权利行使这一静一动两个角度作了全面保护。在土地承包经营权行使主要是以转让方式流转时，原土地承包经营权人的法律地位和权益必须加以明确。不仅如此，在农地“三权分置”改革方案中，土地承包经营权流转特别是转让出土地经营权的，尤其需要明确保护原土地承包经营权人的承包资格和相关权益，以作为家庭承包经营制度的压舱石，这也是对中央长期坚持家庭承包经营制度、实行农地“三权分置”政策意蕴的合理释义和落实。土地承包经营权初始取得的前提与身份相关，而农地“三权分置”改革就是要努力实现既稳定农民承包权之名分又放活土地经营权之效率目标这一两难的尝试。在此思路下，承包权本身内含的成员权的功能和色彩凸显，因此需要以法律的形式对政策中这一深刻意蕴予以表彰：土地承包经营权人设立土地经营权的，其作为农民集体成员享有的承包权受法律保护。

需要指出的是，稳定和保护农民集体成员转让土地经营权之后的承包权，一方面必须明确该权利承载的实际上是集体成员权的身份属性，前文已阐明，此不赘述。另一方面，承包权之成员身份享有并不是观念意义上的清谈，必然涉及如何处理与承包地调整和承包地收回关系的难题。具体而言，首先，必须废止与此规定相抵触、不尽合理、易滋生矛盾的《物权法》《农村土地承包法》《土地管理法》等法律法规中的某些规定，特别是《农村土地承包法》第四十一条①必须废止。其次，现实中农民集体在拥有发包地之外，还可能拥有土地承包经营权人自愿交回的承包地、依法收回的承包地以及开垦、复垦和整理出来的耕地。这部分耕地是可以也应该重新发包给新成员、失地成员的。为稳定土地承包经营权及其流转格局，应继续坚持禁止承包地调整的政策精神和法律原则，如因此加剧了人地关系矛盾且不利于无地、失地成员公平取得土地承包经营权的问题，可通过落实土地承包期、合理的承包地收回及其调整分配等制度规则加以解决。最后，虽然法律严格限制甚至禁止农民集体收回承包地，但这种限制主要是针对农民集体非法收回的情形，在于防止农民集体侵害乃至剥夺关系农民切身生存的土地承包经营权，而并非禁止或限制农民在破坏承包地或改变承包地的农业耕作用途以及丧失农民集体成员资格时的收回权。不仅如此，从所有权的应然权能和效力而言，农民集体作为农村土地所有权人理应有权对所有之土地进行管理、保护，依法和依照约定约束承包人。中共中央办公厅、国务院办公厅《关于完善农村土地所有权承包权经营权分置办法的意见》也从坚持土地集体所有权的高度，重申并明确了其管理、收回权能。

四、宅基地使用权制度立法改革之基础设计

作为一项中国特有的用益物权形式，宅基地使用权的立法并不完善，堪称孱弱，《物权法》“宅基地使用权”一章仅用了 4 个条文规定，且相关公法规范如《土地管理法》和《不动产登记条例》也仅有数条。如此，使得宅基地使用权制度体系严重缺乏法律支撑，实践中关于宅基地使用权的纠纷不断，其经济价值也因制度之桎梏而不得有效实现。借物权编修订之机完善宅基地使用权制度体系，应以宅基地使用权权利的得丧变更为线索，兼顾宅基地使用权的物权属性和社会保障属性，重点放在通过宅基地租赁使用权制度设立机理，解决宅基地使用权转让、抵押、收回和继承等热点和难点问题，在宅基地使用权制度改革进程中顺势而为。

（一）宅基地使用权权能完整回归与其取得条件的坚守

《物权法》第一百五十二条对宅基地使用权的权利内容规定了占有和使用。虽然宅基地主要是基于地缘和身份而作为一种资源实行福利性分配，但随着农村经济发展，特别是根据《国务院关于开展农村承包土地的经营权和农民住房财产权抵押贷款试点的指导意见》（以下简称“《两权抵押试点意见》”）正在进行的农民住房财产权抵押贷款试

---

① 第四十一条　承包方有稳定的非农职业或者有稳定的收入来源的，经发包方同意，可以将全部或者部分土地承包经营权转让给其他从事农业生产经营的农户，由该农户同发包方确立新的承包关系，原承包方与发包方在该土地上的承包关系即行终止。

点工作，进一步彰显了与住宅不可分离的宅基地的财产属性，而收益作为财产属性的重要体现并未反映在宅基地使用权权能内容中，应予补充。一方面，收益权能是作为用益物权之一的宅基地使用权的固有权能；另一方面，农村经济发展现实客观上需要彰显宅基地使用权之收益权能，借此方能就宅基地上的房屋财产权益实现不至于沦为空谈。因此，将“收益”权能明确纳入宅基地使用权的权利内容，以实现权利的完整性并更好地统领该章后续的制度内容，至关重要。

权能完整的宅基地使用权是农民基于其集体成员身份而拥有的法定权利，明显的社会福利性质和社会保障功能在我国未来很长一段时间内将会持续。[①] 现行《物权法》的规定有明显缺失。首先，该法第一百五十三条规定：“宅基地使用权的取得、行使和转让，适用土地管理法等法律和国家有关规定。”《土地管理法》第六十二条规定：“农村村民一户只能拥有一处宅基地，其宅基地的面积不得超过省、自治区、直辖市规定的标准。”该条虽确立了一户一宅原则和宅基地面积法定原则，但其未在权利的私法层面得以体现，即物权法应明确该项用益物权取得的规定，不应再借助于公法。其次，《物权法》第一百五十四条规定：“宅基地因自然灾害等原因灭失的，宅基地使用权消灭。对失去宅基地的村民，应当重新分配宅基地。”该条文明确了宅基地因自然灾害等原因灭失时，应重新分配宅基地的法定情形，但并未对除宅基地因自然灾害原因灭失之外的其他合理情形进行明文规定。

物权编修订中之所以有必要规定宅基地使用权的申请条件，是因为我国作为仍处于城市化进程中的国家，宅基地仍是多数农民的安身立命之所，宅基地亦是农民集体成员最重要之福利，《民法典》应当保障符合条件的农民集体成员有获得宅基地使用权的权利。首先，一户一宅原则和宅基地面积法定原则是《土地管理法》第六十二条确立的宅基地使用权取得的两大基本原则，该两大原则对于节约用地，保护有限的土地资源具有重要的制度价值，物权法编自应坚守。其次，坚持农民集体成员宅基地使用权的无偿取得符合广大的农村实际。为减轻农民负担，我国自 1993 年开始取消宅基地使用权收费，[②] 鉴于宅基地使用权的福利性质和居住保障功能，在前述原则前提下，继续坚持宅基地使用权获得对农民集体成员的无偿性法理充分。三是允许特定条件下宅基地使用权的重新分配。《物权法》第一百五十四条明确宅基地因自然灾害等原因灭失的，对失去宅基地的村民重新分配宅基地。除此之外，宅基地被征收、因公益目的被农民集体收回、人才引进、华侨回乡定居等其他情形亦非罕见，农民集体也应对此加以照应，列入重新分配的条件中。

---

① 陈小君、高飞、耿卓、伦海波：《后农业税时代农地权力体系与运行机理研究论纲——以对我国十省农地问题立法调查为基础》，《法律科学》（西北政法大学学报），2010 年第 1 期。

② 陈小君：《农村土地制度的物权法规范解析——学习〈关于推进农村改革发展若干重大问题的决定〉后的思考》，《法商研究》，2009 年第 1 期，第 8 页。

（二）宅基地租赁使用权制度的因应设计

与“一户一宅”原则相反的是，实践中“一户多宅”的情形普遍存在。继承是导致“一户多宅”现象的主要原因，在某些地方以继承方式取得宅基地的比例甚至高达71.11%。[①]“非法”转让、抵押、历史遗留等，也是造成“一户多宅”现象的重要原因。笔者认为，“一户一宅”和“一户多宅”并不矛盾，前者强调宅基地使用权的专属性，后者则是对宅基地占有、支配的事实状态，立法应正视这种事实和现实需求。对此，宅基地租赁使用权制度即法定租赁权应运而出，即在宅基地所有权人（农民集体）和宅基地使用权人（本农民集体成员和非本农民集体成员均有资格）间建立租赁使用的债权关系。这种法定的宅基地租赁使用权适用于因历史遗留问题，或因继承、转让等原因继受取得宅基地上住宅所有权导致的，虽不符合宅基地使用权申请分配条件，但因取得对其上住宅及其附属设施的所有权，而对相应的宅基地构成既成事实的占有的情形。农民集体成员因继承、转让等方式继受房屋所有权，若符合申请条件，可依法无偿取得宅基地使用权，若不符合申请条件，则可获得宅基地租赁使用权，适当支付租赁使用费。非农民集体成员，因历史遗留或转让、继承等方式获得房屋所有权的，同样可以获得宅基地租赁使用权，但是应当依市场评估价支付租赁使用费。

因继承取得宅基地租赁使用权有其特殊性，应强调此种宅基地租赁使用权获得的法定性前提，第一，宅基地使用权不可单独继承，法律也没有规定宅基地使用权有单独继承的必要。这里的继承取得应区别于原始分配，后者因集体成员身份无偿取得。但此继承取得中，继承人没有身份限制，包括城镇居民和农村居民，本村或外村。不符合本村宅基地使用权申请条件的继承者，有偿继承取得宅基地法定租赁使用权，以区别于无偿的原始取得，同时通过有偿使用制度弥补原农民集体成员的利益损失。这样的立法设想在我国目前的民事立法体系中未有明文，但我国台湾地区“民法”中针对房屋所有权和附着的土地所有权不归属于同一人时规定了法定租赁权，[②] 殊值借鉴。第二，需明确在宅基地使用权以“户”为单位申请与使用时，若“户”存在，即使户中某成员死亡，也并不出现继承取得宅基地使用权的问题；若已分户的继承人符合宅基地使用权申请条件，可因此无偿取得宅基地使用权；若已分户的继承人不符合宅基地使用权申请条件，

---

① 陈小君等：《农村土地法律制度的现实考察与研究——中国十省调研报告书》，北京：法律出版社，2010 年，第 123 页。

② 我国台湾地区“民法”第四百二十五条之一（土地及其土地上之房屋所有人相异时，租赁关系之推定）：土地及其土地上之房屋同属一人所有，而仅将土地或仅将房屋所有权让与他人，或将土地及房屋同时或先后让与相异之人时，土地受让人或房屋受让人与让与人间或房屋受让人与土地受让人间，推定在房屋得使用期限内，有租赁关系。其期限不受第四百四十九条第一项规定之限制。参见刘凯湘：《法定租赁权对农村宅基地制度改革的意义与构想》，《法学论坛》，2010 年第 1 期；韩世远：《宅基地的立法问题——兼析物权法草案第十三章“宅基地使用权”》，《政治与法律》，2005 年第 5 期。

继承住宅时享有相应的宅基地租赁使用权。

因此，上述拟规范的意旨既是为了认可和保护因继承而发生的宅基地使用权物权变动秩序，同时也兼顾其社会保障功能和集体所有权权利主体的权益。

（三）宅基地使用权单独转让、抵押之禁止

禁止宅基地使用权单独转让、抵押的原因：其一，是我国现行法律明确禁止宅基地使用权对外流转或作为抵押标的，[①] 物权法修订不宜对此突破过大而使先前规范和上位法冲突。其二，根据“房随地走、地随房走”的原则，若允许其单独转让、抵押，权利人行使对宅基地使用权的权利时，又会与宅基地上其他不动产的权利龃龉。实践中，农民集体可能会主张“房子可封、可拆，地不能卖”，从而导致抵押权事实上无法实现的窘境。[②] 其三，因宅基地作为农民集体重要的土地资源，如果允许宅基地使用权单独成为市场要素，则违背现行法基于宅基地使用权保障功能而限制其流转的立法政策，且将会损害农民集体、其他成员（包括未来成员）的利益。

问题是，法律并未禁止宅基地上住宅所有权的流转，[③] 而国家政策[④]亦逐步开禁农民住房财产权抵押贷款，如何解决宅基地使用权的成员权属性和“房地一体”原则的矛盾，则需要物权法在修订时给出制度设立方案。我们认为，前述宅基地租赁使用权制度可以解决这一矛盾。如前所述，适用宅基地法定租赁使用制度的宗旨有两个：其一是促使宅基地使用权的有效利用，增加农村住宅闲置的成本，促使村民将多占用的宅基地早日交回集体，促进宅基地的合理、高效利用；其二是保障农民集体成员使用宅基地的公平性，在房屋出让人（原宅基地使用权人）、宅基地所有权主体间建立一种利益分配机制，是农民集体以外的成员占用集体经济资源所作的合理补偿。一方面，宅基地租赁使用权制度为宅基地上不动产的转让和抵押提供了制度空间，同时又符合“宅基地使用权必须随住房所有权一并抵押”的原则；另一方面，因受让人或抵押权人仅获得宅基地租赁使用权而非宅基地使用权，农民集体也因此可以从原集体成员中收回宅基地使用权并获得租赁收益，为受让人或抵押权人的权利实现排除了障碍。此外，受让人、抵押权

---

① 《土地管理法》（2004 年修正）第六十三条：“农民集体所有的土地的使用权不得出让、转让或者租用于非农业建设。”国务院办公厅《关于加强土地转让管理严禁炒卖土地的通知》（国发〔1999〕39 号）明确规定：“农民的住宅不得向城市居民出售，也不得批准城市居民占用农民集体土地建住宅，有关部门不得为违法建造和购买的住宅发放土地使用权证和房产证。”参见《物权法》第一百八十二条第二项、《担保法》第三十七条第二项。

② 陈小君：《农村土地制度的物权法规范解析——学习〈关于推进农村改革发展若干重大问题的决定〉后的思考》，《法商研究》，2009 年第 1 期，第 8 页。

③ 陈小君：《农村土地制度的物权法规范解析——学习〈关于推进农村改革发展若干重大问题的决定〉后的思考》，《法商研究》，2009 年第 1 期，第 8 页。

④ 参见《国务院关于开展农村承包土地的经营权和农民住房财产权抵押贷款试点的指导意见》（国发〔2015〕45 号）。

人为非农民集体成员，或为农民集体成员但宅基地超过规定标准面积时，应当支付租赁使用费。但是，租赁使用费的缴纳义务主体限制、缴纳标准、农民集体成员不同情况下丧失宅基地使用权后可否一律再分配等问题，不宜“一刀切”，需根据日后各地不同实践，明确要件之细则。

（四）明确宅基地使用权的登记生效主义

《不动产登记暂行条例》第五条①和《物权法》第一百五十五条②明确，宅基地使用权属登记事项，且在宅基地使用权转让或消灭时，应当及时变更登记或者注销登记。对于宅基地使用权登记是采生效主义还是对抗主义，因《物权法》规定过于简单，理论和实践尚未达成统一认识。反对采登记生效主义者，一是认为因宅基地审批制度的存在，即便宅基地使用权不作登记也不会出现权属不明的情形；③ 二是认为在宅基地使用权仅在集体经济组织内容流转情况下，是否办理登记对于物权公示并没太大意义；④ 三是主张统一的宅基地登记制度在幅员辽阔的农村或许无法实现。⑤ 实践证明，随着农村土地制度改革的深入和农民住房财产权经济效益实现途径的开放，完全可以预见甚至实践已有运作，对各类农地权利公示制度的需求越来越强烈，对各类不动产权利的公示方式的要求也会更高。从保障农民权益的角度出发，宅基地使用权采登记生效主义，一来可以彰显农民所享有的权利，二来在农地权利被侵害或土地被征收等场合中，便于主张其权利，获得法律救济。完备的登记制度也有助于规范各类主体对宅基地的利用活动，更好地贯彻节约用地、保护耕地的基本国策。⑥ 且随着我国宅基地使用权登记发证工作的完成，民法典确认宅基地使用权的得丧变更采登记生效主义应具备坚实的现实和制度基础。

（五）宅基地使用权收回制度规制与其自愿退出机制的探索

1. 宅基地使用权的收回规制的公平机理

《物权法》和《土地管理法》对宅基地使用权并未规定收回制度。但建立宅基地使用权的收回制度的科学性在于，有利于保护农村土地资源、贯彻“一户一宅”原则、维护集体经济组织成员间的公平、防止宅基地长期外流。⑦ 但因宅基地使用权的收回关

---

① 第五条 下列不动产权利，依照本条例的规定办理登记……（六）宅基地使用权。

② 第一百五十五条 已经登记的宅基地使用权转让或者消灭的，应当及时办理变更登记或者注销登记。

③ 参见申卫星：《从〈物权法〉看物权登记制度》，《国家检察官学院学报》，2007 第 3 期。

④ 参见高圣平、刘守英：《宅基地使用权初始取得制度研究》，《中国土地科学》，2007 年第 2 期。

⑤ 王利明、尹飞、程啸：《中国物权法教程》，北京：人民法院出版社，2007 年，第 387 页。

⑥ 陈小君、蒋省三：《宅基地使用权制度：规范解析、实践挑战及其立法回应》，《管理世界》，2010 年第 10 期，第 11 页。

⑦ 陈小君、蒋省三：《宅基地使用权制度：规范解析、实践挑战及其立法回应》，《管理世界》，2010 年第 10 期，第 11 页。

系到农民的切身利益，应对其收回制度作适当限制：一是宅基地使用权的收回应采取严格的法定主义，不符合法定条件和程序的，不得强制收回。二是对收回条件的限制。仅符合特定收回条件时，才可收回。具体条件，可因乡镇、村庄规划需要调整，或因公益事业需要占用，也可以因宅基地使用权人改变宅基地用途，或闲置宅基地达一定年限。三是程序限制，宅基地使用权关系到集体成员的基本居住权利，宅基地使用权的收回除需经农民集体决定外，还需经原批准用地的人民政府审核批准。宅基地使用权收回的决定权在农民集体，体现农民集体作为所有权主体的地位，乡（镇）或县（市）人民政府的批准则是督促农民集体谨慎地行使其收回宅基地的权利。四是在原宅基地使用权人无过错，特别是为公益目的而收回时，应给予原宅基地使用权人合理补偿。

2. 回应农地制度改革实践的宅基地退出机制

2016 年的《土地管理法》（修订建议稿）第七十六条规定："国家鼓励进城居住的农村居民依法自愿有偿退出宅基地。腾退出的宅基地可以由本农民集体与宅基地使用权人协商回购，主要用于满足本集体内部的宅基地再分配，或者根据国家有关规定整理利用。"现行农地制度改革实践中多地已经进行了宅基地自愿退出的试点，但在《物权法》和《土地管理法》中并未对此进行规定，未能应对实践的合理需求。

探索农民宅基地有偿退出，其重要意义体现在两方面：第一，促进土地节约集约利用，保障新型城镇化的顺利进行。通过农民宅基地有偿退出机制，将零散低效、点多面广的农村居民点用地进行归并复垦，这既可增加建设用地供给，优化农村土地结构布局，又可增加耕地面积。第二，实现城乡统筹发展，推进扶贫攻坚和生态移民。农民宅基地有偿退出，引导农村人口在交出宅基地后向城市人口转移，推进新型城镇化进程，让农民与城市居民公平、均等共享城镇化发展成果。同时，土地级差收益返还农村，还可间接改善贫困地区、生态移民区的农村基础设施和生产生活条件，对扶贫攻坚和生态移民工作起到保障作用。①

农村宅基地有偿退出，还需要把握两个基本原则：其一，在是否退出的选择上，必须遵循农民自愿的原则，禁止强制退出，宅基地退出的补偿等具体事宜也应在自愿协商的基础上确定；其二，对退出后的宅基地的利用必须坚持合理利用原则，以复垦为主，杜绝与农村集体土地用途不符的利用，确保农村宅基地、农村集体土地与农村人口间的生态平衡。

【作者简介】

陈小君，广东外语外贸大学教授、博士生导师。

---

① 胡汉兵：《宅基地退出当有偿自愿》，《中国国土资源报》，2014 年 5 月 16 日。

民法典视野下农地融资担保规则的解释论*

高圣平

回应新一轮土地制度改革成果，是《民法典》物权编编纂的主要任务之一。[①] 就农地融资担保，[②] 原《农村土地承包法》和《物权法》基于社会保障、耕地保护、粮食安全、社会稳定等的政策目标，禁止“耕地……集体所有的土地使用权”抵押融资，[③] 仅允许“以招标、拍卖、公开协商等方式取得的荒地等土地承包经营权”作为抵押财产。“以家庭承包方式取得的土地承包经营权”，在解释上属于《物权法》第一百八十四条所称的“耕地……等集体所有的土地使用权”，但凡以之担保融资的，均为裁判所否定。[④] 在完善土地承包经营权权能、提高农民财产性收入的政策目标之下，《中共中央关于全面深化改革若干重大问题的决定》指出：要“赋予……承包经营权抵押、担保权能”。就此，全国人民代表大会常务委员会作出决定，授权国务院在试点地区暂时调整实施《物权法》等关于集体所有的耕地使用权不得抵押的规定，以使试点改革于法有据；国务院及其相关组成部门也出台了试点文件，对试点工作作了相应部署。农地融

* 本文系中国人民大学科学研究基金（中央高校基本科研业务费专项资金资助）重大项目“民法典担保法的解释与适用”（20XNL003）阶段性成果。原载于《广东社会科学》2020 年第 4 期。

① 参见沈春耀：《关于〈民法典各分编（草案）〉的说明——2018 年 8 月 27 日在第十三届全国人民代表大会常务委员会第五次会议上》；王晨：《关于〈中华人民共和国民法典（草案）〉的说明——2020 年 5 月 22 日在第十三届全国人民代表大会第三次会议上》。

② 本文所谓“农地”仅指农用地，即从事农业生产的土地，不包括集体建设用地、宅基地等。

③ 温世扬：《从〈物权法〉到“物权编”——我国用益物权制度的完善》，《法律科学》（西北政法大学学报），2018 年第 6 期，第 160 页；胡康生主编：《中华人民共和国农村土地承包法释义》，北京：法律出版社，2002 年，第 119－120 页；全国人大常委会法制工作委员会民法室：《中华人民共和国物权法条文说明、立法理由及相关规定》，北京：北京大学出版社，2017 年，第 416 页。

④ 吴国喆：《“三权分置”背景下农地抵押的规则设计》，《北方法学》，2018 年第 5 期，第 16 页。

资担保试点取得了良好的绩效，全面推开条件已经成熟，应修改相关法律予以体现。①《农村土地承包法》率先于2018年12月完成修订工作，作为民事基本法律的《民法典》在此基础上对《物权法》的有关规则也作了相应修改。由于立法之时回避了相关争议问题，这些新规则的解释和适用也就见解纷呈。本文不揣浅薄，拟就此一陈管见，以求教于大家。

一、“两权分离”之下农地融资担保的标的物

《民法典》同时反映了“两权分离”和“三权分置”之下的农地生产关系。“三权分置”的情形毕竟还是少数，“目前，农村已有30%以上的承包农户在流转承包地，流转面积4.79亿亩”，②《民法典》的规制重心也就放在了完善“两权分离”之下的规则体系，以契合“三权分置”所带来的体系效应。就此，《民法典》首先将“土地承包经营权”定性为集体土地所有权派生出的一种用益物权，以反映“两权分离”之下的农地产权结构，旨在稳定集体与承包农户之间关于农地资源的配置关系；其次，《民法典》强化土地承包经营权的身份属性，不仅将土地承包经营权的转让、互换局限在本集体经济组织内部，而且将其主体不具有身份属性的“以招标、拍卖、公开协商等方式取得的荒地等土地承包经营权”重构为土地经营权，置重于农地的社会保障功能，强调农地在本集体成员之间的公平分配。

现代农业的转型以高投入为基本前提，在政策金融之外，商业金融的供给即为其中重要一环。基于风险控制的需要，信贷担保物的范围扩张就成了商业金融据以展开的基本逻辑。农地融资担保试点目标即为如此，《民法典》物权编的编纂亦是如此。土地承包经营权作为承包农户的主要经营性资产，也就进入了融资担保的视野。

就抵押财产的范围，《物权法》采取了正面列举（第一百八十条）和反面排除（第一百八十四条）相结合的方法，共同为当事人之间的融资担保行为提供规范指引，有利于明晰法律关系，维护交易安全。③《民法典》维系了这一立法方法，于第三百九十五条正面列举了抵押财产的范围，第三百九十九条反面排除了不得抵押的财产范围。在农地融资担保试点的成熟经验的基础上，《民法典》删除了《物权法》第一百八十四条第二项关于禁止“耕地……集体所有的土地使用权”抵押的规定，但同时删除了《物权

---

① 《国务院关于全国农村承包土地的经营权和农民住房财产权抵押贷款试点情况的总结报告——2018年12月23日在第十三届全国人民代表大会常务委员会第七次会议上》，《全国人民代表大会常务委员会公报》，2019年第1期，第290－291页。

② 刘振伟：《关于〈中华人民共和国农村土地承包法修正案（草案）〉的说明——2017年10月31日在第十二届全国人民代表大会常务委员会第三十次会议上》，《全国人民代表大会常务委员会公报》，2019年第1期，第17页。

③ 高圣平：《担保法论》，北京：法律出版社，2009年，第298页。

法》第一百八十条第一款第三项关于允许“以招标、拍卖、公开协商等方式取得的荒地等土地承包经营权”的规定。在体系解释上，土地承包经营权即属《民法典》第三百九十五条所定“法律、行政法规未禁止抵押的其他财产”的范畴。由此，《民法典》就土地承包经营权抵押融资交易，虽然没有明示认可，但也未反面排除。其中，也没有具体规定此类抵押权的设立规则，交易规则的展开也就指向了民事特别法——《农村土地承包法》。

《农村土地承包法》第四十七条第一款前段规定：“承包方可以用承包地的土地经营权向金融机构融资担保，并向发包方备案。”这里，将承包方据以融资担保的财产界定为“承包地的土地经营权”，而非“土地承包经营权”。由此引发了承包方利用承包地展开融资担保之时，标的财产究竟是“土地经营权”还是“土地承包经营权”的争议。

《农村土地承包法》修正通过之后，学者间有观点认为，此际的融资担保财产是“土地经营权”，主要理由是：其一，基于第四十七条第一款本身的文义，抵押客体只是土地经营权而非土地承包经营权本身。[①]“承包地经营权，按照字面理解，应当是权利人存于农村已经承包土地上的以该土地从事农业生产经营活动的权利。承包地经营权抵押中的担保财产就是承包地经营权。”[②] 从该法的相关规定来看，土地经营权“原本属于承包人所享有”[③]。虽然在不发生承包地流转的情况下并不产生“土地经营权”，但当承包农户以其承包地权利进行担保融资之时，其标的财产是不具有身份属性的“土地经营权”。[④] 其二，土地承包经营权具有严格的身份属性，将其用于担保融资，会在实现抵押权时遭遇制度障碍。[⑤] 土地承包经营权虽具有经营权能，但因其负载社会保障功能，法律上赋予其身份属性，土地承包经营权不得自由流转的基本立场在《农村土地承包法》中未被撼动。这应当是该法未直接指明其为担保之客体的理由。[⑥] 如允许土地承包经营权抵押，一旦实现抵押权，即意味着土地承包经营权的丧失，“这与我国农村土地承包权设置的初衷相背，也不符合现行农村土地改革的政策底线”，因此，“即便是

---

① 祝之舟：《农村土地承包经营权的功能转向、体系定位与法律保障》，《农业经济问题》，2020年第3期，第41页。

② 许明月：《农村承包地经营权抵押融资改革的立法跟进》，《比较法研究》，2016年第5期，第8页。

③ 张素华、张雨晨：《〈农村土地承包法〉修订背景下土地经营权的法律内涵与制度供给》，《广西大学学报》（哲学社会科学版），2019年第1期，第117页。

④ 李长健、兰馨：《农村土地经营权抵押的法律适用及运行保障——以〈农村土地承包法修正案（草案）〉为中心》，《吉首大学学报》（社会科学版），2018年第9期，第94页。

⑤ 张晓娟：《三权分置背景下农村土地经营权抵押规则之构建》，《中国农村观察》，2017年第2期，第21页。

⑥ 房绍坤、林广会：《解释论视角下的土地经营权融资担保》，《吉林大学社会科学学报》，2020年第1期，第11页。

土地承包经营权人自己经营也是就土地经营权进行抵押，并不触及带有生存和生活保障的承包权”[①]。其三，域外法上就自己他物权已有所有人地上权、自己地役权等立法例，可兹参照。[②] 承包农户为自己设立独立存在、期限特定的土地经营权，再以此土地经营权融资担保。其中，为自己设立土地经营权属于土地承包经营权的权能，融资担保则属于土地经营权的权能，而不是土地承包经营权的直接权能。[③] 为避免登记程序上的烦琐，土地经营权的设立登记与担保登记须同时进行，无须先行办理设立登记。[④] 笔者认为，承包农户用以担保融资的标的财产仍然是土地承包经营权，主要理由如下：

第一，在未发生流转土地经营权的情形之下，承包农户就承包地的权利在法律上表达为“土地承包经营权”，承包农户并不享有“土地经营权”。《农村土地承包法》第九条规定：“承包方承包土地后，享有土地承包经营权，可以自己经营，也可以保留土地承包权，流转其承包地的土地经营权，由他人经营。”这就意味着，在承包农户自己经营的情形之下，承包农户所享有的即为“土地承包经营权”，这一权利被《民法典》明定为一类用益物权，依物权法定原则，其种类（体现为这一权利的名称）和内容自不应改变。承包农户自己经营，是其行使其土地承包经营权的方式，亦即属于土地承包经营权的权能，并不表明此际承包农户还享有一个别异于土地承包经营权的“土地经营权”。集体土地所有权、土地承包经营权和土地经营权均有经营权能，但该经营权能与其他权能并非截然分开，而是浑然一体地构成权利本身，权能仅体现为权利的内容，[⑤] 并不能以承包农户享有经营权能，就认为承包农户享有“土地经营权”。

第二，在法律已经明定土地经营权内容的情形之下，承包农户享有的经营农地的权利不是土地经营权。在《民法典》和《农村土地承包法》之下，“土地承包经营权”和“土地经营权”是两个指称明确的权利类型，两者之间区别主要体现在，前者的主体为“土地承包经营权人”，即“承包农户”或“承包方”，权利的发生依据是承包农户和集体之间依承包方案签订的承包合同或土地承包经营合同；而后者的主体为“土地经营权人”，即“有农业经营能力或者资质”的自然人、法人或者非法人组织，权利的发生依

---

① 焦富民：《“三权分置”视域下承包土地的经营权抵押制度之构建》，《政法论坛》，2016 年第 5 期，第 29 页。

② 房绍坤、林广会：《解释论视角下的土地经营权融资担保》，《吉林大学社会科学学报》，2020 年第 1 期，第 7 页。

③ 祝之舟：《农村土地承包经营权的功能转向、体系定位与法律保障》，《农业经济问题》，2020 年第 3 期，第 41 页。

④ 房绍坤、林广会：《解释论视角下的土地经营权融资担保》，《吉林大学社会科学学报》，2020 年第 1 期，第 7 页。

⑤ 房绍坤、林广会：《解释论视角下的土地经营权融资担保》，《吉林大学社会科学学报》，2020 年第 1 期，第 6 页。

据是经营主体与承包农户或集体之间所签订的土地经营权流转合同或承包合同。[①] 由此可见，承包农户依承包合同或土地承包经营合同所取得的权利，即为土地承包经营权，并不享有土地经营权。《农村土地承包法》上“流转土地经营权”“土地经营权流转”的表述，仅仅只是表明自土地承包经营权派生出土地经营权，并不表明土地经营权在流转之前就已经存在且由承包农户享有。

第三，强化土地承包经营权的身份属性，不能成为否定其担保能力的理由。《民法典》删去《物权法》关于禁止“耕地……集体所有的土地使用权”抵押的规定，其本意即在赋予土地承包经营权以融资担保能力。担保物权仅仅只是在所有权或其他基础权利之上的负担，其设立并不改变基础权利的属性和内容。承包农户以其土地承包经营权为金融机构设立抵押权，也不影响土地承包经营权的属性和内容。此际，土地承包经营权的主体并未发生改变，[②] 仍是承包农户在行使着土地承包经营权，并未为金融机构派生出土地经营权。因此，“作为担保物的土地经营权实际上还未现实存在，承包方是用将来的土地经营权融资担保，到需要实现担保物权时，土地经营权才从土地承包经营权中分离出来，作为优先受偿的财产出现。”[③] 即使认为融资担保客体是土地经营权的学者，也认为金融机构通过融资担保取得的是以土地经营权为客体的担保物权，而不是土地经营权本身；在担保物权实现以前，该土地经营权并未转移至金融机构，而仍旧属于承包农户。[④] 这足以说明，担保物权设立之时并未改变基础权利——土地承包经营权的身份属性，承包农户用以担保的仍然是土地承包经营权，仅仅只是在土地承包经营权抵押权实行之时，才为他人派生土地经营权，并以流转价款或经营收益优先受偿。此时，借由担保物权实现方式的革新，达到“不论承包经营权如何流转，集体土地承包权都属于农民家庭”的政策底线。[⑤] 因此，《农村土地承包法》第四十七条第一款前段所说的“承包地的土地经营权”，其“掩盖的复杂法律关系的核心之处在于通过强制设立土地

---

① 根据《农村土地承包法》第四十八、四十九条的规定，就不宜采取家庭承包方式的荒山、荒沟、荒丘、荒滩等农村土地，可以由经营主体与集体之间通过招标、拍卖、公开协商等方式签订承包合同，承包方取得土地经营权。这里的“承包合同”已经没有了其本来的意义，实为土地经营权流转合同；这里的“承包方”，也不是本集体经济组织的农户，也就不再具有家庭承包的承包方的意义，实为土地经营权人。

② 单平基：《土地经营权融资担保的法实现——以〈农村土地承包法〉为中心》，《江西社会科学》，2020 年第 2 期，第 24 页。

③ 黄薇主编：《中华人民共和国农村土地承包法释义》，北京：法律出版社，2019 年，第 200 页。

④ 祝之舟：《农村土地承包经营权的功能转向、体系定位与法律保障》，《农业经济问题》，2020 年第 3 期，第 41 页。

⑤ 2013 年 12 月中央农村工作会议指出：“坚持家庭经营基础性地位，农村集体土地应由作为集体经济组织成员的农民家庭承包，其他任何主体都不能取代农民家庭的土地承包地位，不论承包经营权如何流转，集体土地承包权都属于农民家庭。”值得注意的是，这里的“土地承包权”即为《民法典》上规定的土地承包经营权。参见高圣平：《农地三权分置视野下土地承包权的重构》，《法学家》，2017 年第 5 期，第 1 页。

经营权的方式保障担保物权的实现"[①]。

第四，《农村土地承包法》第四十七条是对试点经验的总结。作为新一轮土地制度改革的纲领性文件，《中共中央关于全面深化改革若干重大问题的决定》指出："赋予……承包经营权抵押、担保权能"，这里置重于完善土地承包经营权的抵押权能，明显是从"两权分离"的角度出发而考虑的；《中共中央、国务院关于全面深化农村改革加快推进农业现代化的若干意见》进一步指出："在落实农村土地集体所有权的基础上，稳定农户承包权、放活土地经营权，允许承包土地的经营权向金融机构抵押融资"，这里的"承包土地的经营权"是否同时反映"两权分离"和"三权分置"的情形，不无疑问。《国务院关于开展农村承包土地的经营权和农民住房财产权抵押贷款试点的指导意见》（以下简称《试点指导意见》）以及中国人民银行、中国银行业监督管理委员会等联合发布的《农村承包土地的经营权抵押贷款试点暂行办法》（以下简称《试点暂行办法》）将"承包土地的经营权"界定为"通过家庭承包方式依法取得土地承包经营权和通过合法流转方式获得承包土地的经营权"。由此可见，政策文件中所称的"承包土地的经营权"涵盖了两种不同类型的"经营权"：未流转土地经营权时，承包农户自行行使的"经营权"；流转土地经营权时，受让方行使的"经营权"。其中，前者的法权表达是"土地承包经营权"；后者的法权表达是"土地经营权"。[②] 以土地承包经营权或土地经营权设定抵押均属"承包土地的经营权抵押"[③]。《农村土地承包法》第四十七条第一款前段"承包地的土地经营权"只是在"承包土地的经营权"基础上作了表述上的调整。

综上所述，基于土地经营权能和土地经营权的区别以及民法上的权利生成的基本原理，承包农户的融资担保财产是土地承包经营权。这一解释结论也符合反映试点成果的基本要求，便于融资担保实践的衔接与展开。为使金融机构的抵押权取得对抗善意第三人的效力，当事人之间仅须在既有的土地承包经营权登记之上登记抵押权即可，无须先就土地经营权进行登记，再办理抵押权登记，或者同时办理土地经营权设立登记和抵押登记。这一额外的操作"不仅没有必要，而且，操作上也不可行"[④]。直接以土地承包经营权融资担保，既节约了交易成本，又便于制度衔接和当事人理解。

---

① 房绍坤、林广会：《解释论视角下的土地经营权融资担保》，《吉林大学社会科学学报》，2020年第1期，第8页。

② 高圣平：《承包土地的经营权抵押规则之构建——兼评重庆城乡统筹综合配套改革试点模式》，《法商研究》，2016年第1期，第5页。

③ 王利明：《我国民法典物权编中担保物权制度的发展与完善》，《法学评论》，2017年第3期，第8页。

④ 许明月：《农村承包地经营权抵押融资改革的立法跟进》，《比较法研究》，2016年第5期，第9页。

二、“三权分置”之下土地经营权融资担保的体系定位

《民法典》在“两权分离”的基础上增加了“三权分置”的内容，明定“土地承包经营权人可以自主决定依法采取出租、入股或者其他方式向他人流转土地经营权”，将“三权分置”之下的第三个权利称为“土地经营权”，旨在“促进土地资源合理利用，构建新型农业经营体系，发展多种形式适度规模经营，提高土地产出率、劳动生产率和资源利用率，推动现代农业发展”①。无论就“三权分置”之下的承包地产权结构持有何种观点，② 对第三个权利“土地经营权”均无争议。同时，“‘四荒地’承包不涉及社会保障因素，承包方不限于本集体经济组织成员，其取得的权利在性质上不同于土地承包经营权”③。基于“三权分置”带来的体系效应，《民法典》将《物权法》上“以招标、拍卖、公开协商等方式取得的土地承包经营权”修改为土地经营权的一种形态，既纯化了土地承包经营权的身份属性，维系了承包地的保障功能，又坚持了土地经营权的制度功能，为下一步土地经营权规则的统合提供了前提。

赋予土地经营权以融资担保权能，从而为经营主体加大农业投入、增强农业生产的核心竞争力提供便利，也是土地经营权制度建构的重要考量因素和价值功能。④《农村土地承包法》和《民法典》就上述两类土地经营权的融资担保能力并无疑义，《农村土地承包法》第四十七条第一款和第五十三条规定更是分别将这两类土地经营权的融资担保权能定为明文。但《农村土地承包法》第四十七条第二、三款将土地承包经营权、土地经营权融资担保定性为“担保物权”，并未明确担保物权的种类。在解释上，土地承包经营权上所设立的担保物权，系属抵押权，对此并无争议。但就土地经营权融资担保的体系定位，则有较大分歧。在《农村土地承包法》修正立法的过程中，“由于各方面对继受取得的土地经营权是物权还是债权有争议，是作为用益物权设定抵押，还是作为收益权进行权利质押，分歧很大”⑤。“草案使用了‘融资担保’的概念，包含了抵押和质押等多种情形，既解决农民向金融机构融资缺少有效担保物的问题，又保持了与担

---

① 《中共中央办公厅、国务院办公厅关于完善农村土地所有权承包权经营权分置办法的意见》。

② 这些观点的归纳和总结，参见高圣平：《农村土地承包法修改后的承包地法权配置》，《法学研究》，2019 年第 5 期，第 55 – 57 页；单平基：《分解、舍弃抑或改造：〈民法典〉编纂中土地承包经营权的定位》，《南京农业大学学报（社会科学版）》，2020 年第 3 期，第 123 – 127 页。

③ 胡可明：《全国人民代表大会宪法和法律委员会关于〈中华人民共和国农村土地承包法修正案（草案）〉修改情况的汇报——2018 年 10 月 22 日在第十三届全国人民代表大会常务委员会第六次会议上》，《全国人民代表大会常务委员会公报》，2019 年第 1 期，第 20 页。

④ 陈小君：《土地经营权的性质及其法制实现路径》，《政治与法律》，2018 年第 8 期，第 4 页；耿卓：《农地三权分置改革中土地经营权的法理反思与制度回应》，《法学家》，2017 年第 5 期，第 16 页。

⑤ 刘振伟：《巩固和完善农村基本经营制度》，《农村工作通讯》，2019 年第 1 期，第 23 页。

保法等法律规定的一致性。”①

这一做法饱受诟病,② 并未达到物权法定的基本要求。在物权法定原则之下，物权的种类由法律规定。这里的“物权的种类”并不包括“用益物权”“担保物权”等上位意义的物权种类，而是指“抵押权”“质权”等中位意义的物权种类，或者“一般抵押权”“最高额抵押权”“动产质权”“权利质权”“动产抵押权”“土地承包经营权抵押权”“股权质权”“应收账款质权”等下位意义的物权种类，其中前者的具体规范在形式上不明显，尚需根据法条布局和表达来辨析。③《农村土地承包法》第四十七条笼统地以上位的物权种类——“担保物权”加以规定，将直接导致具体规范的缺失，极易导致法律适用上的困难。④

学者大多主张，土地经营权融资担保的体系定位端赖于土地经营权的定性，如将其定性为物权，则其上所设立的担保物权即为抵押权；如将其定性为债权，则其上所设立的担保物权即为（权利）质权。⑤ 笔者不赞同这一观点，坚持主张土地经营权上所设立的担保物权是抵押权，属于权利抵押权，主要理由如下：

第一，无论将土地经营权定性为物权还是债权，均只能设定抵押权。在《农村土地承包法》第四十七条就土地经营权融资担保的体系定位未置明文的情形之下，这一问题的解决自应回到《民法典》。《民法典》分别就进入融资担保领域的抵押财产和质押财产范围作了例示规定，其中并未提及“土地经营权”，如此尚须经由解释明确其所属。《民法典》第三百九十五条第一款第七项规定，“债务人或者第三人有权处分的”“法律、行政法规未禁止抵押的其他财产”可以抵押。现有法律、行政法规并无禁止土地经营权抵押的规定，相反，《农村土地承包法》明定土地经营权可以担保融资。由此，该项规定可以作为土地经营权进入融资担保领域的路径，此际，担保物权人所取得的自应是土地经营权抵押权。《民法典》第四百四十条第七项规定，“债务人或者第三人有权处分的”“法律、行政法规规定可以出质的其他财产权利”可以出质，现有法律、行政

① 刘振伟：《关于〈中华人民共和国农村土地承包法修正案（草案）〉的说明——2017 年 10 月 31 日在第十二届全国人民代表大会常务委员会第三十次会议上》，《全国人民代表大会常务委员会公报》，2019 年第 1 期，第 17 页。

② 陈小君：《土地改革之“三权分置”入法及其实现障碍的解除——评〈农村土地承包法修正案〉》，《学术月刊》，2019 年第 1 期，第 95 页；高圣平：《农村土地承包法修改后的承包地法权配置》，《法学研究》，2019 年第 5 期，第 59 – 61 页。

③ 常鹏翱：《物权法定原则的适用对象》，《法学》，2014 年第 3 期，第 91 – 92 页。

④ 高圣平：《完善农村基本经营制度之下农地权利的市场化路径》，《社会科学研究》，2019 年第 2 期，第 47 页。

⑤ 陈小君：《我国农村土地法律制度变革的思路与框架——十八届三中全会〈决定〉相关内容解读》，《法学研究》，2014 年第 4 期，第 12 页；高海：《“三权”分置的法构造——以 2019 年〈农村土地承包法〉为分析对象》，《南京农业大学学报》（社会科学版），2019 年第 1 期，第 103 页；于飞：《从农村土地承包法到民法典物权编：“三权分置”法律表达的完善》，《法学杂志》，2020 年第 2 期，第 75 页。

法规并无土地经营权可以出质的规定，《农村土地承包法》仅规定土地经营权之上可以设立担保物权。由此，该项规定不能作为土地经营权进入融资质押担保领域的解释路径。

值得讨论的是，土地经营权是否可以理解为“应收账款”的一种形式，经由《民法典》第四百四十条第六项“现有的以及将有的应收账款”，而成为应收账款质权的标的财产？按照《应收账款质押登记办法》的规定，“应收账款是指权利人因提供一定的货物、服务或设施而获得的要求义务人付款的权利以及依法享有的其他付款请求权，包括现有的和未来的金钱债权，但不包括因票据或其他有价证券而产生的付款请求权，以及法律、行政法规禁止转让的付款请求权”（第二条第一款）。而土地经营权是土地经营权人在合同约定的期限内占有农村土地，自主开展农业生产经营并取得收益的权利（《民法典》第三百四十条），很明显不能由上述“应收账款”的文义所涵盖。不过，在解释上，土地经营权人行使土地经营权所取得的收益，即前述所谓“收益权”，勉强可以属于《应收账款质押登记办法》第二条第二款第三项所称“能源、交通运输、水利、环境保护、市政工程等基础设施和公用事业项目收益权”范畴，其上可以设立应收账款质权，土地经营收益上的担保物权应定位于权利质权，并非《农村土地承包法》第四十七条的规制对象，直接适用《民法典》第四百四十条第六项即可。但是，土地经营收益担保与土地经营权担保并不具有同一性，两者虽具有相关性且可能发生权利冲突，但并不属于同一事物，体系定位亦不相同。例如，建筑物所有权作为基础资产，本身可以设立不动产抵押权，但所有权人出租该建筑物所生的租金请求权，作为应收账款的一种形态，可以设立应收账款质权；再如，知识产权作为基础资产，本身可以设立知识产权质权，但知识产权许可使用费，作为应收账款的一种形态，可以设立应收账款质权。如此，土地经营权担保，并不涵盖土地经营收益担保。土地经营权融资担保，自无法采取权利质权的形式。

第二，土地经营权作为不动产权利，不宜作为权利质权的标的财产，即使将其定位为债权，亦无不然。在《民法典》之下，权利既可作为抵押权的标的财产（第三百九十五条），又可作为质权的标的财产（第四百四十条）。学说上认为，两者之间的区分，在于担保物权设定之后，担保人是否丧失对担保财产的利用权。[①] 但《民法典》并未将这一思路贯彻到底，就“建设用地使用权”“海域使用权”，其上设立担保物权之后，权利人仍得行使其标的权利，因之定位于抵押权，又成为权利抵押权的一种形态；但就“基金份额”“股权”“知识产权中的财产权”，其上设立担保物权之后，虽然权利人并未丧失自己利用标的财产的权利，但仍然定位于权利质权。“在设立此类质权时，其原

① 高圣平：《民法典中担保物权的体系重构》，《法学杂志》，2015 年第 3 期，第 39 页。

有的留置功能几乎完全丧失。"[①]"此类财产权没有以物理形式来使用的价值，它对任何人只具有客观上的交换价值。换句话来说，由于它对权利人不具有特别的主观价值，即使在其上设定了质权，禁止设立人处分，对于权利人也不会产生心理上的压力。因此，在设立此类质权时，其经济功能只在于依赖标的物的交换价值优先受偿。"[②] 此时，"其担保的作用反近于抵押权，谓之介于一般质权与抵押权之中间区域，亦无不可"[③]。从《民法典》就权利担保物权的体系安排上看，不动产权利纳入抵押担保范畴，动产性权利纳入质押担保范畴。[④] 上述学说上的抵押与质押的区分标准，仅具学理意义。在解释上，只有与质权性质不相抵触的财产权才能作为质权的客体。[⑤]《民法典》上不承认不动产质权，其理由在于，就不动产权利设定质权，应以权利让与的方式为之，则须经由移转登记才能取得对抗效力，已与质权的定限物权性质不合，因此，不动产权利不得为权利质权的标的财产。[⑥] 准此，即使将土地经营权定性为债权，但因系不动产权利，在体系定位上，土地经营权担保物权应属抵押权的范畴。[⑦]

第三，从体系解释的视角，《民法典》第三百四十二条规定："通过招标、拍卖、公开协商等方式承包农村土地，经依法登记取得权属证书的，可以依法采取出租、入股、抵押或者其他方式流转土地经营权。"这里，"经依法登记取得权属证书"指的是土地经营权的登记；该条明确将自土地所有权派生的土地经营权的融资担保定位于"抵

---

① ［日］我妻荣著，申政武、封涛、郑芙蓉译：《新订担保物权法》，北京：中国法制出版社，2008 年，第 104 页。

② ［日］我妻荣著，申政武、封涛、郑芙蓉译：《新订担保物权法》，北京：中国法制出版社，2008 年，第 104 页。

③ 史尚宽：《物权法论》，北京：中国政法大学出版社，2000 年，第 288 页。

④ 高圣平：《土地经营权制度与民法典物权编编纂——评〈民法典物权编（草案二次审议稿）〉》，《现代法学》，2019 年第 5 期，第 54 页。有学者以房屋租赁权在现行法之下无法抵押为例证反驳本文作者的观点。参见于飞：《从农村土地承包法到民法典物权编："三权分置"法律表达的完善》，《法学杂志》，2020 年第 2 期，第 76 页。就此，在标的财产无登记能力的情形之下，其上抵押权自无法经由登记而取得对抗第三人的效力。实践中即以承租人在租赁期间所可得的收益为标的财产（多出现于商业地产的情形），依应收账款质权的交易模式加以展开。这无非反映了我国不动产登记规则的缺失。在不动产登记立法过程中，专家组成员几乎一致地认为，应赋予不动产租赁权以登记能力。果若如此，上述问题随即迎刃而解。在《民法典》《农村土地承包法》已经赋予土地经营权以登记能力的前提之下，上述问题自不存在。

⑤ 谢在全：《民法物权论》，北京：中国政法大学出版社，2011 年，第 1012 页；高圣平：《担保法论》，北京：法律出版社，2009 年，第 498 页。

⑥ 江平主编：《中华人民共和国物权法精解》，北京：中国政法大学出版社，2007 年，第 286 页；郑冠宇：《民法物权》，台北：新学林出版股份有限公司，2014 年，第 638－639 页。

⑦ 房绍坤、林广会：《解释论视角下的土地经营权融资担保》，《吉林大学社会科学学报》，2020 年第 1 期，第 12 页。

押”。这一规则同样可以类推适用于从土地承包经营权派生出的土地经营权。[①] 第四百一十八条规定：“以集体所有土地的使用权依法抵押的，实现抵押权后，未经法定程序，不得改变土地所有权的性质和土地用途。”从历史解释的视角，这里的“集体所有土地的使用权”即为《民法典各分编（草案）》第二百零九条中所称的土地承包经营权、土地经营权、集体建设用地使用权，[②] 该条亦将土地经营权担保定性为“抵押”。由此可见，《民法典》就土地经营权融资担保的体系定位已作政策选择。《农村土地承包法》第四十七条的定位模糊，经由《民法典》的相关规定已经解决。

第四，《农村土地承包法》第四十七条是对农村承包土地的经营权抵押贷款试点成果的确认。[③] 在《试点指导意见》《试点暂行办法》明显将土地经营权界定为债权的情形之下，《试点暂行办法》第二条明确规定：“本办法所称农村承包土地的经营权抵押贷款，是指以承包土地的经营权作抵押、由银行业金融机构（以下称贷款人）向符合条件的承包方农户或农业经营主体发放的、在约定期限内还本付息的贷款。”两份改革文件均将土地经营权作为抵押贷款的担保财产。土地经营权抵押贷款试点取得了积极成效，进一步盘活农村资源资产，推动缓解“三农”领域融资难融资贵问题，支持农户增收致富。通过试点，新型农业经营主体融资可得性明显提升，对普通农户的带动作用持续增强。[④] 基于试点经验，国务院建议，“农村土地承包法修正案通过后全面推广农地抵押贷款业务”，“人民银行将及时出台《农村承包土地的经营权抵押贷款管理办法》，明确农地抵押贷款业务的抵押条件、贷款管理、风险处置和配套措施等问题”。[⑤] 这里实际上已就下一步的推广和展开作出政策选择，也是将土地经营权融资担保定性为“抵押”。

综上，从反映土地经营权抵押贷款试点的成果、维持《民法典》既有政策选择的角度，土地经营权融资担保应定性为抵押。无论将土地经营权定性为物权还是债权，土

---

① 高圣平：《农村土地承包法修改后的承包地法权配置》，《法学研究》，2019 年第 5 期，第 57 页；祝之舟：《〈农村土地承包法〉修改的制度要点与实施问题研究》，《南京农业大学学报》（社会科学版），2019 年第 4 期，第 93 页。

② 该条指出：“以土地承包经营权、土地经营权抵押的，或者以乡镇、村企业的厂房等建筑物占用范围内的建设用地使用权一并抵押的，实现抵押权后，未经法定程序，不得改变土地所有权的性质和土地用途。”

③ 黄薇主编：《中华人民共和国农村土地承包法释义》，北京：法律出版社，2019 年，第 198 - 200 页；单平基：《土地经营权融资担保的法实现——以〈农村土地承包法〉为中心》，《江西社会科学》，2020 年第 2 期，第 31 页。

④ 《国务院关于全国农村承包土地的经营权和农民住房财产权抵押贷款试点情况的总结报告——2018 年 12 月 23 日在第十三届全国人民代表大会常务委员会第七次会议上》，《全国人民代表大会常务委员会公报》，2019 年第 1 期，第 290 页。

⑤ 《国务院关于全国农村承包土地的经营权和农民住房财产权抵押贷款试点情况的总结报告——2018 年 12 月 23 日在第十三届全国人民代表大会常务委员会第七次会议上》，《全国人民代表大会常务委员会公报》，2019 年第 1 期，第 291 页。

地经营权上所设定的担保物权，均属抵押权。如此解释，便于实践操作。在赋予土地经营权登记能力的前提之下，土地经营权作为土地承包经营权或土地所有权上的权利负担，自是在不动产登记簿上进行登记，土地经营权上的抵押权亦属土地经营权之上的权利负担，在土地经营权上登记这一负担即可。如将土地经营权上的担保物权定性为质权，在《民法典》统一动产和权利担保登记的既有选择之下，土地经营权质权作为权利质权之一种，自应在该统一登记系统中进行登记。潜在的交易相对人除了查询不动产登记簿之外,[①] 尚须查询动产和权利担保登记系统，这无疑增加了交易风险和交易成本。

三、农地融资担保物权的设立

在法适用关系上，《民法典》和《农村土地承包法》之间，为一般规定和特别规定的关系。根据《立法法》第九十二条的规定，“同一机关制定的法律、行政法规、地方性法规、自治条例和单行条例、规章，特别规定与一般规定不一致的，适用特别规定；新的规定与旧的规定不一致的，适用新的规定”。虽然《民法典》系由全国人民代表大会通过，《农村土地承包法》系由全国人民代表大会常务委员会制定，但两者均属由中华人民共和国主席令公布的法律。根据《宪法》第五十七条和第五十八条的规定，全国人民代表大会及其常设机关——全国人民代表大会常务委员会行使国家立法权。在解释上可以认为，《民法典》和《农村土地承包法》为“同一机关制定的法律”。如此，就农地融资担保而言，《农村土地承包法》与《民法典》不一致的，适用《农村土地承包法》。

（一）土地承包经营权抵押权的设立规则

《农村土地承包法》第四十七条第二款明定：“担保物权自融资担保合同生效时设立……但未经登记，不得对抗善意第三人。”这一规则适用于同条第一款中的两类抵押权：土地承包经营权抵押权和土地经营权抵押权。《民法典》物权编担保物权分编就土地承包经营权抵押权的设立规则并无特别规定，而就基于法律行为的不动产物权变动，《民法典》第二百零九条第一款规定：“不动产物权的设立、变更、转让和消灭，经依法登记，发生效力；未经登记，不发生效力，但是法律另有规定的除外。”因此，在解释上可以认为，《农村土地承包法》第四十七条第二款所定不动产物权变动规则，即为《民法典》第二百零九条第一款“法律另有规定”的情形之一，自应优先适用。至于抵押合同的内容和形式，自得适用《民法典》第四百条、第四百零一条的规定。

---

① 王晨（全国人民代表大会常务委员会副委员长）：《关于〈中华人民共和国民法典（草案）〉的说明——2020年5月22日在第十三届全国人民代表大会第三次会议上》。

在《农村土地承包法》第四十七条第二款之下，土地承包经营权抵押权的设立采取登记对抗主义。之所以没有采取登记生效主义，主要原因在于：尊重当事人之间的意思自由，便于担保交易的达成，提升担保交易的效率，降低担保交易的成本和登记机构的负担。[①] 这一制度安排在《农村土地承包法》内部取得了统一。该法第三十五条规定："土地承包经营权互换、转让的，当事人可以向登记机构申请登记。未经登记，不得对抗善意第三人。"这里明定土地承包经营权的互换、转让采取登记对抗主义。土地承包经营权抵押与土地承包经营权互换、转让一样，均产生物权变动的法律效果，统一采取登记对抗主义，符合正义的规则（同者相同、异者相异）要求。[②]

"未经登记，不得对抗善意第三人"，表明《农村土地承包法》区分了土地承包经营权抵押权的设立与对抗第三人效力。在解释上，土地承包经营权抵押权一经设立，在性质上即属物权，即使未经登记，也可对抗抵押人的无担保债权人。未经登记的土地承包经营权抵押权，不得对抗善意的受让人、土地经营权人，不得对抗其他担保权人、查封或扣押债权人、参与分配债权人、破产债权人或破产管理人。

根据《农村土地承包法》第四十七条第一款的规定，土地承包经营权融资担保的，承包方"并向发包方备案"。这里的"备案"仅仅只是一种事后程序，便于发包方全面掌握土地流转情况并对其利用进行监督。[③] 在土地承包经营权抵押权设立之后，承包方是否向发包方备案，不影响土地承包经营权抵押权的效力。值得注意的是，就同一土地承包经营权向两个以上债权人抵押的，自应根据《民法典》第四百一十四条第一款的规定，依取得对抗第三人效力的时间先后确定竞存土地承包经营权抵押权之间优先顺位，即：抵押权均已登记的，按照登记的时间先后确定清偿顺序；抵押权已经登记的先于未登记的受偿；抵押权未登记的，按照债权比例清偿。

（二）自土地承包经营权派生的土地经营权的抵押权设立

就自土地承包经营权派生的土地经营权的抵押权的设立，《农村土地承包法》第四十七条第二款亦有适用空间。也就是说，此类土地经营权抵押权的设立亦采登记对抗主义。但与土地承包经营权抵押权的设立程序不同的是，《农村土地承包法》第四十七条第一款后段规定："受让方通过流转取得的土地经营权，经承包方书面同意并向发包方备案，可以向金融机构融资担保。"仅从本款的文义来看，土地经营权人在金融机构签订融资担保合同之前，应"经承包方书面同意并向发包方备案"。但在土地经营权抵押权设立之前，并无法向发包方备案。因此，就交易顺序而言，应是先有承包方的书面同

---

① 黄薇主编：《中华人民共和国农村土地承包法释义》，北京：法律出版社，2019 年，第 202 页。

② 吴国喆：《"三权分置"背景下农地抵押的规则设计》，《北方法学》，2018 年第 5 期，第 22 页。

③ 黄薇主编：《中华人民共和国农村土地承包法释义》，北京：法律出版社，2019 年，第 201 页；房绍坤、林广会：《解释论视角下的土地经营权融资担保》，《吉林大学社会科学学报》，2020 年第 1 期，第 15 页。

意，再有土地经营权人与金融机构的融资担保合同，后有土地经营权人向发包方备案；其间可能有融资担保合同之后的抵押权设立登记。

就土地经营权抵押权的设立而言，尚存争议的有以下两点：

其一，土地经营权抵押权的设立是否以土地经营权的登记为前提？在登记对抗主义之下，就土地经营权抵押权的设立是否登记，取决于当事人之间的意愿。有学者主张，"依登记连续规则，土地经营权抵押登记应当以土地经营权登记为条件，此时未登记的土地经营权不具抵押能力，除非法律允许其进行补办登记；如果以登记的土地经营权设定抵押，则其可以进行抵押登记，亦可不进行登记"①。笔者认为，在解释上，土地经营权抵押权的设立并不以土地经营权的登记为前提。《农村土地承包法》第四十七条并未就纳入融资担保领域的土地经营权作任何限定，土地经营权是否登记，其期限长短，均非所问。由此可见，未登记的土地经营权，期限未满5年的土地经营权，均可设定抵押权。但是，取得一个不能对抗第三人的土地经营权抵押权，并不能使抵押权人——金融机构达到风险控制的目标。因此，除非有其他的增信手段，金融机构多会要求办理土地经营权抵押权登记。此际，土地经营权先登记，就成了这一交易模式展开的前提。期限未满5年的土地经营权无登记能力，金融机构可以采取以未来的土地经营收益为标的财产设立应收账款质权，通过应收账款质权登记，保全自己的权利。

其二，如何理解承包方书面同意的要件？土地经营权抵押权的实现势必危及承包农户的权益，尤其是在土地经营权流转价款尚未足额支付的情形之下，虽然土地经营权抵押权实现之时土地经营权的受让人承受原土地经营权人的权利和义务，但受让人的经营管理能力可能影响到承包农户剩余流转价款请求权的实现。因此，设置承包方同意的要件，主要是为了最大限度保障承包农户的利益。② 除非法律明确规定，承包农户没有特殊事由，不得拒绝土地经营权人的担保请求。③ 在解释上，"经承包方书面同意并向发包方备案"应定性为管理性强制性规定，违之并不影响土地经营权抵押权的效力。但在未经承包方书面同意的情况下，土地经营权人以其土地经营权抵押融资，承包方可能以其违反合同约定为由请求承担违约责任甚至解除土地经营权流转合同，从而影响土地经

---

① 房绍坤、林广会：《解释论视角下的土地经营权融资担保》，《吉林大学社会科学学报》，2020年第1期，第15页。

② 参见黄薇主编：《中华人民共和国农村土地承包法释义》，北京：法律出版社，2019年，第201页；高小刚、谷昔伟：《"三权分置"中农地经营权融资担保功能之实现路径——基于新修订〈农村土地承包法〉的分析》，《苏州大学学报》（哲学社会科学版），2019年第4期，第80页；于飞：《从农村土地承包法到民法典物权编："三权分置"法律表达的完善》，《法学杂志》，2020年第2期，第74页。

③ 参见张素华、张雨晨：《〈农村土地承包法〉修订背景下土地经营权的法律内涵与制度供给》，《广西大学学报》（哲学社会科学版），2019年第1期，第117页。

营权人的正常经营。[①]

（三）自集体土地所有权派生的土地经营权的抵押权设立

《农村土地承包法》第五十三条规定："通过招标、拍卖、公开协商等方式承包农村土地，经依法登记取得权属证书的，可以依法采取出租、入股、抵押或者其他方式流转土地经营权。"（《民法典》第三百四十二条与此相同）由于《民法典》删去了"以招标、拍卖、公开协商等方式取得的荒地等土地承包经营权"可以抵押的例示规定，《民法典》第四百零二条所定登记生效规则自无法适用于自集体土地所有权派生的土地经营权的抵押权的设立（而在《物权法》之下，此类抵押权系采行登记生效主义）。《农村土地承包法》第五十三条位于第三章"其他方式的承包"，而前述第四十七条位于第二章"家庭承包"之第五节"土地经营权"，由此而产生了此类土地经营权的抵押融资规则是否类推适用第四十七条的疑问。

有学者从体系解释、历史解释和目的解释的视角，认为此类土地经营权的融资担保不受第四十七的影响，无须践行第四十七条规定的程序性要件，不受后者融资担保条件的限制，但同时主张，此类土地经营权的抵押权仍然采行登记对抗主义，自抵押合同生效时土地经营权抵押权设立，但未经登记，不得对抗善意第三人。[②] 笔者认为，自集体土地所有权派生的土地经营权与自土地承包经营权派生的土地经营权，在性质上应作同一理解。《农村土地承包法》上就后者所采取的政策选择，自可类推适用于前者。如此，自集体土地所有权派生的土地经营权设立抵押权之时，除了类推适用第四十七条第二款关于担保物权的设立采行登记对抗主义的规则之外，第一款中关于土地经营权融资担保的程序性要件的规定，亦有类推适用余地。"经承包方书面同意并向发包方备案"应理解为"经发包方书面同意"；既然已经发包方书面同意，自无须再"向发包方备案"。

四、农地融资担保物权的实现

土地承包经营权、土地经营权抵押权的实现尚须结合《农村土地承包法》和《民法典》的规定进行理解。《农村土地承包法》第四十七条第三款规定："实现担保物权时，担保物权人有权就土地经营权优先受偿。"本款规定是关于土地承包经营权、土地经营权抵押权实现的特别规则，但仅对土地承包经营权才有意义，因为土地经营权抵押

---

① 房绍坤、林广会：《解释论视角下的土地经营权融资担保》，《吉林大学社会科学学报》，2020年第1期，第15页。

② 单平基：《土地经营权融资担保的法实现——以〈农村土地承包法〉为中心》，《江西社会科学》，2020年第2期，第28－29页。

权的实现本就是就土地经营权优先受偿。[①]

（一）土地承包经营权抵押权的实现规则

就土地承包经营权抵押权的实现而言，如适用《民法典》第四百一十条，无论是采取协议折价的方式，还是采取拍卖、变卖的方式，均将导致土地承包经营权易其主体，承包农户将丧失其土地承包经营权，也就使得承包农户失去了基本的生活和就业保障。此际，只能依《农村土地承包法》第四十七条第三款的规定，由土地承包经营权派生出土地经营权，以流转价款或经营收益优先受偿。此即《强制执行法》上的强制管理和收益执行方式。强制管理，是以不动产的收益为执行对象的换价方法，由执行法院选任管理人对被执行人的已查封不动产实施管理，并以其所得收益满足债权人的金钱债权。[②] 以强制管理方式实现土地承包经营权抵押权，并不就土地承包经营权进行变价，而仅仅使受让人取得其上的土地经营权。在执行实践中可以采取两种方式：其一，由土地经营权人一次性给付流转价款，债权人就该流转价款优先受偿；其二，由土地经营权人分期以经营收益优先清偿债务，在土地经营权的行使所生的收益足以清偿债务之时，土地经营权即消灭，土地承包经营权恢复至圆满状态。[③] 第二种模式实际上也是以土地经营权的流转价款实现抵押权，只不过是分期支付而已。

至于其具体方式，仍然可以采取协议拍卖、变卖或强制拍卖、变卖的方法确定土地经营权人。在解释上，《农村土地承包法》第三十八条所定基本原则除第一项之外，均有适用余地。例如，不得改变土地所有权的性质和土地的农业用途，不得破坏农业综合生产能力和农业生态环境；流转期限不得超过承包期的剩余期限；受让方须有农业经营能力或者资质；在同等条件下，本集体经济组织成员享有优先权。此外，还应接受县级以上地方人民政府的资格审查。[④]

值得探讨的是，《农村土地承包法》第四十七条第三款是对试点实践的总结，《试点指导意见》指出，土地承包经营权抵押权实现之时，“允许金融机构在保证农户承包权……前提下，依法采取多种方式处置抵押物”。但是，《农村土地承包法》同样允许土地承包经营权的转让（第三十四条），在土地承包经营权抵押权可得实现之时，如经发包方同意，抵押人（承包方）自可将其全部或者部分的土地承包经营权转让给本集

---

① 单平基：《土地经营权融资担保的法实现——以〈农村土地承包法〉为中心》，《江西社会科学》，2020 年第 2 期，第 34 页。

② 赖来焜：《强制执行法各论》，台北：元照出版有限公司，2008 年，第 406 页；房绍坤：《论土地承包经营权抵押的制度构建》，《法学家》，2014 年第 2 期，第 47 页。

③ 参见高圣平：《承包地三权分置的法律表达》，《中国法学》，2018 年第 4 期，第 280 页。

④ 张素华、张雨晨：《〈农村土地承包法〉修订背景下土地经营权的法律内涵与制度供给》，《广西大学学报》（哲学社会科学版），2019 年第 1 期，第 117 页；高小刚、谷昔伟：《“三权分置”中农地经营权融资担保功能之实现路径——基于新修订〈农村土地承包法〉的分析》，《苏州大学学报》（哲学社会科学版），2019 年第 4 期，第 76 页。

体经济组织的其他农户。此时，自应适用《民法典》第四百一十条对抵押土地承包经营权进行变价。变价之后，由受让农户与发包方确立新的承包关系，抵押人与发包方在该土地上的承包关系即行终止。

（二）土地经营权抵押权的实现规则

土地经营权本是一种脱离了身份制约的市场化权利，土地经营权抵押权的实现也就无须特别的政策考量，直接适用《民法典》第四百一十条即可。[①] 这是其与土地承包经营权抵押权实现规则的最大区别。在土地经营权抵押权可得实现之时，由当事人协议以土地经营权的变价款优先受偿，协议不成的，抵押权人可以请求人民法院拍卖、变卖土地经营权。在解释上，由于抵押权人是金融机构，按照《商业银行法》等的规定，金融机构自不得购买非自用不动产，也就不能以协议折价的方式取得土地经营权。如此，《民法典》第四百一十条所定协议折价实现方式，自无适用余地。有学者主张，与拍卖、变卖的实现方式相较而言，折价的实现方式简便易行，可以节省交易成本，自无禁止协议折价实现方式之理。[②] 但《农村土地承包法》第三十八条要求土地经营权人“须有农业经营能力或者资质”，金融机构尚无法达到这一要求，无法以协议折价实现方式取得土地经营权。

五、结语

农地融资担保涉及《民法典》和《农村土地承包法》上的三类土地权利：一是承包农户以家庭承包方式取得的土地承包经营权；二是受让方通过流转取得的土地经营权；三是承包方以其他方式承包农村土地取得的土地经营权。承包土地的经营权抵押贷款试点仅涉及前两者，但前两者在反映抵押贷款试点成果的同时，也就第三者作了体系上的变革。《民法典》就农地融资担保并未完全地加以规范，相关交易规则还需借助于《农村土地承包法》以及即将出台的《农村承包土地的经营权抵押贷款管理办法》才能确定。应当注意的是，土地经营权能否成为金融机构接受的有效抵押财产，还受到权属完备性、交换价值以及权利实现成本的影响。[③] 土地经营权流转中大多采取价款年付制，这种方式虽然有利于经营主体应对自然及市场的不确定性、降低前期投入成本，但

---

① 房绍坤、林广会：《解释论视角下的土地经营权融资担保》，《吉林大学社会科学学报》，2020年第1期，第16页。

② 曾大鹏：《土地承包经营权抵押的法律困境与现实出路》，《中国农村观察》，2017年第2期，第23页。

③ 罗兴、马九杰：《不同土地流转模式下的农地经营权抵押属性比较》，《农业经济问题》，2017年第2期，第25页。

也增加了土地经营权的不稳定性，影响到了土地经营权的金融价值。[①] 基于此，《民法典》和《农村土地承包法》虽然就农地融资担保作了规定，但金融机构是否接受这一融资交易品种，还有待信贷实践的检验。

【作者简介】

高圣平，中国人民大学民商事法律科学研究中心研究员，中国人民大学法学院教授、博士生导师。

---

① 汪险生、郭忠兴：《流转型土地经营权抵押贷款的运行机制及其改良研究——基于对重庆市江津区及江苏新沂市实践的分析》，《经济体制改革》，2017 年第 2 期，第 75－76 页。

合同法应当奉行双轨体系的归责原则*

崔建远

一、问题的提出

归责原则，是指基于一定的归责事由而确定责任成立的法律原则，或者说是基于一定的归责事由而确定行为人是否承担责任的法律原则。① 具体到合同法，其归责原则就是基于一定的归责事由而确定缔约过失责任、违约责任成立的法律原则。

在归责原则问题上，归责事由居于重要的地位。归责事由是立法者基于特定的物质生活条件的要求，根据其立法指导思想，按其价值观分配损害结果而在法律上确认的唯一的或核心的责任原因。指导思想变化，归责原则也随之改变。② 古代法把单纯的损害结果认可为归责事由，它奉行的归责原则便为结果责任原则。近代法把过错规定为归责事由，它采取的归责原则即为过错责任原则。在现代法上，基于合理分配不幸损害的需要而承认了多种无过错责任。但“无过失”本身则不足以作为责任之依据。③ 每种无过错责任的归责事由不尽一致，难以提出积极的法律原则加以说明，只就其消极特征立

---

* 本文原载于《广东社会科学》2019 年第 4 期。

① 崔建远：《合同责任研究》，长春：吉林大学出版社，1992 年，第 50 页。

② 崔建远：《合同责任研究》，长春：吉林大学出版社，1992 年，第 50－51 页。

③ ［德］Karl Larenz：《德国法上损害赔偿之归责原则》，转引自王泽鉴：《民法学说与判例研究》（第 5 册），北京：中国政法大学出版社，1998 年，第 258 页。笔者不止一次地听到对过失责任原则、无过失责任原则这种表达的质疑，其意思不外乎说，它们遗漏了故意的情形。其实，这是不了解“过失”在境内外的理论中内涵和外延有所差异的表现。中国大陆的民法及学说中所谓过错责任原则中的过错，包括故意和过失两种形态；无过错责任原则中的无过错包括无故意、无过失两种形态。在这种语境下，使用过失责任原则的术语，就难以涵盖以故意为构成要件而成立的责任；使用无过失责任原则的表述，同样存在前述那样的不周延之处。但是，中国台湾地区的“立法”及学说中所谓过失责任原则中的过失，不限于狭义的过失，还包括故意。这样，就不存在不周延的问题。

论，统称之为无过错责任原则。[①] 无过错责任原则，在英美法系有两种表现形式，一是严格责任（strictliability）原则，二是绝对责任（absoluteliability）原则。适用绝对责任原则，不但责任的成立不以债务人有过错为要件，而且不存在任何免责事由，只要有不履行义务的事实，债务人就要承担责任，不得以不可抗力、通常事变等不可归责于债务人的原因导致不履行义务为由主张免责。适用严格责任原则，虽然责任的成立不以债务人有过错为要件，但存在免责事由。至于免责事由的类型，取决于法律规定、当事人约定。一般说来，不可抗力是常见的免责事由。

关于缔约过失责任，无论是对该术语望文生义，还是观察《合同法》第四十二条、第四十三和第五十八条的文义，抑或是列举缔约过失责任的构成要件，均应得出以过错责任原则为归责原则的结论。在这方面不存在难以厘清的问题，本文不拟详论。

认识分歧严重的是违约责任在《合同法》上采取了何种归责原则。因为《合同法》第一百零七条系关于违约责任的总括规定，只明示了违约行为和违约责任的方式，未提构成违约责任是否需要过错这个要件，加上不见了《合同法（草案征求意见稿）》曾经设置的“但当事人能够证明自己没有过错的除外”这个但书，所以，多数学说断言《合同法》在违约责任方面采取了严格责任原则[②]，或曰无过错责任原则[③]。当然，也有学说认为，《合同法》同时奉行了过错责任原则和无过错责任原则。[④]

《民法典合同编（草案）（二次审议稿）》第三百六十七条承继《合同法》第一百零七条的行文，第三百六十八条沿用《合同法》第一百零八条的表述，第三百七十二条与《合同法》第一百一十一条的意思基本相同，是否应得出在归责原则上与《合同法》相同的结论呢？不可不辨，不可不考虑进一步完善，因为归责原则十分重要，主要表现在：①归责原则决定着违约责任的构成要件，归责原则不同，违约责任的构成要件便不一致。在结果责任原则下，违约致损为唯一的责任要件。在过错责任原则下，过错

---

① ［德］Karl Larenz：《德国法上损害赔偿之归责原则》，转引自王泽鉴：《民法学说与判例研究》（第5册），北京：中国政法大学出版社，1998年，第260页。

② 梁慧星：《从过错责任到严格责任——关于合同法草案征求意见稿第七十六条第一款》，《民法学说判例与立法研究》（二），北京：国家行政学院出版社，1999年，第154－156页；梁慧星：《中国统一合同法的起草》，《民法学说判例与立法研究》（二），北京：国家行政学院出版社，1999年，第179－180页；顾昂然：《中华人民共和国合同法讲话》，北京：法律出版社，1999年，第45－46页；谢怀栻等：《合同法原理》，北京：法律出版社，2000年，第287－288页；龚赛红、李婉丽主编：《合同法》（第二版），广州：中山大学出版社，2007年，第293页；陈小君主编：《合同法学》（第二版），北京：高等教育出版社，2009年，第272页。

③ 李国光主编：《合同法释解与适用》（上册），北京：新华出版社，1999年，第425页；崔建远主编：《合同法》（修订本），北京：法律出版社，2000年，第252页；魏振瀛主编：《民法》（第四版），北京：北京大学出版社、高等教育出版社，2010年，第460－461页；王利明主编：《民法》（第六版），北京：中国人民大学出版社，2015年，第562－563页。

④ 王利明：《合同法研究》（第二卷），北京：中国人民大学出版社，2015年，第435页；朱广新：《合同法总则研究》（下册），北京：中国人民大学出版社，2018年，第656、669－670页。

为核心的责任要件。在无过错责任原则下，过错又从构成要件中消失了。②归责原则决定着举证证明责任的内容，归责原则不同，分配给受害人和违约方的举证证明责任便不一致。在结果责任原则下，只要受害人举证证明相对人违约并给他造成了损失，违约责任即可成立。此外，无须举证证明其他事项。在过错责任原则且实行过错推定的立法技术的前提下，受害人欲主张违约金责任，须举证证明存有违约金的约定或法定且相对人已经违约；欲请求继续履行，须举证证明相对人有实际履行能力；欲追究相对人违约损害赔偿责任，须举证证明相对人违约并致自己损失。无论主张哪一种，都无须举证证明违约方有过错。违约方欲免负违约责任，可举证证明自己无过错来达到目的。在无过错责任原则下，违约方欲免负违约责任，仅仅举证自己无过错已达不到目的，只得举证法定的免责事由，有时则为约定的免责事由。若拟免负物的瑕疵担保责任，则须举证证明买受人或定作人已经验收标的物并于检验期间届满时未提出质量异议。③归责原则决定着赔偿责任的范围，在不同的归责原则下，赔偿责任的范围不尽一致。在结果责任原则下，损害赔偿责任的范围起初由当事人协商确定，后又依损害的种类、程度和受害人的阶级、身份等加以确定。在过错责任原则下，确定赔偿范围主要考虑损失的多少，受害人有无过错，有些立法例还考虑违约方于缔约时是否预见到或应否预见到违约所致损失。在无过错责任原则下，赔偿范围受合理分配不幸损害这种基本思想的制约，法律在某些情况下规定赔偿的最高限额。④归责原则决定着违约责任的方式，归责原则不同，违约责任的方式也有差别。在结果责任原则下，违约责任的方式为损害赔偿，而无违约金责任和继续履行的方式。在过错责任原则下，损害赔偿、违约金责任均为责任方式，中国法等法律还把继续履行作为责任方式。德国民法、英美法将继续履行作为违约救济方式，而不采取法律责任的理念。⑤从整个合同法的角度看，归责原则对于合同法的进步起了促进作用。它使合同法及时地担负起促使债务人履行其债务、填补受害人的损失的重任，既促进了合同法的逐步完善，又推动了经济的发展。[①]

二、无过错责任原则被确立的理由及其评价

严格责任原则成为合同法唯一的归责原则，是英美法的创举，1980 年《联合国国际货物销售合同公约》(CISG)（第 45 条、第 61 条）、《国际商事合同通则》(PICC)（第 7.4.1 条）沿袭。在中国，《合同法》一改《民法通则》《经济合同法》贯彻过错责任原则的理念和模式，确立无过错责任原则。其关键理由大体上有三点：①严格责任是合同法的发展趋势。②严格责任具有显而易见的优点。③严格责任更符合违约责任的

① 崔建远：《合同责任研究》，长春：吉林大学出版社，1992 年，第 52 - 54 页。关于归责原则五个方面的价值和意义，系笔者首先总结和概括出来的，出现于《合同责任研究》一书之中。但遗憾的是，有些作品述及这方面的内容时，意思与笔者的相同，却未注明出处。

本质。[1] 对此，笔者不予赞同，兹分析如下：

其一，关于合同法的发展趋势，未见由过错责任原则改为无过错责任原则的变化。在 1980 年《联合国国际货物销售合同公约》（CISG）、《国际商事合同通则》（PICC）、《欧洲合同法原则》（PECL）、《现行欧共体合同法原则》（Acquis Principles）、《关于更为协调的欧洲合同法的行动计划》、《共同参考框架》（Common Frame of Reference，CFR）之后，赖讷尔·舒尔茨教授撰写《欧洲债法的变迁》和欧洲《合同法中的新挑战》，评论包括违约责任制度在内的欧洲的合同法及其发展趋势，未见其提及在归责原则方面出现了将过错责任原则变为无过错责任原则的发展潮流。[2] 按照笔者的理念和理解，归责原则应属合同法的重要制度，如果欧共体的法律以及德国、法国等欧洲主要国家的合同法改采了无过错责任原则，则赖讷尔·舒尔茨教授于其大作中必定予以介绍和评论之。可事实上无此内容。据此推断，至少在欧洲，不存在将过错责任原则改变为无过错责任原则的浪潮。

有必要指出，《欧洲合同法原则》只是奥·兰度领导的“兰度委员会”的学术作品，它们以对欧共体成员国的法律传统的比较分析为基础，远离欧共体的立法活动。[3]

事实的确如此，德国、法国修正债法，依然坚持了过错责任原则，称无过错责任原则是合同法的发展趋势为时尚早。

1900 年实施的《德国民法典》对包括合同责任在内的债务不履行责任时奉行过失责任原则，依其第 276 条第 1 项前段的基本规定，债务人必须对故意和过失承担责任，也就是说，从原则上说，债务人只有在其对给付障碍有过错的情况下才必须承担责任。[4]《德国民法典》（新债法）依然奉行过失责任原则（推定过失），其第 280 条第 1 项规定：“债务人违反由债务关系产生的义务的，债权人可以请求赔偿因此发生的损害。违反义务不应当归责于债务人的，不适用此种规定。”[5] 解释论认为，该项规定保留了《德国民法典》第 276 条第 1 项前段规定的过错责任。[6] 这种断语从有关著作中得到了印证，例如，损害赔偿请求权的核心要件是，债务关系的存在、债务人违反义务、债务

---

① 梁慧星：《从过错责任到严格责任》，《民商法论丛》（第 8 卷），北京：法律出版社，1997 年，第 1 –7 页。

② ［德］赖讷尔·舒尔茨著，金晶、李海、张抒涵、王剑一、姚明斌译：《迈向欧洲私法之路》，北京：中国政法大学出版社，2016 年，第 136 – 171 页。

③ ［德］赖讷尔·舒尔茨著，金晶、李海、张抒涵、王剑一、姚明斌译：《迈向欧洲私法之路》，北京：中国政法大学出版社，2016 年，第 164 页。

④ ［德］迪特尔·施瓦布著，郑冲译：《民法导论》，北京：法律出版社，2006 年，第 659 – 660 页。

⑤ 杜景林、卢谌：《德国新债法研究》，北京：中国政法大学出版社，2004 年，第 20 页。

⑥ 朱岩：《德国新债法条文及官方解释》，北京：法律出版社，2003 年，第 97 页。

人对于义务违反的可归责性以及损害的发生。[①] 对所有迟延履行的理由都适用《德国民法典》第 286 条第 4 项规定的抗辩事由：只要给付系某种不能归责于债务人的事由而未能履行，债务人即不为迟延。[②]

1992 年生效的新《荷兰民法典》采用了过错责任原则，只不过其免责体系是在过失责任中加入了危险责任。[③]

1804 年《法国民法典》第 1147 条“暗含着过错的思想。在许多合同债中，被告的过错并不需要举证证明，被告不履行债务的过错是被推定的。在另一些案件中，如在提供个人服务的合同中，过错则必须被举证证明”[④]。的确，1804 年《法国民法典》在合同责任的成立上奉行过错责任原则（第 1147 条、第 1148 条）。[⑤]《法国民法典》（新债法）依然如故，假如其已经改采无过错责任原则，则介绍《法国民法典》（新债法）的著述必然提及，但笔者查阅的此类著作未言说《法国民法典》（新债法）此种变化。[⑥] 如果说 1804 年《法国民法典》第 1147 条在规定合同责任的构成条件时虽未提到当事人的“过错”，但可将其所谓当事人“不履行义务的行为”之语理解为当然地包含了当事人的过错，[⑦] 那么，《法国民法典》（新债法）第 1217 条的表述与之相比没有实质性的变化，[⑧] 就可以断言其未修正归责原则。

由欧洲民法典研究组、欧盟现行私法研究组设计的出版于 2008 年的《欧洲民法典草案》之《示范规则》第 3 - 3：101 条之（1）规定：“债务人不履行债务，且不存在免责事由的，债权人即可采取本草案所规定的任何救济措施。”第 3 - 3：101 条之（2）规定：“债务人不履行债务存在免责事由的，则债权人可以采取除强制实际履行和损害赔偿之外的任何救济措施。”此处所谓免责事由，依欧洲私法的《示范规则》第 3 - 3：

---

① ［德］迪尔克·罗歇尔德斯著，沈小军、张金海译：《德国债法总论》（第 7 版），北京：中国人民大学出版社，2014 年，第 162 页。

② ［德］迪特尔·施瓦布著，郑冲译：《民法导论》，北京：法律出版社，2006 年，第 617 页。

③ ［日］潮见佳男：《最近欧洲合同责任、履行障害法的发展》，见梁慧星主编：《民商法论丛》第 8 卷，北京：法律出版社，1997 年，第 312 - 313 页

④ ［英］H. 劳森、A. E. 安东、L. 内维尔·布朗：《法国法导论》，牛津：牛津大学出版社，1967 年，第 186 页。

⑤ Barry Nicholas，Introduction to the French Law of Contract，Donald Harris and Denis Tallon，*Contract Law Today*，Oxford：Clarendon Press，1989，p. 18；尹田：《法国现代合同法——契约自由与社会公正的冲突与平衡》，北京：法律出版社，2009 年，第 337 - 367 页；刘甲一：《私法上交易自由的发展及其限制》，郑玉波主编：《民法债编论文选辑》（上），台北：五南图书出版公司，1984 年，第 115 页。

⑥ 参见李世刚：《法国合同法改革——三部草案的比较研究》，北京：法律出版社，2014 年，第 253 - 255 页。

⑦ 尹田：《法国现代合同法——契约自由与社会公正的冲突与平衡》，北京：法律出版社，2009 年，第 337 - 367 页。

⑧ 李世刚：《法国新债法：债之渊源（准合同）》，北京：人民日报出版社，2017 年，第 150 - 151 页。

104 条之（1）的规定，应指“债务人不可控制的障碍所引起的，且债务人不能避免或克服该障碍或其后果”的情形。[①] 因为债务人于其“不可控制的障碍所引起的，且债务人不能避免或克服该障碍或其后果”的情形之外不履行债务，必然是债务人处于过错的状态下的现象，所以，欧洲私法的《示范规则》在包括违约责任在内的债务不履行责任领域贯彻的是过错责任原则。

其二，“首先是原告只须向法庭证明被告未履行合同义务的事实，不要求证明被告有过错，也不要求被告证明自己对于不履行无过错，免去了证明过错有无的困难，方便裁判，有利于诉讼经济”。对此，笔者持有不同意见：①所谓奉行无过错责任原则“方便裁判，有利于诉讼经济”，未见得具有普遍性。虽然就某一具体诉案而言是经济的，但因实行无过错责任原则使胜诉可能性增强，诱发诉讼浪潮，从整个社会看，成本是高昂的。在美国，因在产品责任等领域实行严格责任，使诉讼和责任保险与日俱增，造成了诉讼费和保险费开支巨大，从而提高了产品成本和服务行业的费用，加强了通货膨胀的压力。[②] ②诉讼过程，自原告一造来讲就是举证证明其诉讼主张的过程，也是被告举证证明原告的诉讼主张不成立的过程。法律奉行过错责任原则时是这样，采取无过错责任原则时也是如此，举证证明责任的数量不会因奉行的归责原则不同而有差异，只不过某些举证证明责任分配给哪一方以及该方举证证明的内容会因归责原则的不同而有变化。所以，不会出现采取无过错责任原则就“方便裁判，有利于诉讼经济”。③在法律奉行无过错责任原则的背景下，债权人追究债务人的违约责任，需要举证证明债务人不履行债务，无须举证证明债务人对其不履行债务有过错。在法律确立过错责任原则但同时采用过错推定的立法技术的背景下，同样如此。在这方面，债权人举证证明的负担没有什么差别，也不存在“免去了证明过错有无的困难，方便裁判，有利于诉讼经济”的问题。

其三，通过把违约责任视为本质上出于当事人的约定，而不是法律强加的，来说明实行无过错责任原则的合理性也是不能成立的。在 19 世纪，有学说认为：“合同义务是直接根据当事人的意志而产生的，它们不依赖于法律而独立存在；任何合同仅基于缔约当事人的共同意志而成立，并基于人类自由和伦理而产生的强制力，……正是缔约当事人自己赋予其约束力，正是由于他们意图如此并且已经赋予该意图具有此种效力，而法律仅确认他们有权这样做。”[③] 1804 年《法国民法典》把合同视为当事人之间的法律（第 1134 条），《法国民法典》（新债法）依然如故（第 1103 条）。尽管如此，《法国民法典》（新债法）、《德国民法典》（新债法）仍在违约责任制度实行过错责任原则。同

---

① 欧洲民法典研究组、欧盟现行私法研究组编著，高圣平译：《欧洲示范民法典草案：欧洲私法的原则、定义和示范规则》，北京：中国人民大学出版社，2012 年，第 196 页。

② ［美］戴维·派克：《当代美国的诉讼浪潮》，《美国新闻与世界报道》周刊，1978 年 12 月 4 日。

③ Léobon Larombière, Thèororie et pratique des obligations, Vol. Ⅴ (1857), see Donald Harris and Denis Tallon, *Contract Law Today*, Oxford: Clarendon Press, 1989, p. 48.

理，在中国，即使把违约责任视为本质上出于当事人的约定，不是法律强加的，法律确认合同具有拘束力，追究违约方的违约责任，也不过是执行当事人的意思和约定，并不能自然地得出必须实行无过错责任原则的结论。[①]

事实上，“所有的义务均来自法律，……合同的设权作用仅根据法律关于每个人均须遵守其诺言的规定而产生”。因此，“合同义务也正像其他义务一样，只不过它的义务是间接通过法律产生的”[②]。违约责任是合同债务的转化形态（或是合同债务的替代，或是合同债务的补充），但它增加了国家强制力的转化形态，在违约方有过错的情况下，还增加了法律谴责和否定性的评价，就是说，违约责任同样是法律责任，是法律强加的。那么如何认识当事人的约定呢？当事人约定违约金及赔偿损失的计算方法，不是约定违约责任，而是约定赔偿数额，换言之，不是约定违约责任这个“质”，而是约定违约责任的“量”。这里的“质”，是指违约责任这个法律责任类型，以及强制实际履行、违约金责任、赔偿损失等责任方式。这些是不允许当事人约定的，当事人不得另外约定除此而外的类型及方式。那么，如何认识免责条款呢？法律将有些免责条款确定为无效，表明违约责任是法律责任。如果将它界定为本质上出于当事人的约定，追究违约方的违约责任不过是执行当事人的意愿和约定，就难以合理解释免责条款的无效。即使免责条款有效，也无非是守约方抛弃其权利、利益，也成不了否定违约责任为法律责任的证据。[③]

至于所谓严格责任有利于增强当事人的责任心和法律意识，也难令人信服。在债务人果真没有过错的情况下，责令他承担赔偿责任，会增加他对法律的反感，产生逆反心理。因为“只有当合同责任仅仅取决于过错时，才可能取得预期的教育效果”[④]。

尽管如此，笔者并不全盘否定合同法采取无过错责任原则，因为在某些类型的合同中对于某一方当事人的不履行，实行无过错责任原则更为合理：①在货物运输合同的领域，在货物运输过程中，意外事故使货物毁损灭失，承运人对此损失负责赔偿。②在保管合同中，风险负担规则采取占有人负担主义，即由保管人承担保管物毁损灭失的后果，如此，保管人对于寄存人的责任，即使采取过错责任原则，保管人举证证明成功其无过错，也照样承受不利后果，纯粹从结果观察，这与奉行无过错责任原则也相差无几，只不过是角度、理由不同罢了。③在仓储保管合同中，保管人对保管的货物的盘亏负责。盘亏，未必可归责于保管人，即使不可归责，保管人也得向寄存人承担责任。再者，仓储合同本来就脱胎于保管合同，保管合同中的保管人承担无过错责任，仓储合同

---

① 崔建远：《严格责任？过错责任？——中国合同法归责原则的立法论》，见梁慧星主编：《民商法论丛》（第11卷），北京：法律出版社，1999年，第197页。

② Donald Harris and Denis Tallon, *Contract Law Today*, Oxford: Clarendon Press, 1989, p. 49.

③ 崔建远：《严格责任？过错责任？——中国合同法归责原则的立法论》，见梁慧星主编：《民商法论丛》（第11卷），北京：法律出版社，1999年，第197页。

④ Gyula. Eörsi, Contractual Remedies in Socialist Legal Systems, *International Encyclopedia of Comparative Law* (Volume Ⅶ), Tubingen: Mohr 6Siebeck, 1978, p. 167.

中的保管人也宜如此负责。④在旅店业等服务合同中，服务方对顾客交由保管的物品毁损灭失，应当负责赔偿，即使没有过错，也应如此。不在归责原则上如此设计，按照风险负担规则，也应由服务方这个占有人承担风险。⑤在买卖合同中，出卖人就买卖物承担瑕疵担保责任。⑥在承揽合同中，承揽人对工作成果承担瑕疵担保责任。对于工作成果及定作人提供的材料的毁损灭失，承揽人应当负责。不在归责原则上如此设计，依据风险负担规则，也可得出承揽人负责的结论。⑦在建设工程施工合同的领域，保修制度的存在和实施，承包人负担的后果与法律采取何种归责原则区别不太明显。由于建设工程合同系承揽合同的特殊形式，比照承揽合同中的承揽人的责任设计承包人的责任，符合逻辑。⑧在拍照合同、洗印照片合同之类的合同中，摄影社、洗印馆向顾客承担无过错责任也是必要的。⑨在保证合同的场合，在主债务人不履行时，保证人对于主债务人的不履行，即使自身无过错也得承担保证责任。诚然，从严格的意义上说，这个阶段的保证责任在实质上是债务。如此，似乎不宜称保证人承担保证责任属于无过错责任原则。但这并不意味着保证人只就其过错负责。准确地说，在主债务人不履行债务时，保证人有抗辩事由、行使抗辩权时，可暂时或永久地拒绝履行保证债务，但无抗辩事由、无抗辩权可行使时，保证人便有义务履行保证债务，若不履行，就得承担真正民事责任意义上的保证责任，而不问保证人就此有无过错。

除了上述从合同类型的角度阐述无过错责任原则有存在的必要性外，从特定领域的方面观察，确立无过错责任原则也有其理由：①迟延履行期间发生不可抗力，债务人对由此所致损失负责赔偿。债务人迟延履行，有可能归责于债务人。但不可抗力的发生则不可归责于债务人，债务人就该不可抗力所致损失负责赔偿，至少其中一部分赔偿责任属于无过错责任。[①] ②《合同法》第一百二十一条前段确定的是无过错责任原则，有利有弊，《民法典》合同编应该区分类型而重新设计。对于某些第三人的行为造成的违约，可以延续无过错责任原则。例如，出卖人甲和乙成立A车床买卖合同，约定在乙的厂房交货；又与承运人丙缔约，约定丙把A车床运至乙的厂房。丙于运送途中翻车，严重损坏了A车床。于此场合，甲对乙要承担无过错责任。与此不同的是，歌唱家甲与剧场乙成立演出合同，甲赶赴剧场途中被丙撞成重伤，导致甲无法依约到剧场演唱。于此场合，甲不应向乙承担违约责任。

对于某些合同类型、在某些领域，实行无过错责任原则的确有其优点，这在下面的案件中体现出来了：

刘某在2009年与乡政府订立了一份林木转让合同，约定乡政府将1 800亩山地林木交由刘某经营管理，刘某向乡政府支付转让金110万元，期限为2009年11月17日至

---

① ［苏］马特维也夫：《苏维埃民法中的过错》，北京：法律出版社，1958年，第165页；史尚宽：《债法总论》，台北：荣泰印书馆股份有限公司，1978年，第353、355页；崔建远：《合同责任研究》，长春：吉林大学出版社，1992年，第268－269页。

2014 年 8 月 23 日。刘某需要采伐时，乡政府提供办理采伐的一切手续或有关证明。

刘某按约定支付了 110 万元，刘某的获利就是对林木的采伐。合同订立后不久，政府部门出台了新的指令，合同约定的这片山上的林木不允许采伐。这样，刘某在合同订立后直到合同期满没有采伐一次，没有任何收益。合同期满后，刘某诉到法院要求解除合同并要求赔偿 400 余万元（经过鉴定认定这片山地林木的价值）。笔者认为，刘某的投入（包括对林场的经营管理）应当得到回报，政府的决定阻碍了刘某获得合同上的利益，如果乡政府不予适当补偿，则违反公平正义。如果禁止伐木的决定出自乡政府，则属于乡政府对于刘某未获合同上的利益具有过错，应当成立违约责任。如果禁止伐木的决定出自上级机关，则乡政府对于刘某应负无过错责任。

三、过错责任原则不应被否定

（一）确立过错责任原则的理由

其实，中国合同法奉行过错责任原则的基础并未消失，上述改采无过错责任原则为唯一的归责原则的模式及理由应再斟酌，《民法典》合同编应采过错责任原则和无过错责任原则的双轨体系。对此，可选取若干合同类型、一些领域予以简要的分析。

其一，过错责任原则有利于科技创新。技术开发属于探求未知之事，因现有认识水准和条件的制约，技术开发方即使全力投入、认真负责，也难免开发失败。在技术开发合同中，如果采取无过错责任原则，令已尽全力的技术开发方就风险承担违约责任，就会吓退、阻碍科研机构积极探索、实验新技术和科技企业积极开发新产品。这对于国民经济的发展、国防能力的提高、全民族素质的优质养成，都是不利的。而确立过错责任原则，就会使局面改观，至少有助于向积极方面发展。

一方面，技术咨询合同、技术服务合同独立于技术开发合同；另一方面，这些合同的正常履行，也有助于技术开发的普遍化甚至深化。即使技术咨询、技术服务不与技术开发直接关联，也有助于技术转让和技术运用。在技术咨询合同、技术服务合同的领域，如果采取无过错责任原则，令倾其所知、尽其所能、谨慎勤勉的受托人就客观原因给委托人造成的损失承担违约责任，不但不利于调动科技人员投入服务领域的积极性，也使得科技这种“硬件”缺乏科技服务此类“软件”的辅助，效果大打折扣；如果确立过错责任原则，就会使局面改观，至少有助于向积极方面发展。

其二，过错责任原则在经济建设方面更具正能量。对于承揽合同、建设工程合同，承包人已尽善良管理人的注意，若仍对承揽工作、建设施工承担违约责任，就会弱化承包人的责任心和上进心，相反，如果在这方面确立过错责任原则，就有助于增强其责任感，以达到多快好省的效果。再者，不于此域实行过错责任原则，也不利于区别违约责任制度与质量保证制度。

其三，过错责任原则有利于网络交易平台的发展。网络经济快速发展，网络交易平台在其中起着不可替代的作用。借助网络交易平台从事交易者形形色色，网络交易方式也不整齐划一，出现交易障碍在所难免。对此，网络交易平台的经营管理者无法一一操控。如果一出问题就责令网络交易平台的经营管理者承担责任，显然阻碍着网络交易平台的形成和发展。此类经营管理者仅就其过错承担责任方为上策。

其四，在若干类型的合同场合确立过错责任原则符合利益衡量原理。在旅游合同、医疗合同、婚庆典礼合同等场合，如果对于旅行社、产院、婚庆公司课予无过错责任，加之缺乏保险措施的配合，那么，它们会通过提高收费将负担转嫁给游客、产妇、新郎新娘，经济方面的结果并不利于后者；相反，如果奉行过错责任原则，就容易形成合理的风险分配，效果更佳。再说，医院之于患者及其亲属，不限于财产因素，更有人道、伦理、医术进步、医疗科技的发展等因素。全面衡量，妥善处理，尤其是对于救死扶伤的医者不宜苛刻，故上策应为确立过错责任原则。

其五，奉行过错责任原则也是与有关制度衔接的需要。责令生产企业承担无过错责任，与《产品质量法》第四十一条第二款关于“生产者能够证明有下列情形之一的，不承担赔偿责任：（一）未将产品投入流通的；（二）产品投入流通时，引起损害的缺陷尚不存在的；（三）将产品投入流通时的科学技术水平尚不能发现缺陷的存在的”的规定，不尽一致。侵权责任如此，违约责任呢？请听听下面的呼声：在自由法时代，不论债务不履行还是侵权行为，皆以故意或过失为加害人负责的原因，虽然债务不履行仅于特定债务关系始能发生，然究其性质，债务不履行仍属广义侵权行为之一种，故两者所生的损害赔偿的范围，并无差异，均以相当因果关系为原则。[①]

在生产企业同时作为出卖人的领域，采取无过错责任原则与《产品质量法》第四十二条第一款关于“由于销售者的过错使产品存在缺陷，造成人身、他人财产损害的，销售者应当承担赔偿责任”的规定不相符合。

进而，观察《消费者权益保护法》第四十条第一款后段关于“销售者赔偿后，属于生产者的责任或者属于向销售者提供商品的其他销售者的责任的，销售者有权向生产者或者其他销售者追偿”以及该条第二款后段关于“属于生产者责任的，销售者赔偿后，有权向生产者追偿。属于销售者责任的，生产者赔偿后，有权向销售者追偿”的规定，可知在产品的生产者和经销者之间奉行的是过错责任原则。既然如此，《合同法》及未来的《民法典》合同编在买卖合同领域采取无过错责任原则，会使得法律体系内部不自洽。

在医疗美容等合同中，采取无过错责任原则与《侵权责任法》第五十四条关于“患者在诊疗活动中受到损害，医疗机构及其医务人员有过错的，由医疗机构承担赔偿责任”的规定，与第五十七条关于“医务人员在诊疗活动中未尽到与当时的医疗水平相应的诊疗义务，造成患者损害的，医疗机构应当承担赔偿责任”的规定，与第六十条

---

① 何孝元：《损害赔偿之研究》，台北：台湾商务印书馆，1980 年，第 8 页。

第一款第二项关于“医务人员在抢救生命垂危的患者等紧急情况下已经尽到合理诊疗义务”和第三项关于“限于当时的医疗水平难以诊疗”的规定相矛盾。

具体到合同法内部，《合同法》在缔约过失责任（第五十八条）、与有过失规则（第一百二十条）、合理预见规则（第一百一十三条第一款）、免责条款无效的标准（第四十条、第五十三条）、减轻损失规则（第一百一十九条）、风险负担与过失（第一百四十二条、第一百四十三条等）的关系等许多方面，都关注过错，使过错发挥重要作用，假如唯独在归责原则上抹去过错，则标准是双重的，引导信号紊乱。

其六，确立过错责任原则也顺应因果关系的要求。债务人无过错却承担无过错责任的情形，大多为债权人所受损害与债务人的行为无因果关系。本无因果关系却硬性规定成立无过错责任，是缺乏正当性和说服力的。

其七，奉行过错责任原则最契合道德伦理。在合同法上，过错责任原则不会被无过错责任原则完全取代的原因之一，是分配风险的理念没有全面占据道德伦理统治的领域，区分善恶而决定违约责任的有无，仍然具有合理性和正当性。灿烂星空和道德律令这两个令先哲康德敬畏之物（事）仍未过时。

实际上，以过错为归责事由的运作已构成了国民及法律人的法律意识的一部分。该法律意识的培育乃多年积累的结果，并与中国的传统道德观念与习惯相符合。作为善法，法律不可违拗国民情感。如果抛开过错的归责事由，势必会与此种法律意识、道德观念及传统习惯相左，其举实不可取。

其八，教育作用和预防作用的发挥有赖于过错责任原则。与“其七”相联系，违约责任具有社会教育作用，然而只有当违约责任仅仅取决于过错时，才可能取得预期的教育效果。[①] 违约责任否定了过错违约，使当事人懂得过错违约在道义上受到非难，在法律上受到制裁，在经济上占不到便宜，这就教育了当事人乃至一般第三人，认识到应当乃至必须信守合同，适当履行义务，从而预防违约的发生。[②]

（二）《合同法》实际上存在着过错责任原则

在总则中，《合同法》第一百零八条关于“当事人一方明确表示……不履行合同义务的，对方可以在履行期限届满之前要求其承担违约责任”的规定，显示出先期违约责任的成立以债务人具有过错为要件。在分则中，《合同法》同时也规定了若干过错责任：供电人责任（第一百七十九、一百八十、一百八十一诸条）；承租人的保管责任（第二百二十二条）；承揽人责任（第二百六十二、二百六十五诸条）；建设工程合同中的承包人的过错责任（第二百八十、二百八十一诸条）；寄存人未履行告知义务的责任

---

① Gyula. Eörsi, Contractual Remedies in Socialist Legal Systems, *International Encyclopedia of Comparative Law* (Volume Ⅶ), Tubingen: Mohr Siebeck, 1978, p. 167.

② 崔建远：《合同责任研究》，长春：吉林大学出版社，1992 年，第 23 页。

（第三百七十条）；保管人责任（第三百七十一条）等。[①]

这些过错责任存在于若干合同类型之中，覆盖了一定的领域，已经形成了过错责任原则。所谓原则，不过从数个种类的事情抽象出来的规则而已。[②]

（三）过错责任原则与无过错责任原则在《合同法》上并存

中国合同法应当奉行过错责任原则与无过错责任原则的双轨体系，[③]《合同法》同时确立了过错责任原则与无过错责任原则，也有学说主张和阐释。[④] 笔者认为这既符合《合同法》的本来设计，也是社会经济、道德、政治的本质要求，只不过需要澄清和证立。澄清了，证立了，《民法典》合同编就没有理由不奉行这种双轨体系。

四、归责原则与相关制度之间的衔接和配合

（一）归责原则与免责事由的配置对于债务人负担的影响

以上所述，若隐若现地透露出一个道理、一项规则：问题的关键，问题的实质，不在于取名为何种归责原则，而在于法律规定的、法律允许的免责事由的多寡；即使取名为严格责任原则或无过错责任原则，但若法律规定的、法律允许的免责事由较多，包括不可抗力、通常事变以及当事人约定的除此而外的免责事由，那么，不履行债务的当事人也会在不少的情况下免负责任，换言之，此种归责原则对于违约方仍非严苛，而是较为宽宥；哪怕命名为过错责任原则，但法律规定的、允许的免责事由较少，如只承认不可抗力免责，不承认通常事变免责，不允许当事人约定免责条款，那么，不履行债务的当事人承担违约责任的机会就多，尽管在若干情况下他并无过错，如适用《合同法》第一百二十一条的场合，换言之，此种归责原则对于违约方并没有表面上看起来的那么豁达。看来，法律人不宜在过错责任原则或无过错责任原则的命名上花功夫，而应放在

---

① 崔建远：《海峡两岸合同责任制度的比较研究——海峡两岸合同法的比较研究之一》，《清华大学学报》（哲学社会科学版），2000 年第 2 期，第 34－35 页。

② 刘甲一：《私法上交易自由的发展及其限制》，郑玉波主编：《民法债编论文选辑》（上），台北：五南图书出版公司，1984 年，第 114 页。

③ 崔建远：《论无过错合同责任及其原则》，《社会科学战线》，1988 年第 3 期；崔建远：《合同责任研究》，长春：吉林大学出版社，1992 年，第 69－88 页。

④ 胡康生主编：《中华人民共和国合同法实用问答》，北京：中国商业出版社，1999 年，第 251 页；崔建远主编：《合同法》（第六版），北京：法律出版社，2016 年，第 237 页；崔建远：《合同法》（第二版），北京：北京大学出版社，2013 年，第 329 页；崔建远：《合同法》（第三版），北京：北京大学出版社，2016 年，第 338 页；王利明：《合同法研究》（第二卷），北京：中国人民大学出版社，2015 年，第 430 页以下；朱广新：《合同法总则研究》（下册），北京：中国人民大学出版社，2018 年，第 656 页以下。

免责事由的设置上。

（二）归责原则与风险负担的配置对于债务人负担的影响

《合同法》没有就每种合同配置风险负担规则，无过错责任原则在一定程度上、意义上可弥补其不足。但是，归责原则与风险负担两项制度在规范意旨、功能发挥等方面毕竟不同，《民法典》合同编不应沿袭旧制，而应依归责原则和风险负担的本旨予以设计，换句话说，不得用无过错责任原则替代风险负担规则，也不可用风险负担制度替代归责原则。如此，树立过错责任原则与无过错责任原则的双轨体系，就十分必要。

（三）归责原则与抗辩、抗辩权及其行使的配置对于债务人负担的影响

如果拟尽可能地宽宥不履行债务的当事人，法律可以多设置一些抗辩事由、抗辩权的类型，放宽抗辩权效果的发生条件。所谓放宽抗辩权效果的发生条件，如在债务人迟延履行场合，可确立无须债权人主张就立即发生同时履行抗辩或先履行抗辩的效果，即采取存在效果说。

如果拟令债务人就其不履行负责多些，法律就少设置抗辩事由，减少抗辩权的类型，严格抗辩权效果的发生条件。所谓严格抗辩权效果的发生条件，如在债务人违约的场合，无论是债务人迟延履行还是其他违约情形，都要求债权人主张履行抗辩才发生同时履行抗辩或先履行抗辩的效果，即行使效果说。

在《经济合同法》中，无同时履行抗辩权、先履行抗辩权、不安抗辩权等制度，这样构成双方违约的情形明显增多。在这样的背景下，债务人的负担之重，都超过了《合同法》上的债务人的责任，尽管《合同法》奉行的是无过错责任原则。

在《民法通则》颁行前，中国法未设置诉讼时效制度，债务人无法援用时效完成的抗辩，只得承担债务不履行的责任。在这样的前提下，债务人的负担之重，都超过了《合同法》上的债务人的责任，尽管《合同法》奉行的是无过错责任原则。

五、结语

如果法律规定或认可的免责事由、抗辩事由、抗辩权类型较多，风险负担规则齐备，那么，所谓单一的无过错责任原则已经名不副实了。《民法典》合同编应当设计适当的免责事由、抗辩事由、抗辩权类型，配齐风险负担规则，在这样的前提下，确立过错责任原则与无过错责任原则的双轨体系，就是合理的制度设计。

【作者简介】

崔建远，清华大学法学院教授、博士生导师。

损害的概念与中国侵权责任制度的体系化建构*

薛 军

一

如何建构中国的侵权责任体系，是借鉴德国式的以侵犯绝对权为主导，配之以违反保护他人的法律以及故意以违背善良风俗的方法加害他人的体系，还是借鉴法国式的高度概括性的一般规定，然后通过判例和学理来对保护权益的范围进行限制的模式？这是制定《侵权责任法》的过程中，民法学界讨论最热烈的话题。随着《侵权责任法》的制定，对这一问题本来可以期待有一个相对明确的结论，但情况恰恰相反。从《侵权责任法》第二条、第六条第一款的表述来看，中国的侵权责任体系似乎更多地具有法国式的特征，没有区分对绝对权和其他权益的保护程度。参与该法律草拟的立法部门的人也明确认为，《侵权责任法》没有采纳德国的体系。① 但学界对此并不认同。王利明教授在阐述侵权责任的构成要件的时候，明确提出必须要区分对权利的保护与对利益的保护，并且设立不同的构成要件。② 葛云松教授认为，如果对侵权责任的体系采取机械的文义解释将导致侵权责任的扩大化，并给社会生活带来不可估量的危险，因此必须要对《侵权责任法》第六条第一款进行目的性的限缩，限缩的目标模式就是德国模式。③ 司法实务界的法官也支持学者的意见，虽然在表述上并没有明确地把德国模式作为一种

* 本文原载于《广东社会科学》2011 年第 1 期。

① 王胜明主编：《中华人民共和国侵权责任法解读》，北京：中国法制出版社，2010 年，第 10 页。

② 王利明：《侵权责任法研究》（上卷），北京：中国人民大学出版社，2010 年，第 98－100 页。

③ 葛云松：《〈侵权责任法〉保护的民事权益》，《中国法学》，2010 年第 3 期，第 44 页。

"目的模式"。[①] 针对一部施行仅仅数月的新法，解释论上就出现如此重大的分歧，这是非常令人遗憾的。考虑到导致这一分歧产生的原因，并不是由于学界对有关问题认识和研究上的欠缺，因此《侵权责任法》的缺陷尤其值得反思！现在的问题是，既然《侵权责任法》已经作为一部制定法摆在了我们的面前，那么继续去质疑乃至要去修正它，并不是一种可取的态度。更具建设性的取向应该是寻求一种合适的理论框架，在尊重《侵权责任法》的相关条文可能的字面含义的情况下，建构解释论体系。

需要注意的是，即使认为中国借鉴了法国式的模式，对权利的侵害与对利益的侵害在一般条款的层面上没有区分保护的程度，也不能认为这就是一种错误的模式。因为即使在这种模式下，在实质上也是区分保护的，不过借以实现区分保护的制度工具可能落实在关于是否存在过错、损害以及因果关系等范畴之上。相较于德国模式而言，这一模式的"特征"是对法官的司法活动，尤其是自由裁量权的行使，提出了更高的要求，因此也可能——但并不必然——使得法律的不确定性程度比较高。[②] 这一事实提醒我们注意，在进行解释论建构的时候，其实并不一定要全盘否定法国模式。

二

《侵权责任法》制定之后，绝大多数学者都把对第二条和第六条第一款的解释与侵权责任制度的体系建构工作联系起来。笔者认为这种思路值得反思。第二条对民事权益的列举，并非完全列举（比如对于最重要的法益自由权根本没有提到），充其量只具有一种宣示性质的意义。第六条第一款的规范意图并非单纯针对"损害赔偿"的侵权责任承担方式而设立一般规范。该款没有提到损害的问题，而且在用语上有意识地采纳了"侵害"的表述，其意图就在于与该法第十五条规定的"承担侵权责任的方式"相对应。在这些责任承担方式中，有些责任的承担不以造成损害为前提。我国《侵权责任法》所采纳的侵权责任概念，与传统民法上的损害赔偿概念并不完全一致。这一点在也可以从该法第二十一条的规定中看出来。

明确这一前提之后，就可以进一步限定理论建构所要针对的对象：我们所讨论的是关于损害赔偿责任的一般理论体系，而不是针对一般意义上的侵权责任的理论体系。因此有必要对第六条进行解释论上的体系解释：虽然它没有提到损害，但是当它针对损害赔偿的责任承担方式时，第六条中仍然包含了损害的范畴，否则会出现逻辑上的自相矛盾。从《侵权责任法》文本来看，损害赔偿责任形式仍然是规范的重点。而其他预防性的责任形式，只是一种补充性的责任形态。

---

① 奚晓明主编：《〈中华人民共和国侵权责任法〉条文理解与适用》，北京：人民法院出版社，2010年版，第20－21页。

② G. Visintini, *Trattato breve della responsabilità civile*, Padova, 1996, p. 345.

“损害”范畴是损害赔偿责任构成要件中的核心范畴之一。原则上必须有损害才有赔偿的必要。因果关系范畴是把某种损害后果与某个人的行为联系起来的事实因素。而过错因素则是论证有关的损害是否应该由加害人进行赔偿的“归责”标准之一。在加害人无过错的情况下，仍然可能基于其他的理由，仍然由其承担损害赔偿责任。[①] 检索和分析《侵权责任法》对“损害”概念的使用，可以发现这样的特征：①一般性的针对权益的侵犯行为，大多数情况下用的是“侵害”的表述，例如第二条第一款，第六条第一款。如果权益侵害行为导致损害后果，往往把“损害”作为“侵害”的后果，一并提及，例如第十六、十九、二十、二十二条等。在这样的情况下，针对财产性质的损害，立法上有时候用更加中性的“损失”一词（第十九、二十条），并不提及“害”字。这并不表明法律上没有对其作出否定性的评价，而是因为否定性的评价已经体现在“侵害”这一表述之中了。在第十五条规定的承担侵权责任的方式中提到“赔偿损失”，应该理解为是损害赔偿，包括财产性损失也包括人身性质的利益损害。②在极少数情况下，立法在动作的意义上使用“损害”一词，例如第七条：“行为人损害他人民事权益”，这里应该理解为就是侵害的同义词。这只是唯一的一个特例。③立法在一般意义上使用损害概念时，其中并不必然包含了某种否定性的评价因素，而更多的是一种事实性质的描述。例如，第二十九、三十、三十一条针对不可抗力、正当防卫、紧急避险等情形，对于相关的不利状态，使用的都是“损害”。而在这些情况下，一般来说都不存在严格意义上的损害赔偿问题。也正是因为如此，针对防卫过当和避险不当的情况，法律条文都有意识地在“损害”前面加上“不应有的”这一限定语，使之转化为一种可以诉诸损害赔偿之救济的损害类型。

基于上面提到的立法对“损害”概念的使用，笔者认为，我国《侵权责任法》中的损害概念包含了这样的内涵：在一般的意义上，损害是指受害人的人身和财产在社会事实层面上所遭受的一种不利影响。这种一般意义上的损害事实，要转化为可以导致损害赔偿之救济的法律意义上的损害，必须接受法律上的筛选和评价，从而表现为一种具有“不法性”的损害。这种不法性，要么因为它是加害人侵害他人的某种权益（例如第十六、十九、二十、二十二条等），要么是因为加害人违反了某种法定义务（例如第三十七条规定的安全保障义务），要么是因为根据法律体系整体的利益衡量，该损害表现出某种非该当性（例如第三十、三十一条）。

可获得损害赔偿之救济的损害必须具有内在的不法性，这一点还可以从《侵权责任法》的其他规定中推导出来。该法第一条开宗明义，是“为保护民事主体的合法权益……”这里的“合法权益”的内涵，严格来说，既包括了以权利的形态直接赋予主体以一定的利益，也包括了对相关义务人课加义务的方式，以及根据法律体系的利益衡量，确认对利益的侵犯具有非该当性等方法赋予某一主体的反射性的利益。另外，从损

① P. G. Monateri, *La Responsabilità civile*. Torino, 2006, p. 163.

害赔偿责任的构成要件体系看，我国的损害赔偿责任制度中的损害范畴中，必然包含体现了法律上的否定性评价的不法性因素。目前我国的主流学说认为我国并没有将行为的不法性作为侵权责任的一般性的构成要件，这表现在《侵权责任法》上，第六条中没有提到不法性的要求。① 但按下葫芦起了瓢，在诸如正当防卫、紧急避险等传统民法上通过“不法性”要件的欠缺来排除责任类型，在第三十、三十一条中是通过对损害“不法性”的欠缺来予以排除的。在这些条文中出现的“不应有的损害”的表述，揭示出我国立法上处理不法性的独特思路。这种思路不从侵害行为或侵害事实是否具有不法性的角度来进行评价，而是结合对侵权后果——损害的考察，来确定法律上是否提供损害赔偿的救济措施。只有结合《侵权法责任法》的这种围绕损害的概念所进行的处理，才能够找到对其进行理论建构的恰当基石。

三

根据上文的分析，在我国《侵权责任法》确定的损害赔偿责任形态中，损害是一个具有特定内涵的范畴。它以其内在具有的“不法性”要素，筛选可赔偿的损害，控制损害赔偿的范围，在保护受害人与保障行为人自由之间寻求平衡。对于何种类型的损害具有不法性，根据前文对《侵权责任法》具体条款的梳理，可以大致清理出以下可能的思路：

首先，针对某些特定类型的权益的侵害所导致的损害后果，损害的不法性可以推定的方式确认。但是，以这样的方式来确认损害的不法性，必须要求受到侵害的权益，其本身符合特定的要求，也即这样的权益对应着某种法律上的利益分配和归属秩序，因此对有关权益的侵犯并造成损害本身，必然意味着对这种法律上的利益分配秩序的侵犯和否认。一般来说，必须是对绝对权的侵犯才符合这样的条件。

其次，某些类型的损害的不法性，来自损害事实违反了法律上的保护性的规范所设定的保护义务。这样的保护性规范，实际上是以一种特殊的形式反映了法律上对某些特定利益归属应该如何予以界定的基本态度。违反这些规范设定的义务，导致有关的人遭受损害，该损害的不法性就是来源于对义务的违反。

最后，某些类型的损害的不法性，来自法律秩序整体（这一法律秩序中不仅包括了实在法的规范，也包括了德沃金意义上的体现该法律秩序整体价值观念的法律原则）对相关的利益状态进行评价和衡量之后，所给出的一种否定性的评价。这种形态的损害的不法性，不是在一种严格的规范意义上而言，而是表现为结合了社会道德伦理规范上的评价之后所表现出来的“非该当性”（用《侵权责任法》的表述，就是这样的损害是“不应有的”），因此是一种广义的“不法性”。由于这是一种结合了社会

---

① 张新宝：《侵权责任构成要件研究》，北京：法律出版社，2007 年，第 38 页以下。

伦理道德标准的评价，所以对其认定毫无疑问应该进行严格的控制，以防止价值判断上的失衡。

毋庸讳言，上述体系建构中的损害的“不法性”的三种类型与德国模式有很大的相似性。① 尤其是在针对绝对权的侵害与针对利益侵害所采取的区分保护模式问题上，与德国模式更加接近。但二者也存在一些重要区别。笔者所试图建构的损害赔偿责任体系，在形式上仍然容纳在一个法国式的一般条款之下，然后在这一框架内，借助于损害的“不法性”内涵的不同层面上的界定来实现区分式的保护模式。但仍然要强调的是，在区分模式之下，并不意味着法律上对绝对权与其他法益的保护程度有不同，而只是在损害的“不法性”的推理模式、认定标准和控制条件上的不同。在这个意义上，这一框架融合了法国模式与德国模式。另外还需要注意的是，在笔者所主张的损害的不法性的第三种类型之中，德国模式下的以违背善良风俗的方法故意导致他人的损害，只是其中可能的一种，但并不局限于此。在构成要件上，第三种不法性的认定，也并不一定要求行为人主观上的故意，由此就赋予了法官以更加灵活的裁量权。这样的处理模式，避免了德国模式中因为绝对权类型上的有限性以及保护性规范上的典型性所导致的局限。

【作者简介】

薛军，北京大学法学院副教授，博士。

① 这不是一种巧合，因为德国模式中的三类型本身也是不法性的三种形态。参见王泽鉴：《侵权行为》，北京：北京大学出版社，2009 年，第 217 页。但笔者主张的损害的不法性，与德国模式中侵害行为的不法性，并非相同概念，虽然二者发挥的制度功能是类似的。限于篇幅，这里不可能展开分析。